U0694246

百年变局下中国金融
发展的机遇和挑战

中国建设银行研究院
中国人民大学重阳金融研究院　　课题组　著

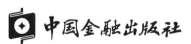

中国金融出版社

责任编辑：张怡姮
责任校对：孙　蕊
责任印制：丁淮宾

图书在版编目（CIP）数据

百年变局下中国金融发展的机遇和挑战／中国建设银行研究院课题组，中国人民大学重阳金融研究院课题组著 . —北京：中国金融出版社，2023.8

ISBN 978-7-5220-2014-3

Ⅰ.①百… Ⅱ.①中… ②中… Ⅲ.①金融业—经济发展—研究—中国 Ⅳ.①F832

中国国家版本馆 CIP 数据核字（2023）第 088959 号

百年变局下中国金融发展的机遇和挑战
BAINIAN BIANJU XIA ZHONGGUO JINRONG FAZHAN DE JIYU HE TIAOZHAN

出版
发行 **中国金融出版社**

社址　北京市丰台区益泽路 2 号
市场开发部　（010）66024766，63805472，63439533（传真）
网上书店　www.cfph.cn
　　　　　（010）66024766，63372837（传真）
读者服务部　（010）66070833，62568380
邮编　100071
经销　新华书店
印刷　河北松源印刷有限公司
尺寸　169 毫米×239 毫米
印张　18.25
字数　199 千
版次　2023 年 8 月第 1 版
印次　2023 年 8 月第 1 次印刷
定价　88.00 元
ISBN 978-7-5220-2014-3
如出现印装错误本社负责调换　联系电话(010)63263947

百年变局下中国金融发展的机遇和挑战

编委会

课题总牵头人：彭　钢　王　文

课题总撰稿：蔡彤娟

撰　　　稿：申宇婧　陈　放　刘锦涛

　　　　　　徐天启　宋效军

　　当今世界，百年未有之大变局加速演进，动荡变革的时代对全球金融体系提出了巨大的挑战，同时也赋予了更多的机遇。首先，金融体系呈现出割裂与碎片化发展的态势。2022年乌克兰爆发危机以来，金融领域再次成为欧美实施制裁的关键环节，金融体系受到地缘政治、地区安全等不确定因素的影响陡然加大。与此同时，欧美国家开启了加息进程，为本就脆弱的金融体系蒙上一层阴影。全球金融公共品被"武器化""政治化"，全球金融治理陷入了失调状态。其次，技术成为金融体系变革的重要推动力。数据成为生产要素标志着数字时代已经来临，技术与金融的融合正以前所未有的速度展开。数字科技、人工智能、低碳技术或将成为下一个科技风口，金融的服务方式、生产方式在技术的驱动下正在发生深刻变革，与之带来的是金融服务成本的下降、效率的提高以及覆盖面的扩大，越来越多的长尾人群正在享受到金融服务所带来的红利。再次，解决气候问题已经成为金融体系的重要使命。气候变化问题愈演愈烈，已经成为当前各国必须面对的最紧迫问题。金融在如何更好地支持绿色产业转型方面正在进行探索，然而绿色金融的发展要面临理念的转变、服务方式的升级以及诸多体制机制障碍，全球碳中和进程任重道远。

　　面对全球格局的重塑期与调整期，中国金融业应充分认识到自身的使命，紧抓时代赋予的使命，顺势而为、应时而变，推动金融领域深化改革，朝着金融强国的目标大踏步迈进。

目前，中国的金融体系处于深度转型的进程中。二十大报告对我国金融领域的要求是：深化金融体制改革，建设现代中央银行制度，加强和完善现代金融监管，强化金融稳定保障体系，依法将各类金融活动全部纳入监管，守住不发生系统性风险底线。当前，我国金融法律面临着许多新的议题与挑战，例如，在金融科技时代下，一些新的金融业态在涌现，金融领域的跨区域、跨行业风险加大，发生系统性金融风险的概率在增加，如何完善金融监管法律法规来防范新型金融风险成为新时代完善金融法律体系的重要议题；在支持平台企业"走出去"的过程中，境内金融机构与境外金融机构应更好地服务于海外企业、为其提供全方位金融支持，同时确保海外资产的安全性和收益性。在这个过程中，离不开中国金融法律体系与其他国家乃至国际金融法律在隐私保护、金融数据跨境流动等相关条款的协调。目前，中国已经对金融监管的组织架构做出了深度调整，组建了国家金融监督管理总局，并且加强了金融法律的制定工作。未来，将通过继续完善金融监管体系，支持我国金融业不断扩大对外开放水平，加强我国海外金融机构的利益保护等方面，塑造我国建设金融强国的软实力。

商业银行作为中国金融体系最主要的力量，其形象与品牌价值是展现中国金融实力的重要窗口。根据 Brand Finance 联合英国《银行家》杂志发布《2023 年全球银行品牌价值 500 强》榜单显示，榜单前 50 名银行中，品牌价值缩水的银行比品牌价值上升的银行数量多，工行、建行、农行、中行排名虽未发生变化，品牌价值却出现缩水。提升商业银行的品牌价值以服务我国经济高质量发展、扩大商业银行的全球竞争力是应对国际局势变化的重要途径。商业银行品牌价值的提升应深度融入中国式现代化和中华民族伟大复兴的进程之中，以金融之力解决中国在新的发展阶段中遇到的痛点问题，切实提高金融服务能力，发挥金融血脉的作用，更好地服务小微企业、服务科技创新、服务绿色经济发展。同时，商业银行品牌价值的提升也是应对全球性的金融风险，积极参与全球金融治理，构建更加公平的世界金融体系的必要抓手。

本系列丛书旨在看清百年变局之下世界形势的变化，对世界金融体系所产生的影响，把脉中国金融体系的变革与未来发展，对决策者、研究者、金融从业者以及社会各界对世界以及中国金融发展感兴趣的人士提供参考。书中做出的探索仍需要持续深化，存在诸多不当之处，还请各位读者提出宝贵建议。

　　当今世界正处于百年未有之大变局。世界经济格局与国际政治秩序进入深度调整期，全球金融治理正在发生前所未有的变化。21世纪初互联网泡沫破灭以来，全球全要素生产率（TFP）增长趋于缓慢下降，世界期待出现颠覆性的科技进步，数字科技、人工智能、低碳技术或将成为下一个科技风口，成为全球金融变革的关键驱动力。2008年全球金融危机以来，国际金融领域的超低利率甚至负利率现象持续至今，实际上是实体经济长期衰退的金融表征，人口结构恶化和技术进步趋缓则是实体经济衰落的主要原因。2020年以来，新冠病毒大流行冲击世界各国经济及全球金融稳定，全球发展事业遭受疫情的侵扰，世界经济复苏更加需要全球金融治理的支持，然而疫情之下的全球金融体系在大国博弈和地缘冲突的扰动下却愈加碎片化。2022年乌克兰危机爆发以来，美欧等发达国家对俄罗斯发起的金融制裁仍在持续，全球金融治理进一步割裂、包容性下降。气候变化问题愈演愈烈，已经成为当前各国必须面对的最紧迫问题，然而绿色金融领域竞争大于合作，全球碳中和进程任重道远。后疫情时代，大国金融博弈仍在继续。由于疫情期间采取超常规刺激性政策措施，特别是大规模货币超发，叠加乌克兰危机间接带来的粮食、能源价格上涨，美欧等发达国家出现严重的通货膨胀。2022年3月以来，美联储开启激进加息模式，引发全球加息潮。截至2023年5月，美联储共加息10次，提升利率500个基点。美联储加息的溢出效应加上经济陷入衰退的压力，给世界经济以及金融市场带来负面冲击，土耳其、埃及、黎巴嫩、斯里兰卡、阿根廷等新兴市场与发展中国家遭受到新冠疫情、地缘冲突与发达国家加息的轮番冲击，或面临考验，或已陷入危机，全球发展目标面临考验。美联储本轮加息进程，既是为了抑制其国内高通胀、实现经济软着陆目标，同时也不可避免吸引全球资本回流以金融业和科技创新为经济动力的美国，冲击以中国为代表的制造业大国。中国作为经济总量占世界18%的全球第二大经济体，人均GDP已经迈入中等收入国家门槛，国家崛起到了命运攸关的冲刺阶段，来自守成大国的全面战略竞争是制约中国式现代化建设的重要变量。同时，美国国内经济金融矛盾也积累到了关键阶段，在向外转嫁矛盾的过程中极有可能引发下一轮全球性金融危机。在百年变局加速演变的背景之下，党的二十大报告指出"我国发展进入战略机遇和风险挑战并存、不确定难预料因素增多时期"。二十大报告对于金融领域提出的具体要求是：深化金融体制改革，建设现代中央银行制度，加强和完善现代金融监管，强化金融稳定保障体系，依法将各类金融活动全部纳入监管，守住不发生系统性风险底线。健全资本市场功能，提高直接融资比重。在发展和完善国内金融市场，健全金融稳定体系与金融监管机制的同时，中国也在为解决全球金融治理困境、完善全球金融治理机制提供中国方案。全球金融治理有几个需要关注的重点：一是金融市场底层逻辑与制度安排；二是发达国家金融武器化、政治化趋势及影响；三是金融科技、人工智能、数字货币等新兴技术对金融变革的影响；四是气候变化需要更多全球金融治理层面的合作；五是全球可持续发展目标下国际金融公共产品的供给状况。这些问题相互影响，若发生共振，将导致全球金融动荡。全球金融治理是避免全球金融动荡、克服金融危机的重要途径。习近平主席提出"一带一路"倡议和全球发展倡议，彰显中国主动承担大国责任，履行大国义务，在全球金融治理体系中逐渐走近舞台中央的姿态。"一带一路"倡议是中国提出的最重要的公共产品，"五通"实践特别是资金融通不仅为沿线国家提供了发展所必须的资金，也促进了双边和多边金融制度建设、金融机构改革、金融规则制定和金融监管合作。全球发展倡议有助于重新认识全球金融治理中的治理目标、治理主体、治理价值观、治理方式、治理内容等诸多内容，推动全球金融治理体系改革与创新，促进世界和平稳定发展。今年是人类命运共同体理念提出十周年，在人类命运共同体理念指导下，中国提出的"一带一路"倡议、全球发展倡议、人民币国际化等实践内容将极大地促进全球金融治理。本书试图回答"金融业的百年变局是什么"，影响金融业百年变局的变量有哪些，将从哪些方面对金融业的百年变局发生作用。本书的写作目的是使读者了解百年变局在金融领域演进的逻辑、表现和特征，以便从更广的视角去观察全球金融在多个层面的全面、系统的转变，在这个过程中对金融治理、金融科技、绿色金融、公共产品等问题进行深刻的剖析，并希望引发读者对这些问题的深入思考。

CONTENT 目录

第1章 绪 论

1.1 问题的提出

当今世界处于百年未有之大变局，国际政治秩序与世界经济进入深度调整期，大国格局正在发生日新月异的变化。特别是 2020 年以来，新冠疫情肆虐全球，国家及地区的安全形势日趋复杂，世界濒临气候危机边缘，人类面临的全球性挑战日益增多。种种因素影响并冲击着国际政治与经济格局，加速了百年变局的演变。

在百年变局加速演变之下，新的世界经济重心、新的国际与地区政治格局、新的科技革命浪潮与新的全球治理模式不断激励，催促着各行各业中的不同业态不断地变化与更替。聚焦到金融行业来看，自信用货币产生后，金融业经营所依赖的现代金融理论，以及在此基础上形成的金融机构经营业态、经营思路、经营理念从未受到过如此深刻的冲击和挑战，金融业所处的国际金融环境也出现了显著变化。

从理论视角来看，现代金融的理论进展滞后于当前国际金融市场实践，与时代相脱节。尽管现代货币理论的部分创新被称为"哥白尼式的革命"，然而数字货币的迅速兴起改变着传统的货币创造机制，几乎对传统金融理论形成颠覆性的挑战。

负利率问题以及金融发展带来的贫富分化仍然是现代金融理论难以解释和解决的问题。全球货币借贷负利率化，对金融底层逻辑造成重大冲击，对金融机构利润的来源形成明显重构。银行利润来源变了，但找不到新的利润增长点。绿色金融、普惠金融等新业务对金融机构来说几乎无法获得利润，更多的是一种社会责任。而金融发展对贫富分化的"放大器"作用也是全球金融市场"失灵"的重要表现，金融市场无法通过自身对金融资源的配置机制弥合日益扩大的贫富差距。

大国博弈与地缘冲突加剧，国际金融领域阵营化、对抗化趋势日益凸显。第二次世界大战后，美国凭借自身的经济实力和政治霸权掌握了大量的国际金融资源，创立了方方面面的国际金融制度、国际金融机构与国际金融评级体系。随着时间的推移，进入 21 世纪以来，尤其是 2008 年国际金融危机之后，美国创立并主导的这套国际金融秩序的弊端日趋明显，其效率与公平属性日渐衰微。然而，当发展中国家与新兴经济体希望对其进行改革时，以美国为首的发达国家更倾向于通过各种方式手段如金融制裁、罚款，甚至是通过政治迫害来维护自身所创立的制度和体系，从而最大限度地维护其自身利益。在乌克兰危机的背景下，美国更是将金融制裁这一套手法运用到了极致。

金融数字化推动国际金融秩序加速变革。数字经济与金融科技的蓬勃发展对监管以及金融生态造成了巨大影响，带来了金融治理的去中心化与扁平化。今天的区块链、元宇宙等技术场景远远超过互联网的传统架构，这些新事物的复杂性对传统金融机构的运营模式产生了巨大的冲击和挑战。RCEP、CPT-PP 等体量巨大的新贸易伙伴关系形成，尽管美国并没有参与这些促进贸易与投资自由化的伙伴关系，而美元却仍是这些国家进行经贸往来时所使用的主要国际结算货币,美国仍可以通过美元霸权和国际金融体系对这些区域经济一体化组织施加影响。在国际环境压力下,绿色金融产业所交易的核心资产——碳产品,并非传统意义上的大宗商品,但仍然具有交易价格,这也对传统金融定价理论形成新的挑战。

气候变化是百年变局中最大的变局之一,应对气候变化已经成为当下全球各国必须面临的最紧迫的问题。气候变化重塑了国际政治经济局势,引发了国际金融领域的颠覆性变革,同时也带动了新一轮的大国博弈。在碳中和目标下,人类生产活动逻辑升级,金融作为支持产业活动的基础,同样也需要探寻金融升级与发展所遵循的原则。当前气候变局下,全球金融业态升级的拐点已经出现,应对全球气候变化、实现可持续发展目标、推动产业经济绿色低碳转型,离不开金融业的绿色变革。在全球气候治理大变局下,在碳排放约束下,合理利用排放空间的能力作为大国实力的重要组成部分,将在长期内具备战略重要性,既是实现可持续发展并有实力参与气候治理大国博弈的核心,也是金融业态变革与扩展的方向。

2020 年,暴发的新冠疫情在严重威胁全球卫生安全、挑战全球治理秩序的同时,也引发了人们对于国际公共产品缺位的思考。作为国际公共产品的重要组成部分,国际金融公共产品在世界经济体系中扮演日益重要的角色,在当前国际经济和政治格局深度调整的背景下,国际金融公共产品的供给是全球金融治理和大国战略竞争的重要方面。然而,在疫情延续、大国博弈和地缘冲突加剧的背景下,本应起到协调的国际公共产品供给、缓解疫情、促进全球经济均衡发展的国际金融公共产品,其供给缺位与分配不公现象却愈演愈烈,并进一步加剧大国博弈和金融阵营化趋势。

在以上国际金融领域新兴事物和变化的冲击下，现代金融理论继续进行相应的调整以顺应时代的发展，国际金融秩序和格局也在发生着相应的变化。那么，在百年变局加速演变与大国博弈日益激烈的今天，我们应该用哪些理论去看待、解释正在发生的这些金融现象？又该如何去发展、完善这些理论？中国应该如何把握时代机遇，推动国内金融体制的改革与完善，加快"金融强国"建设，又应如何应对当前面临的大国博弈、地缘冲突、科技竞争、气候变化等外部因素对金融发展带来的冲击和挑战？以上疑问将是本书要探讨的主要内容。

1.2　文献综述

立足于马克思主义政治经济学，从历史视角的长周期来看，从中长期视角的金融活动与社会发展、国家竞争之间关系中，可以探寻百年未有之金融博弈的应对思路和解决之道。

具体来看，当前金融领域面临三大重点。首先，金融与货币关系作为上层建筑的一部分，可能是人类尝试形成更大规模集体活动过程中的重要发明，并且已经成为人类社会中个体彼此之间建立联系的不可或缺的一部分。[1] 从中长期视角来看，在大部分时间，金融活动能够促进经济效率提升、产出提高，进而提升社会整体生活水平。[2] 金融博弈伴随着金融活动的出现而自古有之，从长周期视角看博弈并非金融活动的主旋

---

[1]　威廉·戈兹曼. 千年金融史：金融如何塑造文明，从 5000 年前到 21 世纪 [M]. 张亚光，熊金武，译. 北京：中信出版集团，2017.

[2]　The World Bank. Financial development. https://www.worldbank.org/en/publication/gfdr/gfdr-2016/background/financial-development.

律，但当下大国之间金融博弈程度加深。[①] 其次，当前金融行业面临三重惑。负利率成为金融行业之困惑，但名义负利率现象正随着通胀高企而退出，负利率实践没有给市场带来太多混乱。[②] 现代货币理论成为金融行业之诱惑，被称为"哥白尼式的革命"，[③] 美欧日央行相继使用并提供了丰富的实践材料，值得我们重视。贫富差距扩大成为金融学之迷惑，经典政治经济学理论认为生产资料所有制造成贫富分化，金融业大发展有进一步加大贫富差距的倾向。最后，在强国建设过程中，金融往往是一个强国成长后期才能够取得相对优势的领域，而一旦获得金融强国地位，其能够维持的时间往往比经济优势更长久。[④] 金融强国能够为当事国带来利益，[⑤] 但应小心使用这种权利，并承担对应的义务，美国是当前几乎唯一的金融强国，但由于过分享受金融强国权利而少承担义务，美国已经形成世界周知的"金融霸权"。[⑥] 银行业在金融强国建设中是至关重要的一环，在世界主要的大中型经济体中，银行业通过发放贷款仍承担主要的货币投放职责，银行业能否持续为实体经济提供匹配、及时、价格适宜的资金供给，既是银行业过去商业成功并获得社会尊重的核心，也是未来金融强国建设的关键。

---

① 艾斯瓦尔·普拉萨德. 即将爆发的货币战争 [M]. 刘寅龙，译. 北京：新世界出版社，2015.

② Marques L, Casiraghi M, Kamber G, Meeks R, Gelos G. Negative Interest Rates Taking Stock of the Experience So Far. Monetary and Capital Markets Departmental Paper No. 2021/003.

③ 兰德尔·雷. 现代货币理论主权货币体系的宏观经济学 [M]. 张慧玉，王佳楠，马爽，译. 北京：中信出版集团股份有限公司，2017.

④ 瑞·达里欧. 原则：应对变化中的世界秩序 [M]. 崔平平，刘波，译. 北京：中信出版社，2022.

⑤ 本杰明·科恩. 货币强权：从货币读懂未来世界格局 [M]. 张琦，译. 北京：中信出版集团股份有限公司，2015.

⑥ 巴里·艾肯格林. 嚣张的特权：美元的国际化之路及对中国的启示 [M]. 陈召强，译. 北京：中信出版社，2019.

近年来，美国频繁使用金融制裁以达到其政治目的。中外学术界也从政治学、经济学、金融学、法学、外交学等多学科的角度切入，从美国金融制裁的能力源头、美国金融制裁主要模式、美国金融制裁的发展特点等方面解析美国的金融制裁。美国金融制裁能力源自第二次世界大战后以美元为主的国际货币金融体系。刘建伟（2015）通过对金融制裁逻辑的剖析，认为正是美元作为国际中心货币的特殊地位赋予了美国以他国不可比拟的权力，成为其实施金融制裁的重要基础①。陶士贵（2020）也认为，美国实施金融制裁得益于他国所不具有的三种优势：经济与军事霸权、非对称货币权力、国际金融规则制定权②。Dooley（2022）等通过对近期美国制裁俄罗斯的研究发现，美国的金融制裁将加强美元作为主要国际储备货币的作用③。其美国金融制裁模式丰富多样。郑联盛（2020）根据被制裁方来进行模式区分，梳理对个人和私人部门银行、国有大型金融机构、中央银行以及整个国家金融资产等进行制裁的影响④。徐以升、马鑫（2015）将美国金融制裁手段总结为五种：冻结或冻结并没收资产、冻结或取消国家间或国际机构融资、切断获取美元和使用美元的渠道、禁止全球金融机构与被制裁对象交易、制裁对方银行体系⑤。近年来，美国金融制裁出现"聪明制裁""次级制裁"的发展特点。许文鸿（2017）发现，金融制裁能够更精准地实施制裁，发挥"聪明制裁"的

① 刘建伟.美国金融制裁运作机制及其启示［J］.国际展望，2015（2）.

② 陶士贵.美国对华实施金融制裁的预判与应对策略［J］.经济纵横，2020（8）.

③ Dooley, Michael P and Folkerts-Landau, David and Garber, Peter M. "U. S. Sanctions Reinforce the Dollar's Dominance," National Bureau of Economic Research Working Paper No. 29943, April 2022.

④ 郑联盛.美国金融制裁：框架、清单、模式与影响［J］.国际经济评论，2020（3）.

⑤ 徐以升，马鑫.美国金融制裁的法律、执行、手段与特征［J］.国际经济评论，2015（1）.

作用，并受到美国青睐①。杨永红（2019）认为，美国正在利用其在世界经济中的主导地位，通过国内法的方式将次级制裁发展成为推行美国外交政策的重要工具②。

在第四次科技革命的推动下，金融开启了与科技的深度融合，以中美为代表的大国正在金融科技相关领域展开激烈博弈。首先，新技术成为金融变革的重要驱动力，Web3.0 时代的金融已经向我们走来。金融服务变革方面，杨涛（2021）认为，在技术驱动下，开放金融成为金融发展的新方向，开放金融是场景金融的延伸，更多体现为数字化时代金融服务提供模式的转变③。参与主体方面，黄益平（2021）将科技公司提供的信贷服务总结为大科技信贷业务，即主要依靠大科技生态系统和大数据风控模型实现普惠金融服务④。面向 Web3.0 时代，姚前（2022）认为，Web3.0 可以有效解决 Web2.0 时代存在的垄断、隐私保护缺失、算法作恶等问题，为新型的可编程金融和可编程经济提供"安全"创新空间⑤。其次，大国金融科技博弈主要体现在金融数字生态、数字货币、跨境支付等领域。在金融跨境数据规则制定方面，黄琳琳（2019）等认为，与 CPTPP、USMCA 等美国主导的跨境金融服务贸易规则相比，RCEP 金融数据跨境传输条款的包容性更强，采取了大量兜底条款⑥。数字货币博弈方面，Cong、Mayer（2022）对法定货币、加密货币和央行数字货币的动态全球竞争进行模拟发

① 许文鸿.美欧对俄金融制裁的影响及若干思考［J］.俄罗斯学刊，2017（5）.
② 杨永红.次级制裁及其反制——由美国次级制裁的立法与实践展开［J］.法商研究，2019（3）.
③ 杨涛.从开放银行到开放金融的变革探讨［J］.中国信用卡，2021.
④ 黄益平.大科技信贷：一个新的信用风险管理框架［J］.管理世界，2021（2）.
⑤ 姚前.Web3.0：渐行渐近的新一代互联网［J］.中国金融，2022（6）.
⑥ 黄琳琳.USMCA 对跨境金融服务贸易规则的新发展及启示［J］.上海金融，2019（5）.

现，通过推出央行数字货币，弱势货币可能会挑战强势货币的主导地位①。跨境支付方面，张晓艳（2021）等认为，央行数字货币为跨境支付提供了一种新的选择，也将成为中美大国新的竞争点②。最后，提出中国应对方案。李艳（2017）认为，我国在金融支持科技创新方面可以借鉴德国、日本科技金融的经验，效仿德国复兴信贷银行的模式，加强政策性银行服务科技创新的功能定位③。黄益平（2022）等认为，应加强监管部门之间的监管协调，充分发挥国务院金融稳定委员会和中国人民银行在加强宏观审慎监管方面的作用④。

在百年未有的气候变局下，大国博弈迎来了新的变革，金融业态的升级拐点也已出现。在 21 世纪全球气候治理格局中，一国的气候行动力正在迅速改变"大国"的综合定义——不仅自身具备低碳减排和生产转型的实力与基础，在国际气候谈判上也具有较高的话语权，对全球气候行动方向也存在高度领导力，即大国的实力不仅包括内在实力，也包括其对世界的国际责任承担能力。⑤ 可以说，气候变局下的大国博弈，核心在于应对气候变化的实力的博弈。其中，金融博弈作为核心要素，产生了新变革。气候问题引发了实现碳中和目标的共识⑥并带来碳排放空间约束，⑦ 这使金融业将通过绿色革命为《巴

---

① Cong, L. W. and S. Mayer, "The coming battle of digital currencies", The SC Johnson College of Business Applied Economics and Policy Working Paper Series, 2022-04.

② 张晓艳等. 央行数字货币与跨境支付的发展趋势与影响研究 [J]. 当代金融研究，2021（6）.

③ 李艳. 金融支持科技创新的国际经验与政策建议 [J]. 西南金融，2017（4）.

④ 黄益平，王勋. 读懂中国金融 [M]. 北京：人民日报出版社，2022.

⑤ 威廉·诺德豪斯. 平衡问题 [M]. 北京：中国出版集团东方出版中心，2020：108.

⑥ 肖兰兰. 碳中和背景下的全球气候治理：中国推动构建人类命运共同体的生态路径 [C]. 福建师范大学学报（哲学社会科学版），2022（2）：33-42，169-170.

⑦ 戴瀚程，张海滨，王文涛. 全球碳排放空间约束条件下美国退出〈巴黎协定〉对中欧日碳排放空间和减排成本的影响 [J]. 气候变化研究进展，2017（5）：428-438.

黎协定》的温控目标和减排路径进行气候成本定价，[①] 并为工业生产与能源活动中能量流动方式的改变过程予以外在的货币化表达。[②] 总而言之，气候变局下的大国博弈，是一场通过金融业态升级革命推动的气候博弈，更是一场对国际政治、经济局势的重塑。

新冠肺炎疫情引发人们对国际公共产品，特别是国际金融公共产品缺位的思考。现有国际金融公共产品概念主要沿用了经典的国际公共产品概念（萨缪尔森，1954)[③]，对其国际金融属性关注不足。金德尔伯格（1973）、[④] 罗伯特·吉尔平（1987）从霸权稳定的角度出发，把高效、稳定的国际货币和金融体系视作霸权国提供的重要国际公共产品，但并未对该体系内的具体制度做进一步的讨论。[⑤] 庆幸（2011）是国内较早涉及国际金融公共产品研究的学者，他认为国际金融公共产品主要由霸权国提供及供给不足这两大特点。[⑥] 姚远（2021）对国际金融公共产品加以概念化和类型化，结合当前深度调整的国际经济和政治格局，探讨了中美国际金融公共产品的错位供给和竞争现状。就当前的研究重点而言，有关国际金融公共产品领域的研究主要围绕两个核心主题展开：一部分学者遵循传统的公共产品研究路径，主要关注国际金融公共产品领域的

---

① 张帅，陆利平，张兴敏，王晖 . 金融系统气候风险的评估、定价与政策应对：基于文献的评述 [J]. 金融评论，2022（1）：99-120，124.

② [加] 瓦茨拉夫·斯米尔 . 能量与文明 [M]. 吴玲玲，李竹，译 . 九州出版社，2021：45.

③ Paul A. Samuelson, "The Pure Theory of Public Expenditure", The Receive of Economics and Statistics, Vol. 36, No. 4, 1954, p. 387.

④ Charles P. Kindleberger, "The World in Depression, 1929—1939," Berkeley and Los Angeles：University of California Press, 1973.

⑤ 罗伯特·吉尔平 . 国际关系政治经济学 [M]. 杨宇光等，译 . 北京：经济科学出版社，1989.

⑥ 庆幸 . 国际金融危机后中国在国际金融公共产品供给中的角色变化 [C]. 国际关系学院学报，2011（1）：87-91.

"金德尔伯格陷阱"，侧重研究国际金融公共产品的供给不足问题，如美国著名国际政治学者约瑟夫·奈（2017）；① 另一部分较为前沿的研究则从国际政治经济学角度出发，聚焦 2008年金融危机以来国际金融领域的大国竞争，重点关注守成大国与新兴大国之间的国际金融公共产品供给竞争，如章玉贵（2015）、② 姚远（2021）等。

1.3 结构体系和主要内容

1.3.1 研究对象

本书的研究对象为"大国博弈"与"中国金融发展"，研究背景为"百年变局"，也即"百年未有之大变局"。具体来说，本书探究的是在"百年未有之国际格局与世界秩序"③"百年未有之地缘政治变动""百年未有之数字科技革命""百年未有之新冠肺炎疫情""百年未有之气候变局"等时代符号与标志性因素的冲击与影响下，"大国博弈"这一抽象概念落脚在金融领域的各种典型特征与具体表现，并分别探究其在各个领域与层面对中国金融发展形成的机遇与挑战。

---

① Joseph S. Nye, "The Kindleberger Trap," Project Syndicate, January 9, 2017, https://www.belfercenter.org/publication/kindleberger-trap.

② 章玉贵. 全球金融公共产品供给与中国金融资本力锻造 [M]. 国际观察, 2015（2）: 30-42.

③ 王文, 贾晋京, 刘玉书, 王鹏. 百年变局 [M]. 北京: 北京师范大学出版社, 2020.

1.3.2　技术路线与结构安排

本书将中国金融发展纳入百年变局与国际政治经济体系变革的宏观视野之中，围绕当前大国博弈特别是中美两国在金融领域的竞争和博弈展开分析。首先结合实践，对金融活动和业态发展、变化的规律、条件和效应进行梳理，尝试在理论层面回答当前金融三重困惑（负利率、现代货币理论与贫富差距），进而探究我国金融强国建设的现实基础和战略路径。下面分别从金融制裁、科技革命、气候变化、国际金融公共产品角度论述大国之间，特别是中美之间在这些领域展开的金融层面的竞争和博弈，并提出中国应对竞争与挑战、促进金融发展的路径与策略（见图1-1）。

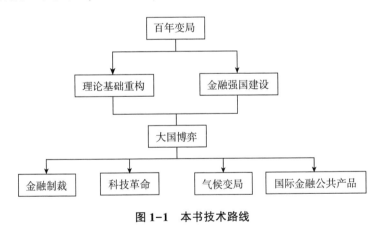

图1-1　本书技术路线

1.3.3　主要内容

本书共分为6章。

第1章，绪论。主要阐述"百年变局下的大国博弈及对中国金融发展的机遇与挑战"这一问题的提出、文献综述以及本书的框架结构和主要内容，起到提纲挈领、引导全书的作用，为后面的研究奠定基础。

第2章，大国格局演变中的百年未有之金融博弈。尝试从长周期人类社会发展的金融活动变迁中进行探寻，辅之以马克思主义政治经济学，为百年未有之金融博弈提供应对思路和解决之道。从中长期视角为读者阐述金融活动与社会发展、国家竞争之间的关系，明确对当前金融领域所面临的三大重点关切的看法，并尝试为我国未来建设金融强国提供思路与政策建议。

第3章，地缘政治变动下的百年未有之金融博弈。以乌克兰危机为背景，以美国为首的发达国家对俄罗斯的金融制裁为切入点，围绕美国金融霸权的建立、美国金融制裁能力建设以及美国对俄金融制裁三部分展开，由大及小、以小见大，通过详细剖析美西方对俄制裁的细节，为地缘政治变动下的大国金融博弈提供借鉴。

第4章，第四次科技革命中的百年未有之金融博弈。聚焦于第四次科技革命中的数字科技与金融科技变革，介绍影响金融发展的新技术变量，阐释技术驱动力引发金融变革的逻辑机制。重点关注技术力量背后的大国金融博弈，特别是数字货币和跨境支付引发的数字金融生态之争。在此基础上提出中国应对数字和金融科技变革、推动金融数字化转型、打造开放包容安全有弹性的金融体系、建设"数字丝绸之路"的综合方案。

第5章，气候变化带来的百年未有之金融博弈。人类为应对气候变化采取的一系列措施引发了金融底层逻辑转变，加快了全球金融业态升级拐点的到来和变革。气候变局下金融博弈的新形式得到扩展，应对气候变化的国际责任划分、能源与经济脱碳、气候话语权博弈愈加激烈。大国气候博弈的范围扩大、程度加深。中国应立足于人类命运共同体理念作出承诺，提出应对国际绿色金融博弈的中国方案。

第 6 章，百年变局下国际金融公共产品领域的金融博弈。从功能和层级两个维度明确国际金融公共产品的概念和类型框架，描述在百年变局与大国博弈背景下国际金融公共产品的缺位与不公现象，比较分析了中美两国国际金融公共产品的供给特征与竞争现状。进而提出中国提升国际金融公共产品供给，应基于自身资源优势，选择由资源向制度规则、结构体系逐级攀升的层级提升路径。

第 2 章　大国格局演变中的
百年未有之金融博弈

　　当今世界显现出"动荡"与"变革"双重迹象。"百年未有之大变局""世界进入新的动荡变革期",是习近平总书记关于当前世界时局的重大判断。[①]百年之间,人类使用的生产资料从曾经的土地、人力、畜力、机械、电力发展到当前的数字形式,令人眼花缭乱的人类生存环境的飞速变化推动包括金融业营业方式不断变迁。与此同时,百年之间,国际力量对比发生深刻变化,特别是自 21 世纪以来,发展中国家占全球经济份额不断提高,以汇率尺度计算,发展中国家 GDP 占全球水平已经从 2000 年的 17.7%上升至 2021 年的 37.9%;以购买力平价计算,发展中国家 GDP 占全球水平已经从 2000 年的 36.7%上升至 2021 年的 57.6%,发展中国家占世界 GDP 水平,在经历 1960—2000 年下滑后,从 2000 年止降反升,并且升速迅猛,特别是 2008 年国际金融危机后,中国作为国际社会中发展中国家的最大代表,制造业 GDP 绝对金额逐渐超过美国;[②] 2017 年美国特朗普政府对华发动贸易战,标志着美国对华政策发生实质性重大转变,大国博弈态势加速升级;随着 2020 年世界范围内新冠疫情的暴发,以及 2022 年俄乌冲突的爆发,发展中国家与发达国家之间发生对撞冲突的领域、次数

---

　　① 王文.世界进入新的动荡变革期［J］.前线,2022（7）.
　　② 资料来源:世界银行数据库.

与程度明显增多。

在金融领域，百年之间的技术进步促使货币媒介形式不断改变，"资金融通"的物理方式也随之而变。生产方式的变化不断催生新的社会关系形成，进而创造了金融规则制度改造提供社会需求背景。每个时代都有一个行业最关切的问题，当下金融领域最吸睛的部分，当数现代货币理论与实践、负利率问题以及金融发展带来的贫富分化的问题。站在 2022 年这个时间节点上，世界人口首次突破 80 亿人，普遍存在的问题本需要各国团结在一起通力协作解决，但从世界金融合作的角度，不同国家之间在各个领域，特别是主要大国之间摩擦增加，在金融领域也未能幸免，大国之间金融博弈加剧进行。金融博弈加剧，根本上是因为不同国家之间的实力对比发生了改变，进而带来了金融资源流向特别是货币流向的变化，从而改变了不同国家间的金融地位，这种变化使博弈各国对现行金融制度、规则都感到不满，势必带来要求变化的实际诉求。这种诉求又催生各国加强自身对金融行业的探索、研究与建设。人类历史上出现过的强国，往往都是在数个领域中占据技术优势或者领导地位，其中金融实力是国家实力的重要表现形式之一，金融强国同样是强国建设中的重要一环。

金融活动，是人类特有的一种活动形式，金融学是社会科学当中的一部分，因而对于金融活动的研究，应该特别注意其中所包含的社会关系问题。金融活动一方面促进了经济活动的发展，在人类社会发展中起着至关重要的推动作用；另一方面，金融资本作为资本形式的高级形式，也成为被社会诟病最多的资本形式之一，也的确造成了很多社会问题，以致在每个不同的历史时期，特别是工业社会之后，总会有人将金融资本看作洪水猛兽，欲将之消灭而后快。人类历史实践表明，用好金融资本，社会经济能够更健康、更快速地向前发展，相反，金融资本如果成为垄断和掠夺的抓手，将显著降低一个社会的稳定程度，反而成为社会秩序动荡的推手。

如果将眼光放得更加长远，人类社会从恩格斯笔下的野蛮时代进入文明时代，[①] 个人与个人、群体与群体、国家与国家之间的关系不断变化发展，人类金融活动这种历史相当古老的活动，也从原始的简单实物信用发展到当前多元、复杂的甚至是有些令人眼花缭乱的形式。人类社会发展至今，靠的是人们之间相互之间的合作，但也从不缺乏竞争与博弈。值得一提的是，与会计学不同，金融学研究的是未来的事情，博弈后会有胜负手，一次博弈的胜利者长期看也并非完全是赢家。本章尝试从长周期人类社会发展的金融活动变迁中进行探寻，辅之以马克思主义政治经济学，在中长期视角上为读者阐述金融活动与社会发展、国家竞争之间关系，表明了对当前金融领域所面临三大重点关切的看法，尝试为百年未有之金融博弈提供应对思路和解决之道，并为我国未来建设金融强国提供思路。

2.1 金融活动与人类社会发展

金融活动在人类社会发展中有着悠久的历史，有文字记录的金融活动至少可以追溯到 4500 多年前的美索不达米亚平原。[②] 可以想象，在没有文字记录之前，金融活动早已经出现并得到了一定程度的发展。金融活动也是人类社会特有的活动

---

① 恩格斯. 家庭、私有制与国家的起源 [M]. 北京：人民出版社，2018.

② 戴维·欧瑞尔，罗曼·克鲁帕提. 人类货币史 [M]. 朱婧，译. 北京：中信出版集团股份有限公司，2017.

之一，考察地球上其他的动物社会，可以看到一些简单的信用行为，包括但不限于有时间跨度的食物互相赠予，或者相互帮助为主，如以黑猩猩等灵长类动物之间相互梳理毛发等，但是这种信用活动往往仅限于一起生活居住的小群体之间。而能够发展成个体之间广泛的信用行为，并且用例如建立整个群体之间的广泛信用，是人类社会所独有的社会实践。研究表明，当前已知的物种中，只有人类和蚂蚁能够形成超大规模的群体。① 而显然，人类能够形成超大规模群体的原因更多是后天性质的，即随着人类所从事活动的变迁而逐渐形成的，进化给予了人类更多可能性，而金融活动正是人类社会能够形成如此庞大规模的原因之一。② 广义上的金融，即金融活动，在当代语境中泛指一切与资金融通相关的活动；狭义上的金融学（Financial Economics），一般被认为是经济学的一个分支。金融活动研究，作为人文社会科学研究的一个分支，研究的是人与人之间的互动，因此既要考察自然科学的一部分，更要注重其中包含的社会关系的一部分。

2.1.1　金融业会消失吗

如果我们仔细回想身边日常熟悉或者经常联系的人，其数量往往不会太多。英国牛津大学的人类学家罗宾·邓巴（Robin Dunbar）认为，人类的社交人数上限为 150 人，精确交往深入跟踪交往的人数为 20 人左右。③ 从某种意义上来说，是金融

---

①　罗东. 除了人类，能形成大规模社会的只有蚂蚁 [N]. 新京报，2020-11-14.

②　威廉·戈兹曼. 千年金融史：金融如何塑造文明，从 5000 年前到 21 世纪 [M]. 张亚光，熊金武，译. 北京：中信出版集团，2017.

③　罗宾·邓巴. 你需要多少朋友 [M]. 马睿，朱邦芊，译. 北京：中信出版社，2010.

活动促进了人类社会能够形成一个较为大的统一体，如果没有金融联系，难以想象不同彼此之间从未见过、互不认识的人们之间能够以合作而非竞争的形式组织起来。金融联系为大家彼此之间提供了一种可以"依赖"的度量，"金融为重新构建人际关系提供了异常丰富的途径，主要原因在于它扩大了跨时期交易的范围"。① 从日常经验中我们也可以想象，如果没有文字或者类似的可靠记录，或者没有一种标志性的凭证，想单纯靠人脑本身的记忆将对未来的约定全部记忆下来，会面临非常大的困难，并且还会面临空口无凭的问题。金融业作为人类最为古老的行业之一，尽管常常被视为洪水猛兽，但从更长远的视角来看，金融特别是货币改善了人与人之间的关系，使陌生人之间至少可以共存，这就是人们之间对金融联系的"依赖"。因此，在人类社会分工合作的生产方式产生实质性改变之前，金融业不会消失。但是金融业态与金融规则会随着科技进步不断变化发展。

1. 人类金融活动的起源

恩格斯认为，人类社会经历了从野蛮时代到蒙昧时代再到文明时代的变化，② 同样地，人类金融活动的具体内容和表现形式也经过了漫长的发展。在 4500 年前的美索不达米亚平原上，楔形文字在陶片（印玺）上记录了当地居民应当在将来给神庙供奉多少大麦这样的债务承诺。③ 由此可见，金融活动实际上是基于未来预期的一种信用活动，它有两个最基本的元素：一个是数量；另一个是期限。尽管金融涉及大量有关数学

① 威廉·戈兹曼. 千年金融史：金融如何塑造文明，从 5000 年前到 21 世纪 [M]. 张亚光，熊金武，译. 北京：中信出版集团，2017：20.
② 恩格斯. 家庭、私有制与国家的起源 [M]. 北京：人民出版社，2018.
③ 戴维·欧瑞尔、罗曼·克鲁帕提. 人类货币史 [M]. 朱婧，译. 北京：中心出版集团股份有限公司，2017.

计算或者类似复利等与自然科学中相似的问题，但因为我们只承认人与人之间彼此的所有权，因而金融活动本质上是人与人之间的关系问题，也是社会关系问题。

如果将金融部门当作一个专门的经济分工来看，当前有文字记录可考证的最古老原始的金融机构，可能是负责记录居民债务承诺的神庙，最早的专职金融从业人员可能是神庙中能够识字并负责"书写"记录的工作人员。① 逐渐地，这些古老的神庙不再只是单纯记录居民的承诺并单方面收取财物，而是开始接受人们的储蓄，并同时收取一定的保管费用，这也成为银行业的原始雏形。② 私人金融契约同样出现在古代美索不达米亚平原，公元前 24 世纪中叶的一份苏美尔记录，可能是最早的个人之间借贷记录之一。③ 在我国，大概在周朝中期（公元前 9—公元前 8 世纪），已经出现了傅别、质剂等商业票据雏形，④ 这些都是合同、借据、凭证的一种形式，而这些契约形式的文件历朝历代都存在，其本质上和当代社会的类似证券没有区别，这些原始的金融活动都延续至今。

尽管金属银作为一种财富贮藏在公元前 24 世纪就已经出现，⑤ 但包括金属块、粮食、贝币等实物货币真正成为流通手段并广泛地在社会流通还要过上几百年，约于公元前 20 世纪，现西亚地区两河流域的《俾拉拉马法典》规定了白银可用

① 威廉・戈兹曼．千年金融史：金融如何塑造文明，从 5000 年前到 21 世纪 [M]．张亚光，熊金武，译．北京：中信出版集团，2017：47.

② Nial Fergusson，The Ascent of Money．United States：Penguin Books，2009.

③ 威廉・戈兹曼．千年金融史：金融如何塑造文明，从 5000 年前到 21 世纪 [M]．张亚光，熊金武，译．北京：中信出版集团，2017.

④ 黑维强．论古代契约文书的文献特点及词汇研究价值，合肥师范学院学报 [C]．第 29 卷第 5 期，2011 年 9 月.

⑤ 威廉・戈兹曼．千年金融史：金融如何塑造文明，从 5000 年前到 21 世纪 [M]．张亚光，熊金武，译．北京：中信出版集团，2017.

于支付租金、雇工工资、伙食费、借贷等。① 大规模的货币经济可能在公元前 7 世纪才开始正式形成，因为这是现在已知的第一批铸币——吕底亚王国琥珀合金币诞生之时。② 与此同时，契约凭证仍然存在，但货币经济已经成为社会生活中不可或缺甚至是主导的经济形态。在我们日常接受的货币理论中，往往认为从物物交换直接过渡到了货币经济，这也是亚里士多德在《政治学》中所提出，并至今为大多数人所接受的货币形成理论，"可想而知，从简单（物物交换）当中诞生了更加复杂的交换形式（货币）"，③ 这种假设中至少忽略了一个历史上存在过极长时间的社会形态，即上述利用各种社会契约维持社会运转的社会，它并非物物交换的社会，也并非货币经济的社会。④

随着社会发展变迁，金融活动的方式以及金融业的业务范围有了很大的改变，凭证的形式几千年来也出现了巨大变化，从纸张到电子凭证，从不记名到记名，从有抵押到完全信用方式的无抵押。但无论如何，金融业的基本业务范围从神庙时期就显得十分鲜明了。现在，金融活动通过货币为载体交织了一个复杂的社会关系网络，相互从来不认识的人们之间可以通过货币这个通用的"符号"来建立彼此之间的联系。尽管这样的社会关系存在很多问题，迄今为止还难以说看到了一种能够取代以货币为代表的金融关系的新型关系，在可以遇见的未来，金融活动不会消失，金融业同样不会消失。

---

① 石俊志. 货币的起源 [M]. 北京：法律出版社，2020：66.
② 石俊志. 钱币的起源 [M]. 北京：法律出版社，2020：20.
③ 戴维·欧瑞尔，罗曼·克鲁帕提. 人类货币史 [M]. 朱婧，译. 北京：中心出版集团股份有限公司，2017：7.
④ 戴维·欧瑞尔，罗曼·克鲁帕提. 人类货币史 [M]. 朱婧，译. 北京：中心出版集团股份有限公司，2017：16.

2. 当代人类金融活动特点

当代金融活动的最大特点就是进入了信用货币时代。① 这种信用货币当前体现为，以中央银行为代表的货币当局与商业银行，在实际意义上控制了货币创造的权力，由各国中央银行所发行的几乎无价值量的法定货币已经几乎成为唯一的货币形式。② 在这种金融制度安排中，中央银行拥有法律意义上唯一的发行货币的权利，③ 而商业银行有特殊的经营方式，既能吸收存款也能发放贷款，④ 向外发放贷款成为除中央银行外主要货币供应增加渠道。值得注意的是，所有的商业银行贷款在标注一定金额的同时标注一定期限，因此成为特殊的有回收期限的货币。与金融制度相对应，各国金融产业的构成也日渐趋同，中央银行与商业银行成为金融业的支柱，保险机构、投资银行等其他金融机构作为补充。"人人都可以发行货币，但关键在于它是否有人接受"，⑤ 当前，在绝大多数国家，只有中央银行与商业可以进行实际上的货币创造，并且这些凭证得到了社会最广泛的认可。

除了社会习惯，上述法定货币的流通地位也由法律确定，因此也将国家信用货币称为法币。如美国《联邦储备法》规定"美国硬币和货币（包括美联储）是用于偿还"，我国《中华人民共和国中国人民银行法》规定，"中华人民共和国

---

① 王文，贾晋京，刘英等. 负利率陷阱：西方金融强国之鉴 [M]. 北京：中国金融出版社，2020：3.

② 大部分国家的货币当局仅限于中央银行，但一些国家除中央银行外的其他部门也拥有发行货币的权力；凡是既能对民众吸收存款也能发放贷款的金融机构，此处统称为商业银行。

③ 戴国强. 货币银行学 [M]. 北京：高等教育出版社，2010：196.

④ 威廉·华莱士. 美国货币体系 [M]. 陈代云，译. 上海：格致出版社，上海人民出版社，2017：33.

⑤ Hyman P Minsky, Stabilizing An Unstable Economy, New Haven：Yale University Press, 1986.

的法定货币是人民币。以人民币支付中华人民共和国境内的一切公共的和私人的债务，任何单位和个人不得拒收"。[①] 中央银行通过负债投放的货币，可称为"货币基数"或"高能货币"，[②] 因此中央银行的货币政策变化成为影响整个金融系统的首要决定性变量。

中央银行可以通过多种方式投放货币。在 2008 年国际金融危机之前，各国中央银行的货币投放基本通过商业银行系统进行，但在 2008 年国际金融危机中，以美国为代表的西方国家商业银行系统遭遇严重冲击，美联储开始实施量化宽松政策，并开始通过直接购买美国国债、大型企业债等方式开展货币投放，这不仅在当时引起了极大争议，直到现在对这种行为是否妥当依旧争论不休。公众往往知道商业银行拥有发放贷款的权力，而往往不知道贷款同样是一种货币创造。与人民币纸币、联邦储备券（Federal Reserve Note）等这样名义上可以永续存在的货币不同，商业银行所创造的货币本身是有期限的。例如，如果商业银行投放了一笔 30 年期限的住房贷款，那么大致可以认为在发放贷款的过程中投放了一笔期限为 30 年与贷款等额的货币，因而有观点称之为"权益货币"与"债务货币"的区别，[③] 这实际上说的是期限也应当成为考量货币存量时的重要因素。

从人类金融活动长期的视角来看，每次货币形式的变化都可以称得上是金融活动中最重要的制度变革。一般认为，货币形式发生过两次根本性变革，即从物物交换进入以黄金为代表

---

① 《中华人民共和国中国人民银行法》。
② 盛松成，翟春. 中央银行与货币供给 [M]. 北京：中国金融出版社，2016.
③ 笑傲投资. 当前经贸形势与投资机会（一）[C]. 2019-05-31.

的实物货币阶段，再变换到国家信用货币。[①] 本章倾向于认同于另一种观点，即货币形式发生过三次根本性变革，即从原始信用契约变换到实物货币，再从实物货币变换到国家信用货币。[②] 距离上一次从黄金为代表的实物货币体系转向纯粹国家信用货币体系的时间并不太长，直到 1971 年时任美国总统尼克松正式宣布关闭黄金兑换窗口以前，大部分国家的货币依然可以通过固定比例直接要求兑换成黄金。总的来看，当前以国家法币作为信用货币体系运行仍然流畅，从近十余年金融危机、欧债危机以及新冠疫情以来发达经济体的金融实践来看，该体系仍能够对社会正常运行起到正面作用。

3. 未来金融业变化推演

考察金融业的变化发展，可以从技术进步与规则制度变化两个方面出发进行考量。长远的视角来看是由前者决定后者。随着生产力进一步发展，生产方式进一步变化，金融规则与制度作为上层建筑的一部分势必会对应发生着巨大改变。但做这样的预测已经超过了本章能够探究的范围，留待大家做更加精彩深入的讨论，本章在此只抛砖引玉，并尝试判断未来 10 年金融活动中的关键发展变化。

经典的货币理论认为，货币在物物交换的不断变化发展过程当中出现，一种特殊的商品最终成为一般等价物。能够找到文字记录的相似提法最初出现亚里士多德在《政治学》论述"货殖"的产生过程时，"可想而知从简单（物物交换）当中诞生了更加复杂的交换形式（货币）"。[③] 亚里士多德的这个

---

① 王文，贾晋京，刘英等 . 负利率陷阱：西方金融强国之鉴 [M]. 北京：中国金融出版社，2020：2-3.

② 戴维·欧瑞尔，罗曼·克鲁帕提 . 人类货币史 [M]. 朱婧，译 . 北京：中信出版集团股份有限公司，2017：62-63.

③ 亚里士多德 . 政治学 [M]. 吴寿彭，译 . 北京：商务印书馆，1965.

观点有着极为深远影响力，不仅亚当·斯密、大卫·李嘉图、马克思等在历史上留下深远影响的经济学家都接受了这个观点，直到今日绝大部分经济金融工作人员都认可这样的假设。马克思作为古典经济学的集大成者之一，更进一步地提出了经典的劳动价值理论，强调货币必须是"价值尺度"，因而其中必须包含抽象劳动。在《资本论》第三卷中，马克思已经着手开始研究信贷问题，但无奈由于时间原因，马克思没有充分完成对于信贷的系统性研究，没有能够说明信用货币与流通货币（当时是黄金及相应的价值符号）之间的关系，[1] 这给我们留下了巨大的遗憾。

实际上，简单的货币中包含一定价值量的观点正在遭受严重的挑战，当今的货币可以用几乎毫无价值量的纸币或者现在手机屏幕上的几个电子符号表达，这从根本上背离了传颂几千年的亚里士多德的经典理论。如果我们仔细考察，抛开几千年在漫长的农耕社会中使用金属块与金属铸币作为流通手段的阶段，真正采用"黄金标准"即使用纯粹的金本位或者金块本位制度的时间在人类历史上非常短暂，如在 1717—1931 年英国。[2] 纯粹的金本位在美国大约从 1879 年开始，1914 年即宣告结束。[3] 19 世纪初期，一些国家便开始实验没有贵金属支持的纸币。[4] 对此，不妨考虑换一种方式考察这个问题，探索未来的货币变迁问题，要在过去包含劳动价值的金银货币，还是不包含劳动价值的纸币、电子货币之间找到什么相通之处。而

---

[1] 《马克思与恩格斯全集》第四十六卷，北京：人民出版社，第 450 页.

[2] House of Lords Library：Bank of England：The gold standard. https://lordslibrary. parliament. uk/bank-of-england-the-gold-standard/.

[3] 威廉·华莱士. 美国货币体系 [M]. 陈代云，译. 上海：格致出版社，上海人民出版社，2017：3.

[4] 威廉·华莱士. 美国货币体系 [M]. 陈代云，译. 上海：格致出版社，上海人民出版社，2017：5.

无论是 4500 年前的陶片，还是包含无差别人类劳动而有价值的贝币、铜币、金银，抑或是现在的国家信用工具，都是人们彼此之间用来记录一种信用关系的表现形式，信用阶段性地用实物形式表达，阶段性地用凭证记录，无论是哪种形式，关键的问题是让彼此能够对对方未来的行为有充分、稳定的预期。

以未来 10 年的视角看待金融活动发展，从技术进步的角度来看，社会总生产方式难以发生巨大变化，高阶人工智能、无限能源供应、生物改造可能彻底改变生产方式的技术进步仍然在其孕育发展期。可以遇见的是，包括货币在内的信用凭证的方式会进一步向电子信息即数字化形式转换。从金融规则制度角度看，当前整套以国家信用货币为基础的货币体系表现得相当牢靠，预计未来很长一段时间内业不会发生根本性变化。从国际比较层面看，主要国家在金融立法与监管内容方面表现得越来越相似，各国内部的金融规则与制度有望进一步趋同。尽管在内部使用几乎"同一套"金融制度，但由于当前国际金融合作利益增量不明，国家之间特别是大国之间对未来国际金融秩序应如何安排得分歧较大，金融利益对撞明显，各国在国际金融政策制定上恐难以协同。

2.1.2 金融活动对经济发展有何作用

金融活动在人类社会发展过程中起什么作用？世界银行认为，金融活动对经济发展有巨大促进作用。[①] 熊彼特等认

① The World Bank. Financial development.

为，金融发展是经济增长的重要引擎。[1] 为什么金融活动能有此效果？在这个问题上，本章赞同威廉·戈兹曼的观点，"由于邻里间的陌生感和合作行为难以量化，人们需要一种更加正规的方式确保帮助行为能够得到回报"。[2] 金融业的发展正是随着社会不断增长的跨期进行所有权转移需求而产生的，这需要我们说服自己相信他人的承诺，哪怕对方是一个我们从来没有谋面过的陌生人。金融活动是人类特有的伟大发明，正是金融活动将几十亿个体联系在一起，不需要彼此之间事先的熟悉，就能够产生足够的互信支持彼此之间的合作，显而易见，人类社会的经济活动当前已经离不开金融活动的加持，难以想象如果没有金融活动存在，一个来自泰国的椰子采集人员如何与来自中国的椰汁消费者发生联系。尽管在中长期的视角中，绝大部分金融活动称得上是一股积极的力量，但不可否认人类历史上也经常性出现有着巨大经济和社会破坏力的金融活动，被引用次数最多的莫过于荷兰郁金香狂热、法国密西西比泡沫事件以及英国南海泡沫事件，这些破坏性的金融活动轻则造成小范围家庭、社会几十年积累下来的财富丧失，重则直接造成整个社会的动荡甚至国家政权的更迭。对于金融与经济发展的关系，本章在此建议读者以开放的心态看待与接受相关问题的理论与讨论，仔细观察分析各个经济体的金融政策实践与结果，并在自身实践中保持审慎，不必急于得出结论。

1. 金融活动与经济繁荣

观察人类历史上一些国家和地区经济发达的时期，往往也

---

[1] Biplab Kumar Guru and Inder Sekhar Yadav, "Financial development and economic growth: panel evidencefrom BRICS", Journal of Economics, Finance and Administrative Science, vol. 24 issue. 47, 2018.

[2] 威廉·戈兹曼. 千年金融史：金融如何塑造文明，从 5000 年前到 21 世纪 [M]. 张亚光，熊金武，译. 北京：中信出版集团，2017：52.

是金融活动欣欣向荣的时期。"长期来看，金融系统更发达的国家经济增长速度更快"，^① 从历史经验看，一种生产方式的出现及扩大催生着与之相匹配对应的金融服务的出现，而适时出现的金融活动反过来推动特别是扩大再生产的活动。实证研究表明，1985—2006 年我国"金融发展水平的提高显著推动了中国的经济增长"，^② 1993—2014 年，金砖五国各自的面板数据同样显示出金融发展与经济增长联系紧密。这至少能够说明，站在 20 年的长周期的视角，金融活动发展对经济增长有明确的积极作用。

对于金融活动之所以能够促进经济增长，世界银行给出的现代解释是，因为金融活动"通过提高储蓄率、帮助社会灵活地使用储蓄、提供投资信息、鼓励加速海外资本流入、优化资本配置而促进了基本积累与科技创新"。^③ 从更基础的角度来看，运转良好的金融系统不仅能够增进社会之间的互信，还能够通过金融安排解决社会当中存在的结构性矛盾。这里最具有代表性意义的就是货币的出现，货币的出现解决了一个庞大人群之间彼此之间的信任问题，当社会广泛处于互信阶段时，人们容易团结起来形成更大的合力，进而刺激生产，促进繁荣；反之，如果社会缺乏互信，人们要花费很多时间提防其他人可能对自身的不利行为，这些活动不利于经济增长繁荣。此外，良好的金融安排能够缓和在生产过程中经常会出现的分配矛盾，借贷、税负、转移支付等广义上的金融活动，如果使用得当，都可以调节与缓和社会关系。

但是在一个社会的生产生活当中，金融活动并非越多、越

---

① The World Bank. Financial development.
② 赵勇，雷达. 金融发展与经济增长 [J]. 世界经济，2010 (2).
③ 同②。

广泛越好，也并非所有的金融活动都能够促进经济效率提高。2008 年国际金融危机后的一些证据表明，金融部门短时间内的过度膨胀显著挤出了同期其他经济部门的增长，[①] 几十年来，各国金融部门占 GDP 比例不断提升。以我国为例，1978 年到 2021 年以来中国金融业增加值名义上翻 1200 倍，同期名义 GDP 其占国民生产总值额增加大概 310 倍，金融业实际增速是同期 GDP 增速的 4 倍，2022 年上半年，金融业占我国 GDP 比例达到 8.7%，创下历史新高。如今，世界主要经济体金融部门占 GDP 比例都已经超过 8%，远高于 20 世纪 40—50 年代 2% 左右的水平。而金融部门由于其特有的经营方式，即不生产实物却运营货币资金，难以让公众理解其运行机理，加之许多金融部门从业人员属于常见的中高收入人群，无论在哪个国家，都非常容易让公众产生不满。

2. 金融效率

以上所述金融活动所表现出的长期对经济的促进作用和阶段性消极的一面，势必要求金融活动不断革新、提质增效以重回其积极的方面。如何衡量金融活动的质量？我国经济学术界提出金融效率概念。与英文语境衡量公司金融的微观金融效率（Financial Efficiency）不同，金融效率在我国是一个特有的概念，主要指社会整体金融活动的效率，最初意为"金融机构有足够的吸引力来吸收储蓄存款并且能刺激储蓄存款的不断增长、投资的数量不断增、投资的效率不断提高"。

随后，金融效率概念在 20 世纪 90 年代中期不断发展，[②] 2007 年左右，我国金融效率的概念基本定型，学界普遍接受金

---

① Stephen G Cecchetti and Enisse Kharroubi, "Why does financial sector growth crowd out real economic growth?"

② 王广谦. 提高金融效率的理论思考 [M]. 中国社会科学, 1996 (4).

融效率指一国金融资源的配置效率，并将金融效率分为宏观金融效率和微观金融效率两个方面。① 在随后几年，有关金融研究数量达到顶峰。2019 年，我国提出深化金融供给侧结构性改革、增强金融服务实体经济能力，习近平总书记强调，"要以金融体系结构调整优化为重点，优化融资结构和金融机构体系、市场体系、产品体系，为实体经济发展提供更高质量、更有效率的金融服务"。对比经济学界所提出的提高金融效率与当前我国对金融业的核心要求深化金融供给侧结构性改革，其内在逻辑是同一的。

3. 金融工具与经济危机

自人类进入工业化社会以来，资本主义国家周期性地爆发经济衰退，严重时演变成为大范围的经济危机。仅在美国，历史上就出现过至少 19 次经济衰退，② 其中 1929 年与 2008 年演变成严重的全球性经济危机。③ 对于经济衰退或经济危机的爆发，有越来越多的经济学家认为是资本主义生产方式引发的周期性的生产过剩与消费阶段性难以匹配所造成的，也可以说是针对资本主义工业社会所特有的现象。④ 回顾资本主义发展历史，金融工具的创新虽然没有能够从根本上解决周期性的金融危机问题，但的确很大程度上缓解了经济危机的发生。

实际上，在工业社会以前的农耕社会和更原始地采集社会，以国家为代表的经济体运行也经常出现周期性的崩溃现象，但那往往是由于人们尚不了解与控制自然变化造成的，自

---

① 周国富，胡慧敏．金融效率评价指标体系研究［M］．金融理论与实践，2007（8）．

② Kimberly Amadeo, "History of Recessions in the United States," The Balance.

③ 刘鹤：《两次全球大危机的比较研究》，北京：中国经济出版社，2013 年．

④ Robert P. Brenner, Jeong Seong-jin, "Overproduction not Financial Collapse is the Heart of the Crisis: the U. S., East Asia, and the World," The Asia Pacific Journal, Vol. 7, No. 5, 2009.

然灾害等造成的农业减产进而带来的粮荒往往是危机的主要体现。工业社会以来，主要工业国家发生经济危机，却是因为生产过剩造成的，出现了非物理限制下的工厂大面积停工、劳工大面积失业和让人迷惑的宁愿将牛奶倒掉也无法卖掉的怪异现象。令人印象最深刻的是在 1929—1933 年美国大萧条当中，美国国民生产总值最高下降幅度达到 50% 以上、工人工资水平几乎减少一半、失业率从 1929 年的 3.2% 上升到 1933 年的 24.9%。① 反观布雷顿森林体系瓦解后的 20 世纪 70 年代后，尽管仍然周期性地出现经济衰退，但再没有一场危机的规模能够与 20 世纪 30 年代的大萧条相提并论。在 2008 年国际金融危机后的 2009 年，尽管美国经济经历了大幅度的衰退，但是整体幅度只有 -2.6%，2020 年在新冠疫情巨大非预期冲击中，经济衰退幅度为 -3.4%，远远不及大萧条时期下降幅度的一个零头。在这里，"大政府"和以美联储为代表（还有联邦储蓄保险公司以及通力合作的私人金融机构如商业银行）的最终贷款人可能在这里起到了至关重要的作用。②

多数观点认为，美国之所以在 2008 年国际金融危机中遭受了"除大萧条外最严重的经济危机"，未能在 2008 年实现经济软着陆，是因为美联储在 2006—2008 年一系列不恰当的货币政策所导致的，前面太宽松，后面又收紧太快，并且在 2008 年，当次级债市场的抛售浪潮真正开始形成连锁反应时，也没有在第一时间采取有效措施应对。事实上，美国房地产贷款市场在 2006 年就开始出现破裂，但直到 2007 年 9 月，美联储才

---

① 杰瑞·马克汉姆．美国金融史［M］．（第二卷），高凤娟，译．北京：中国金融出版社，2018：168.

② 海曼·明斯基．稳定不稳定的经济——一种金融不稳定视角（中文修订版）［M］．石宝峰，译．北京：清华大学出版社，2015：35.

开展 4 年来的第一次降息。[①] 尽管在事后来看，美联储的货币政策实施令人费解，但是实际上在货币当局对金融调控活动中，"弄不准"才是一种常态。2020—2021 年，由于新冠疫情，美联储再次实施了超级量化宽松与零利率政策，2020 年 3 月—2022 年 1 月，美联储资产负债表规模从 4 万亿美元水平一举跃升至 9 万亿美元水平，美联储提供了海量货币基数保护金融市场与美国经济，反而却成为 2022 年美国全年维持高通胀水平的核心原因之一。货币当局的确在做些什么，但是并不保证结果，能够全面、准确地达到政策目的，也是提高金融效率的目标之一。

虽然金融系统与能够随时登场的货币金融工具（如量化宽松）对金融危机救助有功，但当代金融危机本身就可能是因前期不当的金融政策积累所造成的。刘鹤团队在研究 1929 年与 2008 年两次国际大危机时认为，"在两次危机之前，最方便的手段是采取更为宽松的货币信贷政策"。[②] 另有基于各部门资产负债表的研究认为，"当金融发展促进实体经济增长时，资产负债的扩张是合理的，是有经济增长作为基础的；但当实体经济增长的动能不断减弱时，资产负债表可能继续扩张，金融扩张速度甚至会更快。"[③] 这也再次印证了，货币当局金融政策工具是金融制度中最基础而进而直接作用到金融市场上的那个部分，对包括货币投放量、政策利率等相关金融政策的制定选择时，应该事先准备好数个场景分析的预判方案，按照完整流程进行政策执行，并在执行中不断观察市场动向、及时调整。同

---

　　① 杰瑞·马克汉姆. 美国金融史［M］.（第二卷），高凤娟，译. 北京：中国金融出版社，2018：168.

　　② 刘鹤. 两次全球大危机的比较研究［M］. 北京：中国经济出版社，2013：11.

　　③ 袁志刚，李宛聪，樊潇彦. 资产负债扩张与实体经济增长［M］. 北京：中信出版集团股份有限公司，2017：Ⅵ.

时，金融是预期的科学，货币当局可以考虑向市场准确传达未来政策目标，给市场以明确的预期，美联储尤其在这一方面进行了非常广泛的尝试，其定期、不定期地不断通过美联储会议纪要有目的地向市场放出信号，这或许也可以考虑成为建设现代中央银行制度当中的重要一点。

2.1.3 博弈是金融活动的主线吗

多数日常的金融活动都能够积极促进人类社会发展。但与其他人类活动一样，金融活动中并非只有人们之间的相互合作，而是经常充斥着人们相互之间的猜忌与博弈，有时甚至导致不同群体相互间的对抗。国家与国家之间、不同社会阶层之间，甚至同一个阶级内的不同利益集团之间都可能形成金融博弈。"在数学意义上，一个自由市场准确地说就是一个博弈场，而每一种博弈从扑克游戏到世界大战，都有参与者、博弈策略和计分规则"。① 具体到金融博弈来说，博弈往往围绕金融资源与金融制度规则两方面展开。在当前的社会阶段，国家仍然是全球最主要的政治实体，国家间金融博弈也成为除军事博弈与经济博弈之外的另一种重要的博弈体现方式，甚至已经成为经济强国间最主要博弈方式。博弈是合作的对立面，博弈往往意味着有限的资源已经到了"你有我无"的阶段，必须要分出主导权。在社会发展中，博弈会阶段性地成为主要矛盾的主要方面，在这样的阶段中，金融不仅不能成为将彼此联系成统一体的积极因素，反而会成为加入彼此之间对立冲突的导火线、重要推手甚至是重要工具。

---

① 约翰·戈登. 伟大的博弈：华尔街金融帝国的崛起 [M]. 祁斌，译. 北京：中信出版社，2005：2.

1. 金融博弈史

从人类有金融活动开始的那一刻起，金融博弈就随之产生。金融博弈大致可以分为四个阶段，每个阶段都由其代表性的博弈方式。第一阶段，是原始的金融博弈，主要体现为通过暴力拒不履行契约、毁坏凭证等。而自货币经济诞生，货币作为金融资源的核心就牢牢占据了金融活动的中心地位，由此进入金融博弈的第二阶段，即围绕物品价格比例的博弈成为金融博弈的主要表现形式。在金融博弈的第三阶段，又加入了围绕债券、股票、衍生品等金融工具的价格博弈。现在，随着国际金融活动的进一步发展，有关金融规则与制度的博弈越发受到关注，特别是在于货币发行与流通的权利分配上以及金融资本跨境流通权利上，相关争论始终此起彼伏，未曾中断。当前的金融博弈的表现形式囊括上述货币经济诞生后的全部四种。

《管子·轻重戊》中记载了春秋初期齐国对其他国家数次发动经济金融混合战的故事。鲁国与齐国相邻并且通商密切，为了打击鲁国的经济，管仲通过动用国家资源操纵了粮食金属与布匹的交换比例，迷惑鲁人为卖缟而放弃了传统的农业生产，最后管仲通过违约不再购买鲁人之缟而直接击溃了鲁国经济，实现了"服帛降鲁梁"。齐国想对距离遥远的楚国发动战争，但又恐楚国实力强大战事不顺，于是管仲通过垄断楚鹿市场大幅抬高了鹿价，使楚人农民放弃种田、士兵放弃武器，纷纷进山猎鹿，而就当楚人为高价卖鹿赚得盆满钵满而高兴时，齐国对楚国发动了战争，措不及防的楚国在战事中损失惨重，丧师失地。[1] 2000 多年前的金融博弈中，管仲的博弈企图完全没有被鲁国与楚国重视，彼时的金融战更多地以明目张胆的毁约为主，以价格比例波动为辅，这种毁约类型的金融博

---

① 《管子·轻重戊》。

弈在中世纪欧洲非常常见，文艺复兴以后的欧洲资本主义生产方式已经萌芽，但也常常有欧洲君主制国家明目张胆地进行毁约，华尔街上早期的金融博弈中，通过欺诈与毁约谋取金融利益的案例屡见不鲜。

尽管欺诈与毁约在如今越来越不合潮流，但是管仲对于实物商品价格操纵的博弈方式一直延续至今。在现代，由于国家之间的分工，不同商品之间的价格比例显著影响一个国家或者组织的利益水平，每当大宗商品价格暴涨时，资源型国家经济增速往往出现大幅提高，人民福祉提升明显，反之，大宗商品价格下降时，资源型国家损失惨重，而工业发展水平较高的国家往往获益。1960 年石油输出国组织（OPEC）成立，正是为了应对或者尝试主导与石油价格博弈，反之，美国国内不断有声音要求立法将 OPEC 确立为垄断组织，也是出于相同的目的。

公元 1171 年，由于战争融资的需求，以未来市政收入为担保的公债在威尼斯出现了。这种公债一经过出现就得到了很大的发展，没过多久，它就可以在活跃性、竞争性的二级市场进行买卖了。自此以后，金融博弈的重点逐渐变成了包括公债、国债、股票等在内的各类金融资产价格博弈。布雷顿森林体系彻底破产后，各国不再采用固定汇率制度，进而又加入了各国汇率之间的博弈。金融资产价格博弈故事数量众多，时间距离较近，大家也相对比较熟悉，著名的荷兰郁金香狂热、法国密西西比河公司泡沫、英国南海泡沫，以及大家更熟悉的2000 年左右的美国互联网泡沫都是第三阶段金融博弈的代表性事件。在华尔街尚没有监管的 19 世纪下半叶，美国股票市场价格博弈盛行，当时的金融巨头之间利用股票囤积、联合坐庄、贿赂政府人员等方式大打出手。至今全球证券市场上一分一秒间的价格波动仍时刻牵动着亿万投资者焦躁的内心。

随着第二次世界大战的结束，特别是 20 世纪 40 年代后期至 60 年代，亚非拉美民族解放运动如火如荼进行，一个个主权国家相继诞生。在一个多元并越发全球化的时代，吸引外资成为发达国家对外谋取更大利益的手段，也成为发展中国家获得外来资本谋取发展的重要方式，在这个阶段，金融博弈开始更多地围绕着金融制度与规则展开。《布雷顿森林协议》以及关税与贸易总协定（GATT）可以称作世界范围内第一批具备全球性质的金融制度与规则。查询史料可以得知，由于战后世界各国实力上的巨大差异，在上述两份重量级文件制定过程中，当时的美国和英国主导了整个协议制订的主要过程。① 尽管第二次世界大战的战胜国之一——当时的苏联派出了代表参加布雷顿森林会议，并确定了 13 亿美元的认缴额，在全部国家中排名第二（总认缴额为 88 亿美元，其中美国 27.5 亿美元），但最终决定于 1945 年年底退出。当时的中国也派出了庞大的代表团代表参加会议，并最终获得了 5.5 亿美元的认缴额，在所有国家中排名第四，仅次于美国、苏联与英国。②

2. 国家间金融博弈

与国家之间在军事、政治、社会生活领域所进的博弈类似，国家之间在金融领域同样会产生激烈的博弈。当前国家间的金融博弈主要囊括前述博弈中的后三种形式，即实物商品价格博弈、金融资产价格博弈与金融规则与制度博弈，国家之间的暴力毁约行为在主要经济体之间已经很少发生。

---

① 理查德·加德纳. 英镑美元外交：当代国际经济秩序的起源与展望 [M]. 符荆捷，王琛，译. 江苏人民出版社，2014.

② 金中夏. 翻阅尘封的档案——纪念出席布雷顿森林会议的中国代表团 [M]. 中国金融，2014（18）.

在商品价格博弈方面，国家间金融博弈主要体现为大宗商品价格博弈。这主要是因为当代大宗商品定价很大程度上由金融市场决定。以原油为例，在纽约商业交易所（NYMEX）挂牌交易的西德克萨斯中间基原油（WTI）期货全部合约日持仓量、成交量往往均超过 100 万手，即 10 亿桶原油，相当于当天原油实际消耗量的 10 倍。[①] 市场最终成交的价格由边际交易者决定，活跃的金融市场决定最终的定价，才出现了 2020 年新冠疫情期间令人瞠目结舌的原油负价格事件。[②]

在金融资产价格博弈方面，当前博弈集中于汇率市场、利率市场以及股票市场。特别是主权货币汇率高低直接涉及当事国家之间相互的购买力，并极大地影响彼此之间的商品贸易及金融资本流动形式。2022 年美元利率与汇率双双持续上行，已经给部分国家带来巨大的国内金融政策压力。在利率市场，各国央行通过"政策利率"价格工具尝试得到适宜的利率期限组合。在股票市场，全球优质公司成为全球投资者及证券交易所日夜物色的"香饽饽"。

金融规则与制度层面是当前国际金融博弈最激烈的前沿阵地。当前国家之间的博弈主要体现在国际主导货币、货币政策独立性、各国金融市场准入、各国争夺对外直接投资等在金融规则于制度安排上。在这里被各界讨论在最多的国家金融博弈莫过于从 20 世纪 60 年代就开始出现的"美元霸权"。《布雷顿森林协议》给予了美元相当大的"特权"，其中"双挂钩"的金融制度安排促使 1954 年前后美元在国际储备中的份额一举

---

① 资料来源：纽约商品交易所。

② 新华网. 石油价格"活久见"！ "负油价"背后 是难测的世界局势［M］. 2022-04-27.

超过英镑,① 并一直延续至今。然而，随着 2022 年 2 月俄乌冲突发酵后美国对俄罗斯全方位的金融制裁，以及 2022 年全年美元新一轮快速加息所导致的全球性美元荒，再次引燃了全球去美元化的又一次大讨论，很多国家开始选择美元以外的货币进行国际结算。尽管美国当前在金融制度规则博弈方面上仍然占据优势地位，但这不妨碍人民币国际化继续遵照水到渠成的原则稳步进行中。2021 年，人民币跨境收付占同期本外币跨境收付总额的 47.4%，② 早已成为我国对外贸易跨境结算的最大货币，人民币国际竞争力上升势头明显。

3. 社会各阶层的金融博弈

时间进入 21 世纪，特别是在 2008 年国际金融危机之后，由于社会阶层利益分化明显，加之技术进步遇到瓶颈期，对于主要工业国家来说，无论当局实施什么样货币政策或者是财政政策，都难以同时满足所有阶层的利益，总会出现一部分人受益，而另一部分人受损的现象。换句话说，难以找出能够获得帕累托改进的政策方案。阶层之间的金融博弈，是相对于国家金融博弈的一个更普遍、更扩大的博弈版本，在这个博弈中参与的主体更多，各方的诉求也更加复杂。用政治经济学的角度来看，阶层之间的博弈是推动社会的变化发展的中央力量。对于这个问题，将在本章第二部分"让人困惑的贫富差距中"作进一步更详细的阐述。

---

① B. Eichengreen, L. Chitu and A. Mehl, "Stability or upheaval? The currency composition of international reserve in the long run," Working Paper Series, no. 1715, European Central Bank, 2014.

② 中国人民银行.2022 年人民币国际化报告。

2.2 当代金融三重困惑

当前金融行业面临三重惑，指的是全球绝大部分现代经济体所普遍面临的金融问题。在金融业发展出的美妙上层建筑上，这三重金融困惑分别是：全球金融业发展在实践中面临负利率困境、信用货币中心发行下的债务困境以及金融业巨大发展之下的社会贫富困境，其中有两个理论性的问题和一个实践中的问题。社会各界对三重惑源争议不休，本章认为，现在谈理解了这三个难题为时尚早，应当以中立开放的心态看待相关理论解释与社会实践，问题的解释和解决有待一批又一批金融人不懈为之努力探索。

2.2.1 令人疑惑的负利率金融

金融负利率（Negative Interest Rate）是近十年来金融市场上出现的全新现象。根据现金流折现理论，在负利率金融中，买方明知持有金融资产到期时将出现名义上的终值小于现值，但仍然选择在期初使用货币现金购入金融资产，如果不考虑风险，那么只有更深程度的负利率才能够使买方获利。狭义上的负利率，指的是各国中央银行在确定政策利率时，将政策利率定为负值，称之为负利率政策（Negative Interest Rate Policy，NIRP）。① 本章认为，负利率政策是随着货币形式重归信用货币后所产生的一种现象，应当将负利率现象和现代信用

① H. Vikram and K. Emanuel, "How Can Interest Rates Be Negative?" Finance & Development, 2020.

货币发行联系起来来共同研究。

1. 负利率金融发展历史

负利率现象广泛在金融市场出现的时间并不长。在 20 世纪的整个 100 年当中，除了瑞典在 1972—1978 年进行过短暂负利率实践，鲜有其他国家实施负利率政策。然而自 2008 年国际金融危机之后，由于银行业出现巨大系统性风险，传统通过商业银行实施货币政策之路面临阻碍，迫使中央银行是通过"非常规政策手段"，如量化宽松、政策利率调整为零或略高于零等实现进一步的货币宽松政策。[①] 负利率现象往往都最先在政策利率上出现，进而传导到债券市场，最后甚至可能传导至贷款市场。2009 年 7 月，瑞典率先尝试了这种货币政策，瑞典央行将其隔夜存款利率下调至 -0.25%，成为在金融危机后第一个使用负利率政策的中央银行。伴随 2010 年前后欧债危机在欧洲大陆的全面爆发，越来越多欧洲国家中央银行开始尝试将名义利率定为负值，大量中央银行调整政策利率到负值区间，进而导致债券发行与流通市场上都广泛出现了负利率现象。2019 年，负利率从债券市场传导向贷款市场，丹麦银行推出世界首例负利率贷款。[②] 2020 年新冠疫情暴发后，欧美国家实施了更加宽松的货币政策，全球市场负利率主权债务规模一度超过 18 万亿美元，[③] 估计占当时整个债券市场规模的超过 30%。[④] 我国财政部也在 2020 年 11 月 18 日顺利发行了第一只

① A. Carlos, A. Kose, M. Stocker and T. Taskin, "Negative interest rate policies: sources and implications," Policy Research Working Paper, no. WPS 7791, World Bank Group, 2016.

② The Gurdian, "Danish bank launches world′s first negative interest rate mortgage," https://www.theguardian.com/money/2019/aug/13/danish-bank-launches-worlds-first-negative-interest-rate-mortgage.

③ Bloomberg, Bloomberg Global Aggregate Negative Yielding Debt Index.

④ 丁安华. 负利率政策下的投资策略 [J]. 新财富, 2019 (11).

5 年期 7.5 亿欧元负利率主权债券。①

然而自 2021 年后半程，全球供应链出现严重梗阻，美国、欧洲等传统意义上的发达经济体国内通货膨胀率飙升，有越来越多的债券退出了负利率区间。到 2022 年 5 月，世界上负利率主权债券已经从 2021 年峰值的 4500 只下降到不到 100 只。②随着 2022 年 7 月 21 日欧洲央行宣布加息 50 个基点退出负利率区间，西方国家不断调高政策利率导致实施负政策利率的国家数量不断减少，至 2022 年 8 月 20 日，世界上只有日本、瑞典、丹麦三个国家仍旧在实施负利率。到 2023 年初，最后一只主要国家国债也退出了负利率序列。③

表 2-1 部分国家地区首次实施零负利率政策情况统计

国家及地区	实施主体	实施时间	利率工具	调节方式	利率水平
瑞典	瑞典央行	2009 年 1 月至 7 月	隔夜拆借利率	数量工具	-0.25%
丹麦	丹麦央行	2012 年 7 月至 2014 年 4 月	隔夜拆借利率	数量工具	-0.20%
瑞士	瑞士央行	2014 年 12 月至 2015 年 1 月	3 月期 Libor 目标利率	数量工具	-0.25%
欧元区	欧洲央行	2014 年 4 月至 9 月	存款便利利率	价格工具	-0.10%
日本	日本央行	2016 年 1 月至今	隔夜拆借利率	数量工具	-0.10%
匈牙利	匈牙利央行	2016 年 3 月	隔夜存款利率	价格工具	-0.05%

资料来源：网络公开资料整理。

---

① 中华人民共和国商务部 . 中国首发负利率主权债券受热捧［M］. 2020 年 11 月，http：//www. mofcom. gov. cn/article/i/jyjl/j/202011/20201103017412. shtml，2022 年 11 月 31 日 .

② Ritchie. G，"There Are Only 100 Negative‐Yielding Bonds Left in the World," Bloomberg.

③ Joseph. A，"Last bonds with negative yields vanish in latest major market milestone," Bloomberg.

表 2-2　部分首次成功发行负利率国债的国家政府

国家及地区	发行主体	发行时间	债券期限	中标利率中值
德国	德国政府	2016 年 7 月	10 年	-0.05%
英国	英国政府	2020 年 5 月	2 年	-0.027%
中国	中国政府	2020 年 11 月	5 年	-0.152%

资料来源：网络公开资料整理。

2. 负利率金融中的结构性问题

在负利率金融的运行中存在两种主要的结构性问题。其一，对资金供给方的商业银行而言，不同的政策负利率的影响不同，并非所有的负利率政策都增加商业银行运营压力；其二，对企业、个人等资金需求方而言，并非所有主体都能够享受到低利率的"红利"。

在第一个结构性问题当中，不同类别的负利率如隔夜拆借利率、超额储蓄利率为负值时，对金融机构的影响完全不同。[1] 实施负利率政策的主要是发达经济体，其中央银行在实施货币政策时，通常只设定超额储备利率，并通过数量型工具如量化宽松、逆回购、再贴现等设定利率。对于商业银行来说，如果面对的是负超额储蓄利率，其经营压力显著增大，如若不进行放款即将面临损失；反之，如果面临的是负的隔夜拆借利率，其经营压力并未显著放大，反而在经营过程中面临更多机会与选择。

在第二个结构性问题当中，当中央银行实施负利率政策的时候，其政策目标往往希望能够将更多低成本的资金不断向下传导到相关金融机构，再由金融机构向下传导给企业与居民。但是在实际借贷过程当中，绝大部分资金需求方是完全绝缘于

---

[1]　Don. S and Ryan. M, "A Primer on Negative Interest Rates," Federal Reserve Bank of ST. Louis, 2019.

负利率市场的。越接近中央银行的部门企业与机构，越容易与负利率金融产品或活动挂钩，越远离中央银行的部门，越不容易感受到负利率的影响。如一句谚语所说，"当胖子开始变瘦的时候，瘦子就会死去"，当政策利率或者低波动高流动性的国债长期处于负利率时，企业部门或者居民部门经常无法感受到实际借贷成本的大幅度降低。实际上自2008年7月瑞典中央银行首次调整隔夜拆借利率为负值以来，只有丹麦的日德兰银行在2019年推出过年化利率水平为-0.5%的住房贷款。[①] 在金融理论中我们知道，在提供融资时，由于资方认为中小微企业经营风险大，其要取得融资就势必要承担更高的融资利率。然而在实践过程，在基准利率很低甚至为负数的情况下，中小微企业与个人可获得的借款利率波动并不明显，本来面临高利率约束的部门，如部分中小微企业往往在所谓的低利率背景下仍继续面对高利率，形成了一个发展悖论。这个悖论在国际金融中同样适合于发达国家与发展中国家之间。

3. 负利率的理论分析的评价与未来

从这十几年来各国在负利率政策上本身的实践经验来看，目前没有证据证明中长期的负利率政策对相关国家实际产出造成了重大不利影响。[②] 而从中长期视角看，与农耕社会不同，工业化社会周期性、阶段性地出现持久的、可以延续二三十年的通货紧缩倾向，可以预见的是，一旦世界经济重新进入通货紧缩阶段，实施负利率的国家的数量将会再次增多，并且可能越来越多。

---

① Collinson. P，"Danish bank launches world's first negative interest rate mortgage," The Guardian. 2019 - 08 - 13. https：//www. theguardian. com/money/2019/aug/13/danish - bank-launches-worlds-first-negative-interest-rate-mortgage，2022-11-30.

② Marques. L, Casiraghi. M, Kamber. G, Meeks R and Gelos. G，"Negative Interest Rates Taking Stock of the Experience So Far," Monetary and Capital Markets Departmental Paper No. 2021/003.

当前有很多观点倾向于认为出现负利率是一种较为负面的现象，但本章认为，金融理论与实践应随着事物发展而与时俱进，应当以开放的心态看待其他经济体的负利率实践。金融体系距离首次负利率实践的时间非常短，可以把 2008 年国际金融危机、2010 年欧债危机、2020 年新冠疫情之后部分发达国家的负利率实践对我国而言是很好的参考样本。并且当代货币物质存在形式已经发生了根本性变化，从可以放在床板下储藏的金属块、铸币、纸币等可贮藏的货币变成电子式的几乎完全不可被贮藏的货币。大规模的负利率实践刚刚开始一轮，并且看起来并未造成显著不良影响，既然整体上没有出现重大不利影响，可以暂且认为其即便无功，也难言有祸。负利率政策作为一种可能行之有效的工具值得被重视，更需要各国货币当局进行系统性研究。

2.2.2　使人迷惑的现代货币理论

现代货币理论，指的当代中央银行—商业银行下的货币发行体系下货币供应可以无限额增长的理论及对应实践。华伦·莫斯勒是首位提出现代货币理论（Modern Monetary Theroy，MMT）的学者。2008 年国际金融危机发生后，美国、欧洲央行开始逐渐实施量化宽松（Quantitive Easing）货币政策，这种政策最开始只是对常规利率政策的补充，但很快就成为了美欧等传统发达经济体中央银行的普遍选择。现代货币理论可以通过不同的方式进行实践，具体来看，中央银行可以选择其所投放货币的期限，中央银行也可以直接选择其所投放货币的对象，如选择是投放给政府部门、企业部门或者是居民部门。尽管大家对现代货币理论在理论上和实践中都还存在认知上的巨大分歧，但这不妨碍其成为人类金融活动发展中一次令人瞩目的标志性事件，一些现代货币理论学者称为"经济学上的哥白尼革命"。①

1. 现代货币理论的应用

现代货币理论最早的实践可以追溯到 18 世纪的法国。当时还不存在货币政策、财政政策、现代货币理论等这样用于描述相关行为的词汇。时任法国财政总监约翰·劳（John Law）通过观察伦敦金匠的汇票交易和英格兰银行的纸币发行后敏锐地察觉到，市面上的货币流通量并不受金银等金属数量的限制，只要拥有了信用，纸片完全可以充当货币使用。② 机缘巧合之中，他在法国找到了施展自己想法的空间。1716 年约翰·劳被允许组建通用银行——一家纸币发行银行，几年后法国政府规定国民必须以纸币交税，纸币成功在市面上流通，纸币的流通改善了当时法国的经济形势。我们看到，约翰·劳的行为即相当于通过国家信用发行纸币，以取代当时社会中金属货币的流通地位。近年来，特别是 2008 年国际金融危机爆发后以及 2020 年新冠疫情暴发后，日本、德国、美国等国纷纷开始了自己现代货币理论实践。尽管 200 年以后，货币的形式发生了很大地变化，但货币的信用内涵并未发生改变。

2. 理解现代货币理论

现代货币理论之所以被称为"现代"，是因为与传统的货币投放模式形成对照。在传统的货币投放模式中，尽管中央银行掌握货币发行的权力，但商业银行实际主导着极大比例的货币创造的权力。而在现代货币理论与实践中，中央银行不再仅

---

① 兰德尔·雷. 现代货币理论主权货币体系的宏观经济学［M］. 张慧玉，王佳楠，马爽，译. 北京：中信出版集团股份有限公司，2017.

② 板谷敏彦. 世界金融史：泡沫、战争与股票市场［M］. 王宇新，译. 北京：机械工业出版社，2019：97-101.

通过商业银行进行货币投放，而是通过购买国债等方式直接向政府、企业、居民等部门完成货币投放，从而与商业银行形成一个平行的货币投放系统。应用现代货币理论，需要有两个条件：其一，有一个能够发行国家信用货币的货币当局（一般是中央银行）及一套完整的货币投放渠道，能够使中央银行将其发行的货币实际投放下去到目标账户。其二，允许中央银行直接购买其他部门发行的债权，其中购买中央政府债券也被称为财政货币化；购买国债外的其他债务，如私人企业新发行债务，同样能够实现中央银行直接进行货币投放的目的，美联储在 2008 年国际金融危机、2020 年新冠疫情期间，美联储都广泛购买了企业债券，同样完成了货币投放。

为理解现代货币理论，首先要理解现代货币的创造与投放。对于美元、人民币等当代国家主权信用货币来说，货币创造有两个源头：第一个源头是中央银行发行的基础货币，如人民币纸币；第二个源头是商业银行在发放贷款时，由于乘数效应所产生的理论上有存续期限的货币。[①] 在传统的货币发行流通系统中，货币从被发行到进入流通，从先到后的流向顺序依次是，中央银行、商业银行通过贷款给予资金需求方。而在现代货币理论中，中央银行直接购买政府债券、公司债券或者其他证券，在货币投放阶段绕开了商业银行系统因而称为“现代”。

为什么放着原本好好的金融制度不用而实施现代货币理论？这往往都是脱离不了某些特殊的时代背景。在 18 世纪约翰·劳的时代，当时的法国君主政府缺乏金属货币而陷入极大的财政困难，约翰·劳的大胆想法才得以实践。而 2008 年国际金融危机爆发后 MMT 能够成功在美国推行，很大的现实原

---

① 盛松成，翟春. 中央银行与货币供给 [M]. 北京：中国金融出版社，2016.

因在于欧美国家的银行业运行在当时出现了很大问题，中央银行传统通过商业银行进行货币投放的渠道受阻，使中央银行不得不寻找新的货币投放手段。现代国家的商业银行系统与中央银行系统是相对独立运行的，即便中央银行如欧洲央行确立了"货币供应量和信贷总量目标值"作为目标，但在传统货币投放渠道中只要商业银行不执行或者无法执行，中央银行也没有办法作为，这一点在2008年国际金融危机之后显示得非常明显，因此，美联储必须要寻找新的货币投放渠道，而这在很大程度上正符合MMT理论持有者的观点——一国政府不必维持自身的预算平衡，而可以利用货币发行权利（中央银行在一级市场直接购买国债也是其中一种）保持社会在偏好的轨道上运行。

3. 现代货币理论实践评述

尽管现代货币理论从机理到实践都产生了巨大的争议，但同时我们也要看到，无论是日本从20世纪初开始的中长期现代货币理论实践，还是美国在2008年国际金融危机后、2020—2021年的新冠疫情期间两次海量扩增的政府债务以及美联储资产负债表，总的来看，对于工业化程度较高的日本和美国，已有MMT的最终的实践效果并不算太坏。尽管有饮鸩止渴的嫌疑和众多批评声，但MMT的应用还是在相当程度上达到了当事国家的实施MMT前所设立的政策目标。

以美国为例，在新冠疫情后的货币政策制定与执行中，美联储没有再扭扭捏捏，而是选择直接下场购买了美国联邦政府发行的各期限国债。与2008年不同，这次的资金中有很大一部分被用于直接转移支付给居民部门，从直接的结果来看，此举直接救助了居民部门，同时直接改善了美国居民的财富分配状况。同时，美国直接向居民部门投放货币以及因为疫情的受损的供应链造成了自 20 世纪 70 年代以来最大的通货膨胀危机。综合来看，考虑到 2022 年，美国失业率已经下降到近 50 年来的最低水平，^① 与此同时劳动参与率与疫情前相比并无显著地下滑。

也有观点认为，在我国也有类似于相待货币理论的实践。^② 尽管我国的货币投放仍旧主要是以传统商业银行发放贷款进行的，但由于我国商业银行与中央银行之间的关系与大多数发达经济体有所区别，加之我国地方性融资平台以公司方式运行的同时受地方政府隐性担保，也造成了地方政府实际债务的激增，其最终效果与实施现代货币理论的国家相类似。无论在情感上如何看待现代货币理论，面对发达经济体的相对完整的实践经验，我们仍可以用更加开放的眼光看待 MMT。现在已经有越来越多的经济学家开始重新看待和思考现代货币理论。正如《赤字迷思》中所言，人类面临很多危机，但国家赤字也许不是。^③

2.2.3　让人困惑的贫富差距

在以上我们看到，"好"的金融活动对一个社会经济活力具有积极的推动作用，甚至能够对于经济活动的不利因素进行对冲和调和。^④ 但不可否认的是，与资本积累相类似，金融活

---

① 2022 年 3 月至 2023 年 3 月，美国失业率始终保持在 3.5% 水平左右，是自 20 世纪 60 年代以来的最低值.

② 邵宇. 现代货币理论的"不可能三角"与全球实践 [M]. 斯蒂芬妮·凯尔顿. 赤字迷思，朱虹，译. 北京：中信出版集团股份有限公司，2022：9.

③ 斯蒂芬妮·凯尔顿. 赤字迷思 [M]. 朱虹，译. 北京：中信出版集团股份有限公司，2022：10.

④ 在事先，我们很难知道哪些金融活动是"好"的.

动作为最为市场化的社会活动之一，其运行特性会直接导致贫富差距扩大。另有少数金融活动极具破坏力，严重时不仅冲击金融资产价格，甚至造成社会动荡与政权更迭。在人民群众的日常生活中，我们也能经常感叹金融资产特别是权益资产价格波动带来的巨大的财富效应。这尤其体现在公司首次公开发行股票时，互联网带来的信息扁平化使社会各界都能看到，公司原始股东在初期很小的经济投入产生了巨大的回报。这一方面是一种激励效应，鼓励着有能力的社会群体为自身利益而积极创新，这种创新以及随之而来的生产力提升在客观上推动着社会进步发展。另一方面，这可能也是一种负面效应，因为在实际上市过程中，往往只有高层管理人员、核心技术人员能够真正获得股权资源，对于一般的劳动者来说，这些产生巨大效应财富的过程几乎与他们无关，在这样的情况下，普通收入群体的收入水平没有高收入水平群体高，也无法分享资本收入。当社会发展进入这个阶段，贫富差距必然拉大，金融活动加速不仅加速了财富差距扩大，还可能影响最终分配平衡水平时各方拥有财富的终值，这些都可能成为社会不满情绪发酵甚至社会动荡的种子。贫富差距已经成为日益受到关注的全球性现象，令人遗憾的是，如今的金融业与金融活动没有能够帮助缓解全球日益加剧的贫富差距问题，相反可能正持续不断地加剧已经显得巨大的贫富差距状况。

1. 劳动收入与资本收入间的增速差异

造成贫富分化的首要原因是劳动收入的增速比不上资本收入的增速，而金融资本的出现非但没有缩小，反而加大了这个差距。托马斯·皮凯蒂认为，财富分配以及相应资本收入的分配，总是要比劳动收入的分配更加集中，并且资产收入增速相对于劳动收入增速来说变得越来越快。^① 如今资本的重要性相对于 19 世纪相比并未有重大变化，只不过资本形式发生了变化——资本的主要表现形式从以前的突变成了如今的工业资产、金融资产和房地产。他还观察到，"当产出增长速度 g 小于资本收益率 g 时，即使没有劳动收入，只将过去积累的财富再资本化就可以比经济增长快得多。r 在长时期内都高于 g，这是一个无可争辩的历史事实。随着资本/收入比的提高以及经济增长速度的放缓，资本所有权日益成为人民关注的中心话题。"^② 2019 年诺贝尔经济学奖得主巴希·巴纳吉、艾丝特·杜芙若与迈克尔·克默，他们在《贫穷的本质》一书中也对上述问题作出了阐释。^③

为什么金融活动加剧贫富分化？如果我们把金融市场简单地分为以中央银行和商业银行为主导的借贷市场，以及以股权、债券为主导的资本市场，从经验中可以得知，这两个市场都偏好于将资源分配给相对富裕的人群。以美国为例，在 2014 年，美国 20% 头部富裕家庭拥有超过 85% 的金融资产；2021 年最富裕的 1% 美国家庭财富增加了 6.5 万亿美元，在 2021 年底这部分人群持有价值约 23 万亿美元价值的股权，占全部自然人持有比例的 53.9%。多方面研究显示，金融市场的发展助推了社会财富分配之间的不平等现象，资本性收入带来的贫富差距的扩大化。从通常意义上讲，最有建设性的解决方法，是通过劳动收入的缩小化进行缓解贫富差距，但观察当前各个主要经济体的劳动收入基尼系数，劳动收入分配不仅没有起到缩

---

① 托马斯·皮凯蒂.21 世纪资本论［M］.巴曙松等，译.北京：中信出版社，2014.

② T. Piketty，"Capital in the Twenty-First Century，"Cambridge：Harvard University Press，2017.

③ A. V. Banerjee and E. Duflo，"Poor Economics：A Radical Rethinking of the Way to Fight Global Poverty，"New York，Public Affairs，2012.

小收入差距的作用，反而扩大了收入差距。在这种情况下，相对无产的阶层不仅无法从资产收入中获得平等补偿，也无法从劳动收入中获得平等补偿。美国诺贝尔经济学奖得主斯蒂格利茨教授的在《不平等的代价》一书中指出，美国贫富差距的扩大，有市场力量的影响，但更主要是由政府政策导致的，一些公共政策的变化使收入和财富的分配"越来越有利于富人，越来越不利于穷人"。①

2. 金融造寡"富"并非常态

曾几何时，金融活动能够帮助中产阶级家庭守住他们的财富，整个社会并非呈现贫富差距日益扩大的现象。自第二次世界大战结束到20世纪90年代，相关实证研究大多阐述了发达国家国内金融发展水平与平等水平提高呈正相关的现象。"通货膨胀中最大的赢家就是拥有自己房屋的普通中产阶级。他们的劳动力收入与价格上涨保持同步，其房屋价值是真实的，其要支付的购房贷款根本没有增长了联邦政府退出的收入所得税会变得些许日益繁重，但与房屋产权带来的利益相比这种负担微不足道。如果是中等收入水平的房屋租赁人，生活则并不好过，但从总体上说还是可以"。②

在同一时期的研究中不乏一些令人兴奋的结论：金融市场高度发达后，富人和穷人投资收益逐渐趋同，贫富差距不断缩小。③ 即认为金融市场造成的不平等与社会经济发展造成的不平等类似，也有类似于库兹涅茨曲线的倒"U"形理论。但当时间进入21世纪以后，有学者以1959—2009年美国信贷市

---

① 约瑟夫·斯蒂格利茨. 不平等的代价 [M]. 张子源，译. 北京：机械工业出版社，2013.

② 威廉·格雷德. 美联储 [M]. 耿丹，译. 北京：中国友谊出版社，2019.

③ Greenwood. J and Jovanovic. B，"Financial Development，Growth，and the Distribution of Income，" The Journal of Political Economy，Vol. 98，No. 5，Part 1（Oct.，1990），pp. 1076-1107.

场、房地产市场和工人工资变化等方面进行研究时，则发现金融化导致了金融部门的利益变化并诱导收入从实体部门转移到金融部门，从而加剧了收入分配不平等。

3. 向谁投放信贷

银行信贷作为新增货币的一部分，如何投放对财富分配产生了重要影响。作为最为重要的金融活动之一，银行的不同信贷投放策略将直接对财富分配产生影响。总体来看，银行可以对三类目标群体投放贷款。其一，向企业投放生产经营贷款，进而促进生产资料、生活资料的流通与生产，从而扩大社会总产品与劳务的总量；其二，向居民消费端投放贷款，这在时间角度有助于自然人个体拉平其收入曲线，但可能不利于财富分配；其三，向居民投资端（尤其特指住房贷款）投放贷款，由于本项贷款投放有一定收入标准，在房价上涨时非常有利于中等收入群体财富增加，反之将成为中等收入群体的严重负担。

2.3　金融与强国

百年变局加速演进中，金融已经成为世界强国的重要支柱和必要条件。[①] 约翰·戈登将世界强国定义为"其利益必须被其他国家所考虑的国家"，[②]本章在这里所说的强国，沿用了戈登这个相对意义上的强国概念。世界强国往往在经济、政治、文化等领域的全球比较中都占据优势地位，而这种优势地位在

---

① 王文．加大金融对外开放，布局金融强国战略［J］．金融世界，2020（1）．
② 约翰·戈登．伟大的博弈：华尔街金融帝国的崛起［M］．祁斌，译．北京：中信出版社，2005.

大部分时候又可以服务于国家维持其强盛的地位。如果将"强"看作一个动词，则金融强国说的是通过一国金融业发展繁荣助力国家成为强国。在这个过程中，本国金融业实力与能力都得到极大增强，能够在国际比较中取得优势地位，反过来使"强"回归形容词，国家成为金融强国。金融强国往往能够在世界金融活动中占据优势地位或主导地位，能够获得广泛的利益，但往往其他国家也会要求其承担相应的责任。金融霸权是金融强国对外的一种特殊的展现形式，中文语境下的金融霸权往往带有以大欺小、霸凌之意，金融强国可以通过金融霸权维持自身的金融强国地位，但金融霸权在经过一段时间的发展变化后，将会成为当事国家的负担，维持金融霸权将付出如此高昂的代价，以至于金融霸权国论其主观上是否愿意不得不放弃其霸权地位。由于银行业在当代金融系统中仍占据无可比拟的重要位置，银行业茁壮成长、健康发展仍是建设金融强国过程中的重中之重。

2.3.1　大国的金融强国之路

约翰·戈登在《伟大的博弈》一书为我们回顾了以华尔街为代表美国资本市场诞生、变化与发展的全过程，也从曼哈顿岛尖角上的一片小区域映衬了美国从一块殖民地逐渐演变为世界强国的历程。[①] 经济大国往往也是金融大国，经济强国往往也是金融强国，经济强国与金融强国之间有着紧密的正相关性，金融领域往往是一个强国成长过程中最后才能够取得相对优势的领域，但一旦获得金融强国地位其往往能够维持的时间

---

① 约翰·戈登. 伟大的博弈：华尔街金融帝国的崛起 [M]. 祁斌，译. 北京：中信出版社，2005.

往往比经济优势更长久。① 在 15 世纪后，地理大发现逐渐开启了全球化时代，从而产生了前所未有的商业形式；18 世纪，第一轮工业革命中诞生了前所未见的机器，同时也产生了此前从来没有过的旺盛生产与消费需求，彻底改变了过去以王权与贵族以血缘、土地权利为主导的财富分配机制。财富生产分配机制的巨大改变催生了巨大的金融需求，也成就了第一批世界性强国。以上这些因素前后出现、相互叠加，导致至今为止历史上出现过的金融强国都是传统意义上的西方国家。一般认为，到目前为止取得过金融强国地位的国家，只有第一次世界大战之前的英国与第二次世界大战之后至今的美国，② 借鉴英国与美国的金融发展经验、教训对我国建设金融强国具有重要意义。

1. 金融强国的典型特征

成为金融强国往往需要经历以下四个阶段的过程：第一阶段，国家具备一定的实体经济规模，特别是制造业规模；第二阶段，国家形成了比较健全的甚至是全球领先的国内金融规则制度；第三阶段，在全球资金流通过程中，自然地或者通过国际金融规则制度安排获得了本币在跨境货币流通中的优势地位，进而基本成为金融强国；第四阶段，能够通过国内、国际金融规则制度设计巩固其自身的金融强国地位。

英国是第一个在全球范围内取得金融强国地位的国家。综合中外多方观点，大致可以认为英国在 1870 年左右至 1913 年拥有金融霸权地位。尽管现在英国早已不再有当年之勇，但作为一个只有 6700 万左右人口，2021 年 GDP 占世界比例仅为

① 瑞·达里欧. 原则：应对变化中的世界秩序［M］. 崔平平，刘波，译. 北京：中信出版社，2022：16-21.

② 本杰明·科恩. 货币强权：从货币读懂未来世界格局［M］. 张琦，译. 北京：中信出版集团股份有限公司，2015：23.

3.3%的国家，其法定货币英镑仍然在国际支付与储备中牢牢占据着重要位置，英国伦敦仍然是全球最为重要的金融中心城市之一。回顾英国从1694年英格兰银行成立到1913年的金融强国之路，可以依次寻找到上述四个阶段的踪影。

其一，英国的全球经济优势地位。从18世纪开始，英国的经济得到飞速发展，1700—1820年，不算海外殖民地的产出，其经济总量占世界经济总量的比重上升了近2倍，由2.9%到5.2%，在19世纪上半叶，英国经济实力的总体水平始终保持世界第二位，彼时只有中国的产出水平高于英国。[①]

其二，英格兰银行1694年成立并正常运转至今，被称作"针线街的老太太"。1816年，英国通过《铸币法》，规定发行沙弗林金币为法定货币，用22开（11盎司或者91.67%的纯度）标准金铸造，含纯金113.0016格令。[②] 1819年，英国恢复了因为英法战争而停止的银行券与黄金的自由兑换；[③] 1844年颁布《英格兰银行法》，英格兰银行成为唯一授权发行英镑的银行；1872年，英格兰银行开始履行最后贷款人的责任，成为世界上第一个真正意义上的中央银行。英国在获得金融强国地位的过程中，英格兰银行以及中央银行制度始终发挥着英国金融业的巨大优势。

其三，英国当时强大的制造业生产能力占据着英国在外贸出口上的巨大优势，贸易顺差使世界各国金属铸币源源不断流向英国。加之从殖民地掠夺的资源，这个时期的英国拥有充足数量的金属黄金。在此过程中，英镑逐渐取得了世界货币的地位，成为在全球贸易中可以通用的主权货币。

---

① 资料来源：Maddison Project Database 2020。
② 1816年《铸币法》（Coinage Act 1816）。
③ 裴毅菲. 英国金融霸权问题研究1816—1914 [C]. 硕士学位论文，河北大学，2013：13.

其四，英国实施完全的"金本位+金块本位"并行的货币制度，黄金与英镑之间的固定比率兑换的制度在实际运行中安排不断巩固并与加强英国的金融实力。在《资本论》第一卷中，马克思几乎是将黄金作为货币的最终形式来看待的。直到现在仍然有一种观点认为，只有贵金属才是"真正的货币"。

2. 美国的金融强国之路

大部分研究认为，只有英国和 20 世纪后的美国真正取得了世界范围内的金融强国地位。美国在 1943 年《布雷顿森林协议》签署后彻底确立了其金融强国地位，[①] 并至今持续占据着全球金融主导地位。回顾美国获得金融强国之路，同样遵循了 19 世纪中叶到 20 世纪初的经济大发展、20 世纪初国内金融规则制度基本完善、第二次世界大战中彻底获得金融强国地位，并通过《布雷顿森林协议》巩固其优势地位四个步骤。当前，美国仍然拥有全球最发达的私人金融部门，也拥有美联储这个世界上权力最大的中央银行系统，美国资本市场仍然是全球规模最大的资本市场。[②] 从国际储备、交易用量等数个角度衡量，美元仍占据优势。尽管饱受诟病，但美国的金融实力仍然雄踞世界所有国家之首。

有观点认为，美国真正开始其金融强国之路始于 1913 年美联储成立。[③] 而从金融规则制度建设角度看，威廉·华莱士认为，至少以下 5 个事件帮助塑造了如今的美国的金融系统，从而助力美国成就了如今的金融优势地位：其一，1913 年《联邦储备法案》通过，建立起一个强大的中央银行；其

---

① 马峥. 从英镑到美元：国际货币霸权转移研究 [C]. 东北大学硕士学位论文，2011：34.

② 如按照融资发生额比较，2022 年前三季度 A 股市场融资额已经超过美股市场.

③ 威廉·希尔伯. 关闭华尔街：1914 年金融危机和美元霸权的崛起 [M]. 刁琳琳，余江，译. 北京：中信出版集团有限公司，2018.

二，1933 年《格拉斯—斯蒂格尔法案》规范了商业银行的运营行为；其三，1943 年《布雷顿森林协议》将美元的使用范围扩展到了欧洲，加强了美国的世界货币地位；其四，20 世纪80 年代美联储坚决采取紧缩的货币政策抗击通胀，维护了美元的信誉；其五，美国金融业适当运用了技术创新的成果，使得金融业能够以更有效、更低成本和更安全的方式向人们提供服务。[①]

当 1971 年时任总统尼克松关闭美元兑换黄金的决定给国际金融市场造成了严重的冲击，有不少当时的观察者认为，美国放弃承诺将葬送自身的金融强国地位。但回顾历史指标时，1971 年却是美国走向世界金融强国的成熟阶段，美国的金融强国地位不仅没有因为 1971 年关闭美元兑换黄金而被削弱，反而在美元与黄金彻底脱钩过程中不断增强。

美国的金融强国地位发展至今，已经有了明显的金融霸权色彩。全球呼唤货币使用多元化的声音越来越多，特别是在2022 年初俄乌冲突爆发后，美国针对俄罗斯实施了一系列歧视性的金融禁令，使许多原本使用美元作为国际货币储备及进行国际贸易结算货币的国家心生寒意。实际上，除了对俄罗斯以外，美国在第二次世界大战结束后，经常通过设置金融市场准入规则、安排歧视性的交易准则等，以达到限制其他金融机构发展的目的。

3. 金融霸权——一种金融强国的特殊对外表现

一些学者认为，第一次世界大战前的英国与第二次世界大战后的美国不仅可以称为金融强国，也都可以称为拥有金融霸

---

① 威廉·华莱士. 美国货币体系 [M]. 陈代云，译. 上海：格致出版社，上海人民出版社，2017：3.

权的国家。① 中文语境中的"金融霸权"往往带有明显的贬义倾向，但西方语境中，霸权（Hegemony）的意义往往更加中性，更多地被认为是主导权。

2.3.2　金融强国利义辨析

金融强国由于其自身的实力对外产生巨大的吸引力，往往在能够在吸纳战略资源上占据优势地位，并在规则制度设计上起到主导作用，成为金融主导国家。如今的人类社会，整个世界经济金融体系已经通过各种现代化的方式联系在了一起，如果一种由金融主导国家的国际金融制度安排能够同时照顾其他国家的利益，那么就成为一个相对稳定的金融规则制度安排，就算这样的安排对主导国家更有利，大家往往也能接受。但国际经济金融发展不可能一帆风顺，由于当前工业发展阶段所限，总会出现国家之间彼此金融利益不一致的时候，特别是当出现金融危机、经济危机等危难时刻，各方利益对立程度加剧，更加需要金融强国"出手相助"。其他国家往往可以承认金融强国的地位与利益，但需要金融强国承担相对应的责任，如果金融强国不能承担这样的责任，现行的国际金融制度规则就存在着整体上土崩瓦解的风险。

1. 金融强国的利益

从金融资源的角度分析，金融强国有助于当事国获得金融资源。② 货币资源在金融资源当中处于中心地位，货币主权是

---

① 裴毅菲 . 英国金融霸权问题研究 1816—1914 ［C］. 硕士学位论文，河北大学，2013：13.

② 白钦先 . 以全新视野审视金融战略 ［N］. 经济日报，2000-07-18（9）.

金融强国的首要利益。[①] 在此基础上，一个国家一旦获得金融强国地位，便有利于其制定相对更加符合自身国家利益的金融规则制度与政策安排，甚至形成金融霸权。

在货币权力层面，本杰明·科恩发展了苏珊·斯特兰奇的货币分层理论，认为处于不同等级的货币拥有不同的权力，并提出了7层货币金字塔理论，将不同货币分别为顶层货币、贵族货币、精英货币、平民货币、被渗透货币、准货币与伪货币。[②] 其中顶级货币在绝大多数的跨境交易中占据主导地位，并因此能够享受降低交易成本、可以收取国际铸币税、宏观经济弹性三重收益，如果应用得当，不仅不会被认为是金融霸权，反而能够给金融强国自身带来声誉。除了在货币流通层面能够获得利益，金融强国在自身制定金融规则制度时有天然的吸引力与影响力，并在制定国际金融规则时有更大的权利，可以为自身争取更多的利益。此外，金融强国地位有助于当事国获得更多的人才资源，由于受世人瞩目，也容易免费获得更多的意见建议，有助于其金融强国自身进一步优化规则制度。

尽管金融强国享有相当多权利，但是否使用或者如何使用仍然很大程度上取决于其自身的行动。例如，如果不产生巨量贸易逆差，就很难说金融强国通过其自身地位收取了"铸币税"，拥有了权利与实际使用权利之间即国家的金融决策所在，金融强国良好的行为与声誉在长期来看能够为自身争取更多实际利益，也有利于其他国家拥有稳定的金融预期。

---

① 王文，周洛华等．货币主权：金融强国之基石［M］．北京：中国金融出版社，2020.

② 本杰明·科恩．货币强权：从货币读懂未来世界格局［M］．张琦，译．北京：中信出版集团股份有限公司，2015：26.

2. 金融霸权的超额利益

当金融强国不满足于自身在国际金融事务上已经占有的主导地位，不顾其他国家的利益与看法，通过更加严苛或者利己的安排获得收获更多的收益，同时拒绝承担对应的责任，则成为金融霸权。长期来看，纯粹的金融霸权由于权责不对等而显然难以维系。但一般而言，一个金融强国也不会用尽所有的霸权手段，把好处赚尽，也不会将所有的霸权行为一次性使出，完全破坏自身信用与声誉。本书认为，在世界上真正形成过金融霸权的国家可能只有第二次世界大战后的美国，尽管英国同样有类似金融霸权的行为，但金本位与金块本位制度限制了应该施展更多的金融霸权行为，这使英国很难称得上一个金融霸权国家。而美国的金融霸权建立了在国家信用货币的体系上，不仅在技术条件上实施金融霸权更具备隐蔽性在实际行动中，为维护金融强国地位，美国在 20 世纪 70 年代、20 世纪 90 年代分别有目的性地对法德和日本进行了金融博弈。[1] 第二次世界大战结束以来，美国已对世界上近 40 个国家实施过经济制裁，全球近一半人口受到影响，有的金融制裁使被制裁国家人民难以货币必备的药物，造成了严重的人道主义灾难。

金融强国可以通过实施金融霸权带来三重超额收益。第一层，金融强国可以在货币发行直接购买其他国家实际物品，这与中世纪领主对所收取的"铸币税"形式上有差异，但实质内容相类似，因故也被称为"实际铸币税"[2] 或"嚣张的特权"。[3] 第二层，在此基础上，金融霸权国能够实现金融恐怖平

① 陆江源. 大国金融博弈的历史及经验启示 [J]. 金融理论与教学，2021（1）.

② O. Blanchard and S. Fischer, "Lectures on Macroeconomics（First Edition）", The MIT Press, 1989.

③ B. Eichengreen, "Exorbitant Privilege：The Rise and Fall of the Dollar and the Future of the International Monetary System," Oxford：Oxford University Press, 2011.

衡（Balance of Financial Terror），即面对金融霸权国，其他国家在经常性项目上产生大量贸易顺差，而后却将所得顺差汇入海外金融账户，使资本性项目大幅度逆差的现象。① 第三层，在有关国际金融规则与制度设计上，金融霸权国家更可能使用威逼利诱等手段使其他国家屈服于其意志。

一个获得金融霸权的国家可以从其金融霸权地位上获得多少收益？对此人们有很多不同的测量方式。本章在此提出一个比较方法，该方法利用当前发达国家人均收入众数作为参考典型值，用来分析美国的金融霸权为美国带来的收益。如以5000万人作为人口界限用来衡量一国产业链有无完全闭环的可能性，则在2020年人均GDP超过1万美元的且人口在5000万及以上的国家有九个，分别是美国、德国、英国、日本、法国、韩国、西班牙、中国、俄罗斯。可以看到人口在5000万以上的主要资本主义发达经济体目前的人均GDP都在4万~5万美元，加之其中很多国家正在面临资源与人口的双重约束下的经济实际增速长期停滞，因此可以假设，在没有资源约束的情况下，当前技术水平下，资本主义生产方式能够实现的最高人均产出是5万元美元/人年水平，那么美国人均GDP超过其他发达国家的部分，在各发达国家产业结构、劳动生产率水平的近似的假设下，就可以认为是美国通过金融霸权而获得的超额收益部分。

表2-3　人口在5000万以上，2020年人均国内生产总值（GDP）最高的9个国家

国家	人均GDP（美元/人年）	人口数量（万人）	国内生产总值（万美元）	陆地面积（万平方千米）	人均陆地面积（平方千米）
美国	63593	32948	209530	983	29839

① L. H. Summers, "The U. S. Current Account Deficit and the Global Economy," IMF, per Jacobson Lecture, 2004.

续表

国家	人均 GDP（美元/人年）	人口数量（万人）	国内生产总值（万美元）	陆地面积（万平方千米）	人均陆地面积（平方千米）
德国	46208	8324	38460	35.8	4296
英国	41059	6722	27600	24.4	3624
日本	40193	12584	50580	37.8	3004
法国	39030	6739	26300	54.9	8148
韩国	31631	5178	16380	10.0	1938
西班牙	27063	4735	12810	50.6	10685
中国	10435	141093	147230	960	6804
俄罗斯	10127	14410	14590	1080	118652

资料来源：世界银行。

3. 金融强国的责任

金融强国在实际的世界经济运行中收获了很大的利益，随着这种利益被国际社会所知晓，大家自然预期该金融强国要承担起金融责任。这种金融责任有些是日常性质的，有些是突发性质的。"只要条件允许，人们就会期望它出面协调系统性的需求或包容货币体系的各种脆弱之处。"[①] 因此，一个具有主导权的金融强国并不一定对其他国家造成威胁或者不利影响。反之，金融霸权却极容易毁灭，因为实施金融霸权的国家倾向于滥用其手中的金融权利却不承担相应的责任和义务，造成权力和责任不对等。这种不对等或导致非霸权国反抗金融霸权国的统治，或导致金融霸权国权衡利弊后放弃自身的金融霸权行动，只有当各方的权利与义务彼此对等时，一种关系才能够健康、长久地维持下去。

---

① 本杰明·科恩. 货币强权：从货币读懂未来世界格局 [M]. 张琦，译. 北京：中信出版集团股份有限公司，2015：32.

2.3.3　金融强国中的银行业

银行业是金融强国建设中最为重要的一环，银行业的发展是金融业发展当中最主要的线索之一，每一次金融革新都离不开银行业这个业务最特殊、持有金融资产负债规模最庞大的金融行业参与。银行业是现代金融的核心部门，现代银行业所从事的业务极为特殊，贷款业务在实际上完成了货币创造，因而自银行业在当前金融体系中具有支配性地位。在当今世界上的主要国家常见的中央银行和商业银行体系中，商业银行所创造的货币量往往占全部存量货币的近90%，银行也通过贷款供应了广义货币（M2）的绝大部分货币。以美国为例，在实施了多轮量化宽松政策及现代货币理论指导下的财政货币化后，美国60%的流通货币仍由商业银行供应；[①] 我国央行并未采取类似的措施，因此有约90%的通货都由商业银行系统供给。[②] 在我国，居民部门与企业部门的绝大部分金融资产也是以存款的形式存放在银行系统当中的。[③] 可以认为，现在货币供给需求两端都离不开商业银行的支柱性作用。可以预见，只要未来货币发行的模式不发生实质性改变，商业银行的特殊经营方式就不会改变，银行就仍将会是金融系统中最具支柱性的金融机构。

1. 银行业发展简述

银行的雏形最初是以小型仓储业的形式出现的。在距今

---

① 资料来源：美联储经济数据库。
② 资料来源：中国人民银行。
③ 李扬，张晓晶等. 中国国家资产负债表 2020 ［M］. 北京：中国社会科学出版社，2020.

3500 年前的古巴比伦王国中，私人财富在社会中逐步丰富了起来，神庙与宫殿已经开始成为一部分人储存其财富的场所，这种形式一直延续到了古罗马帝国时期。当时一些家庭已经开始拥有了贵金属和珠宝，或因为家中没有合适的存放条件，或出于其他需要，一部分人会开始选择神庙或者有适当储存条件的地下室作为暂时存放财富的场所。吸纳储蓄是银行最为重要的职能之一。

希腊语中表示银行的单词是"trapeza"（在古希腊语和现代希腊语中都是），意思是银行家开展业务的桌子。一些史学家认为，在比雷埃夫斯的安提西尼（Antisthenes）和阿切斯特亚图（Archestratos）是世界上最早的银行家，他们在公元前 5 世纪末从事与拓展了与信用相关的借贷业务。发放贷款是银行另一项重要的职能，与吸纳储蓄一道构成银行最为核心且独一无二的业务。

理查德·希尔德列斯认为，世界上最早的类似于现代银行的机构，是公元 12 世纪在意大利威尼斯出现的，当时成立银行的原因来自时意大利对外进行战争要进行的发债需求。[1] 随着欧洲社会生产的进一步发展，贸易活动广泛出现，对各国货币进行相互兑换交易的需求也不断扩大，14 世纪到 15 世纪，欧洲国家中首次出现了以"银行"来命名的金融机构，如 1397 年成立的麦迪西银行、1407 年成立的圣乔治银行，自由银行出现了。17 世纪有类似中央银行功能的银行在欧洲出现了，如 1668 年收归国有改制后的瑞典中央银行，以及我们在前文中介绍过的于 1694 年成立的英格兰银行。

现代银行业的真正崛起离不开一个功能健全的中央银行的

---

① Richard. H，"The History of Banks，" New York：AUGUSTUS M. KELLEY PUBLISH-ERS，1971，p. 5.

形成，中央银行作为发行货币发行机构，与能够吸收储蓄的商业银行业相互配合，成为现存全部金融制度中影响最为深远的一个。从垄断货币发行的中央银行出现后，只要采用这种金融制度的国家，货币发行就实质性地由中央银行和商业银行系统进行。

2. 金融强国的银行业发展之路

回顾既有的金融强国成长历史，银行业创新性发展是一个国家成为金融强国的必经之路。在人类社会发展进入工业化社会后，社会不断需要更多信贷、更多货币支持更大规模的生产，而银行业正是提供货币来源的核心，银行业随着一国经济成长而不断壮大。当前在主要工业国家中，商业银行与中央银行相互协调配合，通过中央银行和商业银行体系源源不断输出创造货币，为各行各业提供鲜活的金融血液。哪个国家货币创造体系越灵活，越能把货币发放到能够提供实际商品服务的实体手中，哪个国家的生产力水平就容易得到提高。反之，如果一国银行业陷入金融投机与资金空转中无法自拔，尽管短期可能获取超额收益，但这种行为挤出实体经济的产出。中长期看，产业资本利润减少后金融资本更无以为继，这不仅侵蚀了银行业生存的根基，更可能减少实际产出削弱人民利益，严重时甚至威胁社会稳定，影响国家政权更迭。

美国高度发达的银行业是美国作为金融强国的重要体现之一。早在殖民地时期，出于美国当时的实际情况，美国的银行业从一开始就没有模仿英国银行的运营模式，而是形成了一种特殊的土地银行制度。土地银行发行银行券，借款人用土地作为担保获得银行券，并可以使用该银行券。[①] 整个 20 世纪是美

---

① 杰瑞·马克汉姆. 美国金融史［M］.（第一卷），高凤娟，译. 北京：中国金融出版社，2018：168.

国银行业从野蛮生长逐渐走向成熟稳定的阶段，也是美国银行业助力美国成为金融强国的最关键阶段。杰瑞·马克汉姆认为，在这个阶段当中，美国银行业中的数个重要事件成为美国成为世界金融强国过程中至关重要的因素。首先，是在 1913 年正式依《联邦储备法》成立的美联储（美国联邦储备系统），这使银行业开始能够通过向美联储再贴现而获得流动性；① 其次，是在 1918 年开设个人贷款部门，这促成正规贷款取代了原先曾在美国盛行的高利贷，极大地保护了居民部门利益；② 再次，是在第二次世界大战时全力为工业部门提供商业信用，1944 年《工业进步法案》允许银行向企业提供 5 年期贷款并将这些贷款贴现给美联储；③ 又次，是第二次世界大战后广泛参与国际贷款发放，除了马歇尔计划中的政府对欧洲投资，美国商业银行自身开始在南美洲进行贷款投放；④ 最后，不断应用科技创新技术，例如应用了可以用计算机读取的支票。⑤

　　进入 21 世纪初，美国银行业在国内国际金融领域的影响力都达到了阶段性顶峰。但是好景不长，正是因为对银行业所从事业务规模的放松，美国银行业进入到加速狂奔向自我毁灭的阶段。在 2008 年国际金融危机中，美国银行业先是在火爆的住房贷款市场不断向大量信用资质不明的房屋买家增加贷款

① 杰瑞·马克汉姆. 美国金融史［M］.（第二卷），高风娟，译. 北京：中国金融出版社，2018：326.

② 杰瑞·马克汉姆. 美国金融史［M］.（第二卷），高风娟，译. 北京：中国金融出版社，2018：117.

③ 杰瑞·马克汉姆. 美国金融史［M］.（第二卷），高风娟，译. 北京：中国金融出版社，2018：281.

④ 杰瑞·马克汉姆. 美国金融史［M］.（第二卷），高风娟，译. 北京：中国金融出版社，2018：281.

⑤ 杰瑞·马克汉姆. 美国金融史［M］.（第二卷），高风娟，译. 北京：中国金融出版社，2018：324.

额，后又在不仅没有识别复杂金融产品背后的风险的情况下，深度参与了次级住房抵押贷款（CDS）市场。据统计，2006年商业银行购买了全年58%的CDS，出售了43%的CDS，拥有巨大的CDS风险敞口。[①] 在2008年的金融风暴中，美国银行业为自身行为付出了惨痛代价，仅在2007年3季度，就有花旗银行、汇丰银行、瑞士联合银行等数家美国本土银行、在美国经营的跨国银行因住房抵押贷款而核减30亿~80亿美元不等。[②] 以花旗银行为例，2007—2009年花旗银行股价重挫80%，给投资者造成了惨重的损失。

2010年《多德—弗兰克监管改革法案》出台，重新限制了美国银行业的业务空间。总的来看，自业务被重新规范后美国银行业恢复运转良好，各项竞争力相比于其他国家银行业仍有优势。[③] 在2020—2022年，尽管遭遇新冠疫情严重冲击，美国银行业整体仍然运转良好，摩根大通银行等银行表现优秀，仍旧是全球银行中的标杆。[④]

3. 银行业守正创新助力建设金融强国

金融强国的建设，离不开作为金融支柱性行业的银行业的守正创新式发展。守"存贷业务"之正，创"新技术、高效率"之新。党的二十大报告提出"建设现代金融体系"，中国人民银行行长易纲提出，"建立现代金融机构体系。按照市场化、法治化、国际化原则，健全具有高度适应性、竞争力、普惠性的现代金融机构体系。要以强化公司治理为核心，深化国

---

① Virginie. C and Mathieu. G, "The credit default swap market and the settlement of large defaults," Mis en ligne sur Cairn, info le, 2011年4月10日。

② 杰瑞·马克汉姆.美国金融史［M］.（第二卷），高凤娟，译.北京：中国金融出版社，2018：99.

③ 杨立伟.中美银行业竞争力比较研究［M］.硕士研究生学位论文，外交学院，2017：1.

④ 天风证券廖志明团队：《解码摩根大通银行：何以成全球银行之标杆？》.

有商业银行改革，更好地服务中小微民营企业"。① 回顾历史，银行业通过设法向实体经济提供融资支持而取得了商业成功与社会尊重，只要当前的商业银行和中央银行货币投放续存，能够收取存款并发放贷款的权力就是银行业所具备的完全排他性的核心权力，直接关乎货币创造。中央银行的任何政策意图若想行之有效，离不开商业银行与之高度配合。在数字化、智能化的变革浪潮当中，商业银行业不离存贷核心业务，尽一切之可能提高核心业务的完成精度与完成速度，才是保证银行业健康向前发展的关键。

---

① 易纲.建设现代中央银行制度［N］.人民日报，2022-12-13.

第3章 地缘政治变动下的百年未有之金融博弈

现代金融学始于哈里·马科维茨（Harry Markowitz）1952年发表的《投资组合选择理论》①，其核心关切就是收益和风险。在大国博弈背景下，地缘政治冲突是中国金融发展道路上面临的一大不确定性因素，也是金融风险的主要来源之一。尤其是2022年爆发的俄乌冲突，以及随之而来的美国和西方对俄制裁让中国金融界深感压力。

美国联合其盟友对俄罗斯的全面且系统地金融制裁，是对国际金融秩序的一场根本性的颠覆。私有财产被随意侵犯，市场规则被肆意践踏，契约精神被无情抛弃。美国曾经一手打造了第二次世界大战后的国际金融秩序，如今却在一点点地断送其根基。北宋政治家、史学家司马光将"三家分晋"作为《资治通鉴》的开篇，盖因周威烈王将卿大夫封为诸侯，打破了上下尊卑的礼制纲纪，从根本上动摇了周王朝的统治基础，"三家分晋"也因此成为春秋与战国的"分水岭"。在很大程度上，本轮美国和西方对俄的无底线金融制裁就是美国主导下国际金融体系的"三家分晋"时刻，标志着国际金融市场

① Merton Miller, "The History of Finance: An Eyewitness Account," *Journal of Applied Corporate Finance*, Vol. 13, 2000, pp. 8-14.

进入百年未有之失序阶段。

后乌克兰危机时代，大国金融博弈烈度骤增。在美国的金融霸权阴影下，中国首当其冲。党的二十大报告提出，"国家安全是民族复兴的根基"，并指出要"健全反制裁、反干涉、反'长臂管辖'机制"。《孙子兵法》谋攻篇有云，"知彼知己，百战不殆"。本章将围绕美国金融霸权的建立、美国金融制裁能力建设以及美国对俄罗斯金融制裁三部分展开，由大及小、以小见大，通过详细剖析美国和西方对俄制裁的细节，为地缘政治变动下的大国金融博弈提供借鉴。

3.1　美国对俄罗斯金融围剿的体系基础

金融制裁是经济制裁的重要手段，也是迫使被制裁方在政治上屈服的重要工具。20 世纪 90 年代以来，金融全球化不断加速，跨境金融的重要性日益突出，这也进一步提高了金融制裁的威力。近年来，美国将金融制裁视作其重要的对外制裁工具，发起了大量对外金融制裁。Kirilakha Aleksandra、Felbermayr Gabriel 等的研究显示[1]，在 1990 年至 2019 年，全球共出现 400 起金融制裁，其中美国发起了 177 起金融制裁，占比高达 44%。

Jonathan Eaton 和 Maxim Engers 认为，制裁是一方（发送方）为影响另一方（目标）的行动而采取的措施[2]。郑联盛

---

① Kirilakha Aleksandra, Felbermayr Gabriel, et al., "The Global Sanctions Data Base: An Update that Includes the Years of the Trump Presidency," *School of Economics Working Paper Series* 2021-10, LeBow College of Business, Drexel University, 2021.

② Jonathan Eaton and Maxim Engers, "Sanctions," *Journal of Political Economy*, Vol. 100, No. 5, 1992, pp. 899-928.

（2020）认为，金融制裁是"高烈度"的经济制裁，是国际组织或主权国家根据法律条文对特定的个人、组织或国家等采取的意在阻断金融交易和资金流动的惩罚性措施[①]。从定义上看，制裁是施加压迫的过程，只有强者才能够使用。美国之所以能够施加金融制裁，正是由于其主导了第二次世界大战后的国际货币金融体系。本节将着重阐述由美元主导的现代国际货币体系的确立过程，以及美国对当前国际货币金融体系的控制力。

3.1.1 现代国际货币金融体系的确立

现代国际货币金融秩序是在第二次世界大战之后的"废墟"上建立起来的。当时美国作为新兴大国从英国手中接过了国际货币金融体系的主导权，通过布雷顿森林体系确立了一个围绕美元运转的国际货币金融体系。Robert Keohane 和 Joseph Nye 认为，依赖关系产生权力关系，绝对的依赖产生绝对的权力。[②] 美元霸权由此确立，美国对他国进行金融制裁的根基也由此确立。

1. 布雷顿森林体系确立美元霸权地位

第二次世界大战后，美国的经济实力空前强大。1945年，美国占全球工业生产份额的50%，持有全球官方黄金储备的63%。[③] 凭借强大的经济实力，美国在战后货币体系重塑中

---

① 郑联盛. 美国金融制裁：框架、清单、模式与影响 [M]. 国际经济评论，2020（3）.

② Robert Keohane and Joseph Nye, "Power and Interdependence: World Politics in Transition," Boston: Little, Brown and Company, 1977.

③ 李晓耕. 权力之巅：国际货币体系的政治起源 [M]. 北京：社会科学文献出版社，2017：111.

取得了主导权。第二次世界大战结束前夕，44 个国家的代表们于 1944 年 7 月在美国新罕布什尔州布雷顿森林的华盛顿山旅馆举行联合国货币金融会议，确立了以代表美国经济利益的"怀特方案"为蓝本建立国际货币体系，从而使美元通过"双挂钩"取代黄金成为世界主导货币，奠定了美元霸权的基石①。根据最终的决议，各国将在美国政府主导下成立国际货币基金组织（IMF）与国际复兴开发银行（IBRD，世界银行前身，后成为世界银行的一部分）两大机构，执行战后货币金融秩序的重建。其中，国际货币基金协定规定：各成员国货币与美元挂钩，保持固定汇率，美元与黄金挂钩，保持固定比价。作为受益者，美国保证美元按照 35 美元/盎司的价格兑换黄金，并提供足够的美元作为国际清偿手段。

美元霸权给美国带来的直接收益就是"铸币税"，即通过垄断发行，用创造出的"信用"购买他国商品和劳务，或者直接对外投资。美国庞大的贸易赤字和财政赤字都是依靠发行美元融通实现的。前者支撑了美国的高消费，长年维持着美国消费拉动型增长模式；后者成为美国解决国内经济问题的重要工具，也是美国向全球转嫁国内危机的直接体现。

事实上，美元霸权带给美国的间接好处更加丰厚。

一是战后美国金融机构向全球扩散，美国迅速成为全球金融网络的核心。随着布雷顿森林体系确立了美元的国际储备货币地位和主要国际结算货币地位，美元迅速成为国际贸易和跨境清算结算的重要工具，美国金融机构迅速国际化。首先，美国金融机构随着美国产业资本出海，在全球建立了大量的分支机构、代表处、代理机构等。1945 年，美国对外直接投资为 81 亿美元，1970 年已经增至 755 亿美元。其次，国际贸易信

---

① 李海燕. 国际汇率安排中的美元霸权 [J]. 国际金融研究，2003（3）.

贷成为当时美国银行国际业务的重要组成部分，围绕国际贸易信贷的美国非银行金融机构也随之兴起。第二次世界大战结束后，全球贸易迅速发展，贸易规模从 1950 年的 630 亿美元飙升至 1970 年的 3230 亿美元。由于当时许多国家的官方货币储备不足，进出口商需要向美国银行借贷，从而产生了大量国际金融业务。最后，受到 1933 年《格拉斯—斯蒂格尔法》（Glass-Steagall Act）的影响，美国银行业、证券业和保险业被迫分业经营，大量美国金融机构涌入欧洲躲避本土监管，从而在欧洲形成了规模巨大的离岸美元市场。当时，欧洲正处于重建时期，需要大量美元投资，因此欧洲金融在战后迅速融入美元体系中，这也促进了美国金融机构的国际化。

1971 年，美国总统尼克松宣布美元与黄金脱钩，导致布雷顿森林体系解体后，对美元的信用需求进一步爆发，美国金融机构进一步在全球范围内扩张，尤其是在投资银行和信用评级等业务领域。投资银行和信用评级机构通常被视作资本市场的"守门人"（gatekeepers），因为它们通过将资本供应商（投资者）和需要资本的人（企业、政府和家庭）聚集在一起，在金融市场中发挥着关键作用。目前，在全球并购、股权融资、债券融资和银团贷款等投资银行业务中，美国的摩根大通、高盛、美银证券、摩根士丹利、花旗五大投行组成了全球投行的第一梯队，而全球三大信用评级机构——标准普尔国际、穆迪和惠誉都是美国公司。可以说，布雷顿森林体系确立以来，美国已经逐渐发展为全球金融网络的核心。

二是美元成为国际大宗商品的计价货币，美国在国际大宗商品贸易上的话语权日益增加。在布雷顿森林体系下，美元成国际贸易的主要结算货币，进而成为国际大宗商品的计价货币。布雷顿森林体系解体后，美国与沙特阿拉伯秘密签订了一系列"经济合作协议"，以换取后者说服石油输出国组织其他成员国将美元作为石油出口的唯一计价和结算货币①。"石油美元"体系确立后，美元在国际大宗商品市场上的主导地位并没有发生太大转变。据美联储统计，在1999年至2019年，除欧洲外，美元是全球贸易中使用最频繁的货币：美元在美洲的贸易结算中占96%，在亚太地区占74%，在世界其他地区占79%。在大宗商品交易方面，美国培育了嘉吉公司、阿彻丹尼尔斯米德兰公司、科赫工业集团等一大批全球顶级大宗商品交易商。美国的芝加哥商品交易所集团和洲际交易所集团旗下的交易平台是全球首屈一指的大宗商品交易平台。此外，美国可以通过控制货币数量影响国际大宗商品的价格，进而根据自身发展周期来操作全球资产的价格涨跌②。

三是以国际货币基金组织和世界银行为基础，美国在战后很长一段时间主导着全球金融治理体系。在布雷顿森林体系下，美国控制下的国际货币基金组织和世界银行成为全球金融治理的主要平台。前者负责落实"国际货币基金协定"（International Monetary Fund Agreement），对成员国的短期国际收支逆差提供信贷支持，同时指导成员国协调汇率政策。此外，国际货币基金组织还是成员国间讨论国际货币事务的一个重要平台。后者起初以国际复兴开发银行为基础，主要为战后欧洲地区国家的重建提供长期贷款，并帮助这些国家处理未来可能遭遇的财政问题。后来，世界银行集团发展出五大分支机构，不仅向各成员国提供发展经济的中长期贷款，还提供技术支持、多边投资担保以及解决投资纠纷等服务。1971年布雷顿森林体系解体后，国际金融全球化、自由化的趋势加速，尤其是1973

① 丁一凡，纽文新. 美元霸权［M］. 成都：四川人民出版社，2014：98.
② 李巍. 制衡美元的政治基础［J］. 世界经济与政治，2021（5）.

年中东战争引爆了一场席卷全球的金融动荡迫使西方发达国家组成"七国集团",开启了全球金融治理的"七国集团"时代。在"七国集团"时代,美国仍然是全球金融治理体系的绝对领导者[①]。

1997 年的亚洲金融危机和 2008 年的美国次贷危机让全球开始反思"七国集团"金融治理体系的局限性,此后更多的新兴市场国家被邀请加入国际金融治理体系。首先,"二十国集团"财长与央行行长会议以及"二十国集团"领导人峰会在国际金融治理中的话语权开始超过"七国集团"。其次,金融稳定论坛(FSF)升级为金融稳定理事会(FSB)与国际清算银行(BIS),一道吸纳了包括中国在内的新兴市场国家和发展中国家作为成员国。最后,国际货币基金组织和世界银行对其配额进行了调整,赋予新兴市场国家和发展中国家更多投票权。在全球金融治理权力被稀释后,美国开始阻挠国际金融治理体系的进一步改革进程,并提升金融制裁频率,加快兑现金融霸权带来的"红利"。

2. 布雷顿森林体系解体后美元的优势惯性

正如之前所述,布雷顿森林体系的解体并没有从根本上动摇美国的美元霸权。1971 年 8 月 15 日,时任美国总统尼克松宣布"暂停外国政府或中央银行用美元向美国兑换黄金",引发国际外汇市场动荡。随后在"史密森协议"稳定外汇市场无果的情况下,金价于 1973 年 3 月彻底与美元脱钩,标志着布雷顿森林体系的彻底终结。但是,当时并没有一种货币能够代替美元承担起国际储备货币和国际结算货币的重任,英镑、马克、日元都做不到。因此,美元在国际贸易与投资中的主导地

---

① 张发林. 全球金融治理体系的演进:美国霸权与中国方案 [J]. 国际政治研究,2018(4).

位没有太大变化。

　　一方面，美国在经济上缺乏竞争对手。布雷顿森林体系解体后，日本和欧盟先后在经济体量上形成对美国的挑战，但是都没能撼动美国在经济体量上的领先地位。1995 年前，日本与美国的经济规模差距持续缩小。第二次世界大战后，日本经济凭借朝鲜战争带来的"需求"迅速恢复。作为战前已经具备工业基础的国家，日本通过引进、吸收海外先进设备和技术实现了产业的持续升级。20 世纪 60 年代开始，日本大量物美价廉的工业制成品涌入美国市场，1965 年日本对美国实现贸易顺差。在《广场协议》后，日元开启升值周期，日本大量对外投资，经济体量继续增长。到 20 世纪 90 年代中期，日本经济总量已经达到美国的三分之二。1995 年，美国国内生产总值（GDP）为 7.66 万亿美元，日本为 5.33 万亿美元，日本 GDP 达到了美国 GDP 的 69.6%。在日本的经济繁荣期，东京一度成为仅次于纽约的国际金融中心。但是，日本金融体系具有较强的对内属性，缺乏国际化战略，导致日元在国际市场上不能形成对美元的挑战①。随着日本经济陷入长期停滞，日元也再难动摇美元的地位。

　　诞生于 1999 年的欧元依托欧盟曾一度挑战美元的地位。一方面，欧元继承了德国马克和法国法郎在国际货币体系中的地位。在 2001 年国际货币基金组织的特别提款权"一揽子"货币中，欧元和美元的权重分别为 29% 和 45%，两者的差距比以往任何货币与美元的权重差距都要小。其次，资本市场对欧元的接受度快速上升。2006 年，国际债券市场中以欧元计价的债券发行规模已经超过美元计价的债券。最后，欧元的国际外汇储备规模占比也出现快速提升。1999 年第一季度欧元在全球

　　① 冯昭奎. 日本成为"世界老二"的前因后果 [J]. 日本学刊，2011（2）.

外汇储备中的占比为14%，到2003年第二季度这一比例已经上升到了18.4%。然而，欧元面世以来，欧元区的经济增速始终弱于美国。2009年开始，欧洲多国相继爆发债务危机，欧元也因此一蹶不振。如今，欧元仍是国际货币体系中仅次于美元的重要货币。但是，欧元区经济的长期疲软让欧元再也无力挑战美元。

另一方面，国际社会对美元有路径依赖。对于最主要的国际储备货币而言，即使其对应的国家的相对经济实力出现一定的下降，甚至被超越，该货币的国际储备地位仍然会维持一段时间。特里芬（Triffin）的研究显示，在两次世界大战的间隙，美国的经济、金融、商业实力已经显著高出英国，但是英镑在国际外汇储备中的主导地位仍然明显①。这种惯性来自美元在国际支付结算市场中已经形成了规模效应，具备规模经济。程恩富和夏晖认为，一旦某种货币在世界金融体系中取得了中心货币地位，它的继续使用就会为外汇市场提供巨大的规模经济②。国际货币基金组织的数据显示，美元作为外汇储备货币占国际储备的份额在20世纪80年代高达80%左右，后续虽然在日元和欧元的连续冲击下曾经一度跌至50%左右，但是在2000年以后这一占比又冲上了70%。近年来，去美元化的声音愈演愈烈，但是与欧元和日元相比，美元作为国际货币的霸主地位并没有改变。Nakao认为，由于以美元标价的交易必须通过资金转入转出美国基础的美元账户来完成，不管国际金融如何多极化，只要美元为标价的交易占据统治地位，美国仍

---

① Triffin, R. Our international monetary system [M]. New York: Random House, 1968.

② 程恩富，夏晖. 美元霸权：美国掠夺他国财富的重要手段 [J]. 马克思主义研究，2007 (12).

然站在国际金融体系的中心[①]。

Ray Dalio 对大国兴衰的研究进一步佐证了大国货币的国际货币储备地位往往在该大国兴衰的过程中更具惯性[②]。Ray Dalio 发现在决定一国财富和权利的八个因素（教育、创新和技术、竞争力、经济产出、世界贸易份额、军事实力、金融中心实力、储备货币地位）中，历史上大国的储备货币地位是最后迎来衰退的。Ray Dalio 将这种现象解释为，"世界储备货币就像世界通用语言一样，往往在国家开始衰落后仍然存在，由于人们已经习惯于使用这种货币，货币存在的时间通常长于国家实力持续的时间"。

3.1.2 美国对国际支付结算体系的控制

"美元霸权"在金融制裁的实际操作层面主要体现在两方面：一是美国对国际支付结算体系的控制；二是美国对全球金融服务和治理机构的控制。本小节先介绍前者。在高度全球化的当今社会，一个安全、高效的跨境支付体系对国际贸易和金融活动至关重要。通常而言，跨境支付体系包含两大部分：信息的传输，即支付指令的专递与确认，以及资金的转移，即资金账户的清算与结算。欧洲中央银行研究副总干事 Philipp Hartmann 认为，国际货币体系中的结构影响了国家间的权力分配[③]。美国对国际金融信息传输和跨境资金流动的控制就决定

① Nakao Shigeo. The political economy of Japan money [J]. University of Tokyo Press, 1995：79-80.

② Ray Dalio. Principles For Dealing With The Changing World Order [M]. Simon & Schuster, 2021.

③ Philipp Hartmann. Currency Competition and Foreign Exchange Markets：The Dollar, the Yen and Euro [M]. Cambridge：Cambridge University Press, 1998.

了其掌握着国际支付结算体系绝大部分主导权。

1. 美国对国际金融信息传输的主导

在信息的传输方面，全球跨境支付体系十分依赖 SWIFT 系统。一方面，SWIFT 的通信网络涵盖了 200 多个国家和地区的超过 1.1 万家金融机构，是覆盖范围最广的金融信息通信网络；另一方面，SWIFT 加盟成员在多年的沟通协调中已经建立了一套标准化的信息传递体系，极大地提高了金融交易过程中的自动化程度。形象地说，如果将银行等金融机构比作个人，那么 SWIFT 就是人与人线上沟通时必备的即时通信工具。即使银行的内部资金账户可以通过内部标准化信息传输工具完成支付指令的传递与确认，但是在跨区域、跨机构的信息传输中，SWIFT 仍然是实现高效跨境支付必不可少的工具。

SWIFT 是一家具有全球系统性的中立公用事业公司，公司的成立和运营是为了股东的集体利益。SWIFT 股东也是 SWIFT 用户，因此 SWIFT 一般不会主动驱逐用户。同时，在法律层面，作为一家总部位于比利时的非营利组织，SWIFT 受比利时和欧盟法律约束，同时接受 G10（比利时、加拿大、法国、德国、意大利、日本、荷兰、英国、美国、瑞士和瑞典）中央银行以及欧洲中央银行、澳大利亚储备银行、中国人民银行、香港金融管理局、印度储备银行、韩国银行、俄罗斯银行、沙特阿拉伯货币机构、新加坡金融管理局、南非储备银行和土耳其共和国中央银行监管（其主要监管机构是比利时国家银行），不直接对美国负责。

但是，美国往往能通过"长臂管辖"，或者影响欧盟政策来迫使 SWIFT 遵循美国政府的意志。例如，在美国的倡导下，2012 年欧盟根据加强对伊朗金融制裁的国际和多边行动通过了第 267/2012 号条例，禁止专门的金融报文提供商（主要指 SWIFT）向欧盟认定的伊朗银行提供服务。同样，在美国的倡导下，2022 年欧盟根据加强对俄罗斯金融制裁的国际和多边行动出台了欧盟理事会条例（EU）833/2014，禁止 SWIFT 等专业金融报文传送提供商向指定俄罗斯实体（及其指定的俄罗斯子公司）提供服务。类似的禁令还包括欧盟理事会法规（EU）765/2006，根据该禁令 SWIFT 断开了与指定白俄罗斯实体（及其指定的白俄罗斯子公司）的连接。

而且，在欧盟不配合美国制裁行动时，美国甚至可以直接向 SWIFT 施压以实现自己的目的。例如，2018 年美国不顾欧盟反对，单方面要求 SWIFT 剔除伊朗的银行。由于美元在国际支付体系中的不可或缺的地位，SWIFT 最终还是在缺乏欧盟制裁法令的情况下将伊朗的银行剔除出去。SWIFT 在其官网上表示，"在更广泛的全球金融体系的稳定性和完整性的利益受到威胁的特殊情况下，SWIFT 可能还需要限制客户对网络的访问"。对于暂停某些伊朗银行对报文传送系统的访问，SWIFT 只能辩解称，"采取这一步骤虽然令人遗憾，但其是为了更广泛的全球金融体系的稳定和完整性，并以对经济局势的评估为基础"。由此可见，美国虽然无法直接通过法律约束 SWIFT，但是仍可以通过胁迫的手段迫使 SWIFT 遵循美国政府的意志。

2. 美国对跨境资金流动的控制

一般而言，资金的跨境转移方式有两种。第一种是境内外付款和收款账户所在银行在同一家代理银行开具资金账户，资金的结算通过代理银行进行，这样就形成了双边或三边结算安排。然而，这种结算方式使用的是商业银行的资金，往往存在资金的流动性风险和信用风险。因此，随着通信和计算机技术的进步，在资金的跨境转移中，支付系统逐渐成为主流的资金的跨境转移方式。支付系统是一套基于共同程序和规则的多边结算安排，往往由中央银行建立，通过其在央行设立的账户完成最终的结算，因此通常不存在资金的流动性风险和信用风险。常见的跨境支付系统包括处理美元跨境支付的纽约清算所银行同业支付系统（CHIPS）、处理欧元跨境支付的第二代泛欧实时全额自动清算系统（TARGET 2）、处理人民币跨境支付的人民币跨境支付系统（CIPS）等。其中，CHIPS 出现较早，被私人部门拥有，并非由美联储设立的。

CHIPS 是国际跨境美元结算的主导机构，每天清算和结算1.8 万亿美元的国内和国际支付。CHIPS 与美联储的实时结算系统 FederalWire 连接，组成了美元的大额支付网络。可以说，绝大部分的美元跨境结算都需要用到 CHIPS。例如，一家外国银行账户持有人想要向美国的账户持有人进行美元汇款，首先要将资金转移到一家能够直接参与 CHIPS 的外国银行中，该银行将把款项转移到相应的外国银行的美国分行。如果接收汇款的美国账户持有人是该外国银行的客户，那么可以通过银行内部系统直接划账。如果接收汇款的美国账户持有人不是该外国银行的客户，那么就可以通过 CHIPS 进行转账结算。在这种情况下，汇款人和收款人都是 CHIPS 的参与者。

由于美元跨境支付对 CHIPS 的依赖，美国政府可以通过限制银行或特定账户使用 CHIPS 系统从而达到阻止交易甚至冻结账户的目的。从跨境支付结算系统和金融信息报文系统的可替代性来看，只要使用美元进行跨境结算业务就很难绕开CHIPS。其本质原因是，美元是运行在美元体系中的，这不仅包含了银行的账户体系，也包含了以 CHIPS 为代表的支付体系。美元的支付、转账本质上是在美元体系中运转，因此美国对美元的跨境支付具有绝对的主导权。可以说，在美元的跨境支付中，找到绕开 CHIPS 的方法比绕开 SWIFT 要困难得多。

当然，在跨境资金流动并不只通过美元进行。当资金的转移涉及不同币种的兑换（外汇交易）时，就需要处理不同货币的支付系统进行对接，也就形成了支付对支付机制（PvP）。目前，PvP 机制下最大的外汇结算安排就是持续联系结算系统（CLS）。CLS 集团的总部在瑞士，但是负责业务运营的 CLS Bank International 在美国注册。据 CLS 披露，目前，CLS 对接了 18 个国家和地区的支付系统，间接服务了约 3 万家有外汇交易需求的各类机构，每天的交易额超过 6 万亿美元，支持 18 种货币的外汇交易。因此，CLS 也受到美国金融制裁法律的约束。

近年来，全球"去美元化"趋势的最大特点是双边和多边本币结算体系的建立。在外贸领域，双多边本币结算体系能够避免特定的外汇风险，也能减少金融制裁对本国外贸和跨境支付结算业务的冲击。但是，双多边本币结算体系仍然难以替代以美元为主的国际结算体系。首先，美元基于全球最开放的金融市场，能够作为大规模储备的货币，而实施双多边本币结算体系的国家货币往往不具备这样的条件。其次，对于外贸和跨境转账支付的真实个体而言，他们更能够接受以美元为代表的国际货币，因此实施双多边本币结算体系的国家货币往往最终会转换为美元。最后，第二次世界大战后国际货币金融体系中以美元核心的支付结算业务已经形成了庞大的规模，其交易成本较低，交易摩擦较小，因此从经济层面考量，市场参与者并不积极使用双多边本币结算体系。

3.1.3　美国对全球金融服务和治理体系的控制

除了对国际支付结算体系的控制，"美元霸权"在金融制裁的实际操作层面还体现在美国对全球金融服务和治理机构的控制。在控制国际金融服务和治理体系方面，美国主要从投票权和执法权两点入手。

1. 投票权控制

国际多边金融治理机构是全球金融治理体系的核心节点，也是布雷顿森林体系最主要的成果。其中，最主要的两个机构分别为世界银行和国际货币基金组织。从设计初衷来看，前者致力于减少贫困，通过向中等收入国家政府和信誉良好的低收入国家政府提供贷款，并向最贫困国家的政府提供无息贷款和赠款的方式推动世界范围的繁荣发展；后者致力于实现成员国的可持续增长和繁荣，并通过支持促进金融稳定和货币合作来实现这一目标。

然而，世界银行和国际货币基金组织看似是国际治理体系中公共产品，但是却受到美国的严密控制。从设计之初，世界银行和国际货币基金组织就没有采用"一国一票"的主权平等原则，而是采用了"谁强谁说话声音大"的"美元"决定投票权原则。在这种情况下，少数发达国家就长期占据了关键国际多边金融机构的治理权。

此外，根据世界银行和国际货币基金组织的投票机制，重要决定需要获得85%以上的投票通过，然而美国在两家机构的投票权都超过了15%，这意味着美国在两家机构中都具备"一票否决权"。叠加其他西方发达国家的投票权，美国在事实上垄断了这两大国际金融机构，正如美国人长期垄断世界银行总裁的职位，欧洲人长期垄断 IMF 总裁的职位。谢世清和曲秋颖认为，国际货币基金组织治理结构的不合理，突出表现为份额分配的失衡和美国作为一个主权国家在多边国际组织中关于重大问题所拥有的否决权，使其合理性、代表性和权威性大打折扣①。

国际社会已经发现，世界银行和国际货币基金组织的份额分配缺乏科学依据，也缺乏透明性。从国际货币基金组织先后四次修改的份额公式来看，其参数和权重的选择夸大了发达国家在世界经济中的分量，而新兴市场和发展中国家经济实力的增长却未能在份额及投票权中得到应有的体现，严重影响份额公式作为决定成员国份额和投票权的客观依据的公平性与合理性②。

因此，国际社会尤其是发展中国家普遍要求国际金融机构进行架构改革。但是，多年来，世界银行和国际货币基金组织的改革只是流于表面，在地缘冲突频发的大背景下，这种改革将更加艰难。IMF 上一轮调整投票权是在 2016 年，世界银行上一轮调整投票权是在 2010 年，两次改革只是削弱了欧洲发达国家和日本的投票权，而美国拥有一票否决权的事实没有改变，这也表明美国不会轻易放弃对两大国际多边金融治理机构的控制权。

2. 执法权控制

在多边金融治理机构之外，提供国际金融服务的各类机构也是全球金融服务和治理体系的重要组成部分。这些金融机构虽然在提供服务的内容上是超越国家概念的，但是在具体的运营方面则是需要落地在具体的国家。由于美国是全球货币体系

---

① 谢世清，曲秋颖. 世界银行投票权改革评析 [J]. 宏观经济研究，2010 (8).
② 朱光耀. 国际货币体系改革由共识进入实践 [J]. 理论视野，2009 (11).

的主导者，这些金融机构的总部也往往设立在美国，或者本身就是美国的金融机构。通过法律法规监管，美国也能控制这些金融机构，将它们作为金融制裁工具的一部分。

首先，美国掌控着标准普尔全球、穆迪和惠誉三大国际信用评级机构。其中，标普和穆迪的总部设在美国，而惠誉的总部设在纽约和伦敦，由一家美国公司控股。信用评级机构对主权信用和企业信用的评级往往是债券市场投资的基准和标杆，而且信用评级对风险的预警也往往能够影响资金的跨境流向。因此，信用评级机构发挥着投资市场的"看门狗"（watch dog）的作用。然而，从2008年的次贷危机来看，信用评级机构并没有发挥预判和提示风险的作用，反而助长了投机行为。从2016年穆迪和标普无视中国经济增长实际情况，下调中国主权信用评级和中国境内企业信用评级的做法来看，信用评级机构已经成为大国博弈的一部分，以"专业"的角度唱空中国已经成为一种"阳谋"。

其次，全球业务规模最大的五大投资银行均位于美国。从盈利规模来看，摩根大通、高盛、美银证券、摩根士丹利、花旗五大投行组成了全球投行的第一梯队。这些国际投行是跨国兼并重组业务的"操刀人"，而且承担着大量跨国投资项目的咨询业务。同时，国际投行还是外汇交易和大宗商品交易重要做市商，也是场外金融衍生品的重要提供者。可以说，多数跨境投资中都离不开国际投行的帮助。此外，由于美国是全球最重要的资本市场，大量其他国家的投行和金融机构也会在美国成立分支机构或独立子公司，从而进一步强化了美国法律对全球金融市场的影响力。震动全球的"孟晚舟事件"正是由于汇丰银行主动向美国司法部"出卖"了华为，以应对美国对汇丰的审查。

最后，依托全球最大的资本市场，美国也拥有全球资本汇集的股权、债券、商品和金融衍生品交易所。近年来，美国正在从法律、法规层面将金融监管政治化。禁止某些国家企业在美国资本市场上融资成为美国一些政客的新选择。例如，根据《外国公司问责法》（Holding Foreign Companies Accountable Act)，美国证券交易委员会（SEC）将在美上市的中国公司纳入"临时观察名单"（Provisional List)。尽管中国证监会一再强调与美国方面积极开展合作，持续进行高效、坦率和专业的磋商，但是出于对未来不确定性的恐惧，投资者大量抛售中国企业的股票，导致在美国上市的中国企业股价持续下跌。美国对金融监管的政治化让所有人都看到，资本和资本市场都是有国界的。

3.2　美国金融制裁能力建设

金融制裁本质上是行使金融强权的过程，很容易受到国际社会的反感。因此，美国十分注重金融制裁行动的"师出有名"，以及金融制裁措施的"名正言顺"。为此，美国长年致力于搭建金融制裁框架，增加金融制裁手段。经过数十年的发展，美国已经构建出了内容丰富、层次分明的金融制裁法律法规工具箱，并建立了多维覆盖、分工协作的金融制裁机构。本节从法律框架和机构设置两方面探讨美国金融制裁能力建设，并指出其金融制裁的发展趋势。

3.2.1　构建金融制裁法律法规工具箱

完善的金融制裁法律框架为美国实施金融制裁提供了法理基础和操作方向，经过长期实践，美国的金融制裁相关法律法规不断发展壮大，已经形成了丰富的法律法规工具箱。

1. 金融制裁的法律框架

作为金融制裁的主要发起国，美国颁布了大量法律法规，逐步形成了一套从国会通过的成文法到总统行政命令，再到部门规章的完整法律法规框架。具体而言，美国的金融制裁法律框架由以下几部分组成。

一是核心法律。核心法律是金融制裁法律框架延伸的基础。目前，美国直接授权发动金融制裁的法律主要有两部：1976 年通过的《国家紧急状态法》和 1977 年通过的《国际紧急经济权利法》，前者规范了总统宣布进入"紧急状态"后能够采取的措施，其中就包括金融制裁措施；后者进一步规定美国总统在国家安全、对外政策或经济利益受到威胁的情况下，有权力命令国内金融机构停止与被制裁对象之间的金融交易、款项划拨、货币转移等业务。此外，有些法律会附带金融制裁条款，例如"9·11 事件"后通过的《爱国者法》以及每年末颁布的《国防授权法》都包含了授权美国总统发动金融制裁的权力。

二是特定制裁法律。特定法律是指针对某一国或多国专门制定的制裁法律。相对于核心法律，其延伸性和扩张性都较弱，只能针对特定目标进行金融制裁。例如，1996 年通过的《伊朗利比亚制裁法》、2010 年通过的《全面制裁伊朗、问责和撤资法》、2017 年通过的《通过制裁打击美国对手法案》、

2019 年通过的《奥托·瓦姆比尔限制银行涉及朝鲜法案》等。

三是总统行政命令。在多种法律的授权下，美国总统往往能够通过针对特定对象或目标的行政命令进行不同程度的制裁。以美国对俄罗斯的制裁为例，涉及的行政命令超过 10 项。其中有些行政命令的外延性更强，例如 2021 年 4 月颁布的第 14024 号行政命令，要求"冻结与俄罗斯联邦政府特定有害外国活动有关的财产"，而多数行政命令往往针对性较强，不具备太大的外延性，例如 2022 年 2 月颁布的第 14065 号行政命令，要求"封锁某些人的财产并禁止某些交易，以免继续破坏乌克兰的主权和领土完整"。

四是部门规章制度。美国财政部和国务院是金融制裁的主要执行者，因此，为了更好地执行金融制裁法律和总统行政命令，这些部门会进一步将金融制裁的法令细节化，从而扩展出大量的规章制度。与总统行政命令不同的是，这些部门规章制度更具普遍性，可以说是金融制裁能够执行的基石。例如，美国财政部海外资产控制办公室（OFAC）负责监督、管理和落实金融制裁内容。当某些金融制裁案例中涉及的法案、法条、总统行政命令需要具体实施时，就要参照 OFAC 的规章制度执行。同时，规章制度可以根据现实情况及时修订和调整，这也增强了整个金融制裁法律框架的灵活性和适用性。

2. 金融制裁法律法规的"清单化"

一般而言，美国的金融制裁适用范围很广，包括所有在美国组织的实体、美国公民和永久居民（无论其所在地）、所有实际居住在美国的人（无论国籍）。此外，"非美国人"也需要对在美国境内采取的行动或发生的活动负责。

为了向上述群体提供明确的指导，同时满足金融机构的合规要求，美国金融制裁法律法规在执行层面具有"清单化"的特点，即通过将被制裁实体加入清单指导金融制裁法律法规适用对象的行为。

具体而言，根据制裁项目的不同，涉及金融制裁的清单主要有以下两种。

一是特别指定国民名单（SDN List）。SDN 清单是美国对外金融制裁体系中的核心名单。一旦个人或公司被纳入 SDN 名单中，其在美国境内的资产将被冻结，并且所有美国公民将被禁止与其开展任何形式的交易行为。

二是综合制裁名单（Non-SDN Lists）。SDN 是一套标准的清单，在 SDN 清单之外还有很多其他特定的制裁清单。为了方便管理，美国财政部海外资产控制办公室（OFAC）制定了综合制裁名单。其中包括：（1）外国逃避制裁者名单（FSE List）。清单中个人和主体被 OFAC 认定为违反了、试图违反或导致违反美国根据 13608 号行政命令对叙利亚和伊朗实施的制裁，或者帮助了受美国制裁的个人实施欺诈性交易。（2）行业制裁识别名单（SSI List）。清单主要包括被美国财政部依据 13662 号行政命令识别为在俄罗斯特定行业部门中工作的个人。（3）巴勒斯坦立法委员会清单（NS-PLC list）。清单包含了巴勒斯坦立法会成员、其他外国恐怖组织或特别指定恐怖分子。（4）境外金融机构账户制裁名单（CAPTA List）。清单主要针对伊朗金融机构。（5）非特别指定国民名单制裁名单（NS-MBS LIST）。清单属于非财产性制裁清单，主要涉及禁止提供特定产品或服务等制裁手段。（6）非特别指定国民中国军事工业综合企业名单（NS-CMIC List）。该清单主要罗列了被制裁的中国涉军企业。

金融制裁法律法规在执行层面的"清单化"会带来三重便利。首先，便于执行机构的执法、审批和管理。虽然金融制裁的法律法规十分丰富，但是其核心处罚条款无外乎限制交易、冻结资产等内容。因此，将被制裁实体采取"清单化"管理有助于执行机构的统一执法、审批和管理。其次，便于金融机构核查。金融机构为了满足监管要求，以及内部合规要求，必须及时掌握被制裁对象的信息。因此，被制裁实体采取"清单化"管理有助于金融机构配合执法部门，规避合规风险。最后，提升了金融制裁的震慑效果。金融制裁的最终目的是迫使被制裁对象屈服，实现制裁者的政治目的。因此，公开化的被制裁实体清单能够起到"杀一儆百"的效果，增加金融制裁的威慑能力。

3. 金融制裁的"互动化"

金融制裁法律法规在执行的过程中十分需要私营部门的配合，因此金融制裁法律法规在执行层面的另一大特点是"互动化"。金融制裁中的公私互动是指，美国在监管法规中会鼓励或者要求美国金融机构和美国人报告与可能违反制裁法律或法规有关的任何可疑交易或行为。这一"互动化"的表现形式是各式各样的报告制度：

自愿自我披露（Voluntary Self-Disclosures，VSD）是其中应用最广的报告制度。根据美国财政部海外资产控制办公室（OFAC）发布的经济制裁执行指引，VSD 是指当事人发现可能违反经济制裁法律法规的行为而自发向 OFAC 报告的行为。为了鼓励这种"自愿"行为，OFAC 规定在当事人提供了有关明显违规行为和/或其他相关违规行为的大量补充信息的情况下，基本处罚金额一般会减少 25% 至 40%（特殊情况下会减免更多罚金）。此外，在涉及自愿自我披露的案件中，大量的合作也可以作为进一步减刑的因素来考虑。其实，即使不减免罚金，受美国金融制裁法律法规约束的金融机构也会因内部合规要求，及时向 OFAC 报告可能涉嫌违规的行为。

阻止和拒绝报告（Blocking and Reject Reports）是 OFCA 要求提交的报告。当交易因金融制裁被阻止或拒绝时，当事人（包括金融机构、交易相关方等）必须在阻止或拒绝交易的行动后 10 个工作日内向 OFAC 提交阻止和拒绝报告。此外，金融机构等资产冻结相关方，在资产被冻结之日起 10 个工作日内要提交初始冻结报告，此后每年还要提交被冻结资产的年度报告，当资产解冻时还要提交取消冻结报告。

可疑活动报告（Suspicious Activity Reports，SARs）可能会被用于违反制裁的调查。通常情况下，故意试图欺骗美国监管机构或掩盖明显违反美国制裁法律的金融机构可能同时违反反洗钱法。根据《银行保密法》，金融机构必须报告"与可能违反法律或法规有关的任何可疑交易"。美国金融犯罪执法网络局（FinCEN）要求某些金融机构，包括银行、证券经纪交易商、介绍经纪人、赌场、期货佣金商人和货币服务企业，报告 SAR 中超过一定美元门槛的任何可疑活动。每个行业都有自己的表格，通常情况下报告必须在发现可疑活动后 30 天内提交。

此外，美国证券交易委员会（SEC）会使用"意见函"要求受监管的金融机构或企业提供补充资料，说明其向 OFAC 披露的情况及与制裁相关的活动所带来的财务和声誉风险。需要指出的是，美国证券交易委员会传统上并没有像 OFAC 或司法部那样充当执法机构，只是寻求披露和报告与制裁有关的风险。其他金融监管机构，如美联储，也会基于对金融系统安全的考量，要求受监管的金融机构披露或评估跟制裁相关的风险。

金融制裁法律法规执行过程中的"公私互动"极大地提升了金融制裁的效率。例如，根据 OFAC 披露的执行信息"Enforcement Information"，欧洲著名的商用车辆生产商达夫（DAF Trucks N. V.）在发现违反《伊朗交易和制裁条例》后，积极配合 OFAC，主动展开内部调查，解雇了参与一些明显违规行为的员工，取消了向伊朗买家出售 20 辆卡车的交易。此外，达夫还每年向其子公司提供合规培训，并加强贸易合规控制，以防止类似的事件再次发生。在这个案件中，达夫作为一家欧洲企业主动配合美国金融制裁活动不仅反映出美国金融制裁执法权的全球延伸能力，也反映"公私互动"模式对法律运转效率的提升。

3.2.2 打造金融制裁执行能力

金融制裁法律框架只能算作金融制裁的基石，真正将金融制裁法律贯彻执行的是美国政府构建的一套精密、高效的金融制裁执行体系，包括了金融制裁的执行机构、情报机构和监督执法机构。

1. 金融制裁的执行机构

在美国，主要负责金融制裁相关业务的部门是国务院下属的反金融威胁和制裁办公室（TFS），以及财政部下属的恐怖主义及金融情报办公室（TFI）（见图 3-1）。

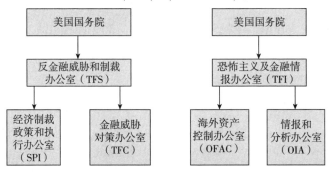

图 3-1 美国主要负责金融制裁相关业务的部门

（资料来源：根据公开资料整理）

TFS 负责制定和实施制裁，以应对特定活动、恐怖组织和国家对国家安全构成的威胁。TFS 下设有经济制裁政策和执行办公室（SPI）和金融威胁对策办公室（TFC）。其中，SPI 负责制定和执行与外交政策有关的制裁，为实施经济制裁建立国际支持，就制裁实施向财政部和商业部提供外交政策指导，并与国会合作起草立法，推进美国在这些领域的外交政策目标；TFC 侧重金融威胁，负责削弱受制裁对象获取资金的能力。SPI 和 TFC 都会在各自的领域向广泛的相关方进行外联，包括外国政府、非政府组织、公司等。整体而言，TFS 负责维护和执行制裁，以最大限度地提高其对目标的经济影响，并最大限度地减少对美国经济利益的损害。

TFI 是集情报收集和制裁执行于一体的机构，其下设的美国财政部海外资产控制办公室（OFAC）是负责管理和执行金融制裁的主要部门。OFAC 的职能主要有三方面：一是实施制裁措施，即要求金融制裁法律法规适用对象按照 OFAC 的制裁清单进行资产冻结或限制交易；二是审批各类许可申请并发放许可证，即在相关机构或个人向 OFAC 提交解冻资产或解除交易限制的申请后，OFAC 负责审批并发放许可证；三是调查和处罚违反制裁的对象，即当有机构或个人违反金融制裁相关法律法规后，OFAC 有权进行调查并对违规者提出民事诉讼和处罚。

2. 金融制裁的情报机构

美国国务院和财政部都有情报机构，为制裁执行办公室提供信息，以促进制裁的目标和执行工作，并制定新的制裁政策。

情报和研究局（INR）隶属于美国国务院，主要任务是为美国外交提供全方位的情报和分析。INR 为国务院决策者以及美国政府官员提供事件的独立分析，并与其他情报机构协调，以获取相关信息，为国务院决策者提供信息。例如，INR的分析办公室及其制裁支持小组会根据要求，向国务院和财政部的政策官员收集和提供有关制裁目标的机密和开源的信息。

情报和分析办公室（OIA）隶属于美国财政部。是 TFI 的情报收集部门，负责收集、分析和处理制裁相关情报，同时也负责将财政部整合到更大的情报部门中，并为财政部领导层和情报部门提供支持。

事实上，美国政府的情报部门是一个有机的整体，被称作情报界（IC），INR 和 OIA 只是其中与金融制裁联系较为紧密的一部分。而且，类似的情报机构在 IC 还有 15 家，这些情报机构也会为金融制裁的执行提供情报支持。IC 不仅会内部分享情报，而且还与众多外部团体合作，以实现其使命，其中包括美国军方、联邦和地方执法部门、外国情报机构对口部门以及私营部门等。

3. 金融制裁的监督执法机构

为了确保金融制裁被贯彻执行，美国财政部海外资产控制办公室（OFAC）、美国司法部（DOJ）和美国检察官系统等多个部门都会对金融制裁的过程进行监督。其中，OFAC 具有民事执法权，主要负责对违反美国制裁法律的行为提起民事诉讼；美国司法部和美国检察官系统负责对故意违反美国制裁法的行为进行刑事调查和刑事执法行动。

当 OFAC 了解到潜在的违规行为并决定展开调查后，OFAC 可能会通过行政传票向有关各方（包括非美国人）提出初步信息请求，或者根据违规行为的严重性，向有关各方提出一系列更非正式的问题。OFAC 的"一般执法指南"规定了OFAC 的执法权力和程序。一般而言，OFAC 可以根据违规行为的严重程度对违反美国制裁法律的行为提起民事诉讼，最终结果通常是处以相应金额的罚金。据 OFAC 统计，自 2010 年至 2021 年的 12 年间，OFAC 平均每年公布近 20 起违反制裁法律法规的调查，年均罚款总额超过 4 亿美元。需要指出的是，如果违法当事人自愿向 OFAC 披露，并主动配合 OFAC 的调查和执法工作，相应的罚金也能够获得减免。

如果当事人故意违反美国制裁法，美国司法部则会介入进行刑事调查和执法行动。根据《国际紧急经济权力法》（IEE-PA），故意犯下、企图犯下或共谋犯下或协助或教唆实施非法行为的人可追究刑事责任。该法条是大多数违反美国制裁法行为的刑事处罚基础。OFAC 确定案件活动需要刑事调查或起诉（或两者兼而有之），则可以将案件移交给美国司法部。同时，美国司法部也会根据自己的情报对一些涉嫌违反美国制裁法的行为进行调查。为了增强情报的获得渠道，2019 年司法部更新了"商业组织的出口管制和制裁执行政策"，鼓励包括金融机构在内的所有商业组织参与司法部的自我披露计划。

故意违反美国制裁法的行为可能会同时受到欺诈、洗钱等多项指控，因此很有可能导致当事方被处以巨额罚款和监禁。当然，如果当事人配合执法或者形成了某种利益交换，那么司法部在结案时可以选择使用延期起诉协议（DPA）或不起诉协议（NPA）来解决案件。根据 DPA，司法部将对违规的当事人提出指控，但同意只要该方遵守一套协商达成的要求或条件，就不会继续这些指控。根据 NPA，司法部不会对违规的当事人提出指控，并且通常会要求该方遵守某些条件或支付巨额罚款。

3.2.3　美国金融制裁的发展趋势

在加强金融制裁能力建设的过程中，美国金融制裁出现了三大趋势：一是扩大制裁规模；二是强调"聪明制裁"；三是加强次级制裁。

1. 扩大制裁规模

美国金融制裁的一个重要特点是总在不断增加新的制裁，而较少撤销原有制裁。尤其是"9·11事件"之后，美国越来越将贸易和金融制裁（统称经济制裁）作为其维护国家安全、推进外交政策的重要手段。与此同时，美国的制裁目标也越来越趋于广泛，从早期的以军事安全为主要目标，逐渐扩大至对大规模杀伤性武器及运输工具的打击、促进人权和民主、打击恐怖主义、毒品走私、军事侵略、环境保护、颠覆政权等多类目标[①]。近年来，网络罪犯、战略经济竞争对手也成为美国发动制裁的目标。

根据"美国财政部2021年制裁审查报告"，从2000年至2021年，美国发动的制裁总数逐年增加，在这22年间增长了933%，从912件飙升至9421件。值得注意的是，自2017年起，美国发动制裁的频次明显升高，美国政府对制裁的依赖也越来越大。

对于美国而言，金融制裁具备多项优点：首先，金融制裁经过20世纪90年代末的一系列改革，已经获得联合国和国际社会的接受。根据联合国定向金融制裁改革的"因特拉肯进程"（Interlaken Process），改进后的金融制裁工具将以更精准

---

① 刘岚萍，孙攀峰. 经济制裁机制探源及趋势研究［J］. 对外经贸实务，2022 (3).

的方式，最大化地打击被制裁方决策者。联合国的认可意味着国际社会会配合金融制裁，这为美国加强金融制裁提供了支持①。其次，"美元霸权"使美国的金融触角延伸至世界各地，也让美国的金融制裁能够抵达全球多数地区。金融活动是经济活动的重要组成部分，无法避免，无论是个人、企业还是政府都需要获取资金。因此，通过资金的流动，美国可以更加有效地监控全球，也能够更加有效地对全球任何组织或个人进行制裁。最后，在制裁"敌对"国家方面，金融制裁的覆盖更加全面，效果也更加突出。由于全球经济贸易体系高度依赖美元，一旦美元融资能力或结算能力受限，无论是国内的需求端和供给端，还是外贸活动和跨境投资都会受到巨大冲击。而且，这种经济冲击会对被制裁国产生较强的政治冲击。因此，金融制裁能够实现军事制裁、贸易制裁等制裁手段无法达到的效果②。

2. 强调"聪明制裁"

"聪明制裁"（smart sanctions）又称为"有针对性的制裁"（targeted sanctions），旨在将制裁的影响集中在领导人、政治精英和被认为应对令人反感的行为负责的社会阶层，同时减少对普通民众和第三国的附带损害。20 世纪 90 年代中期，联合国安理会基于此前对伊拉克和海地全面制裁引发人道主义危机问题的反思，在瑞士政府的推动下，经过"因特拉肯进程"改革后，越来越多的制裁开始转向"聪明制裁"③。例如，当前联合国在朝核问题上就采取了"聪明制裁"的模式。对于美国政府而言，"聪明制裁"能够减少民众的反对声音，也能够在道

① 刘建伟. 美国金融制裁运作机制及其启示 [J]. 国际展望，2015（2）.
② 冯聪. 美国金融制裁机制研究与启示 [J]. 银行家，2020（5）.
③ 李婷婷. "聪明制裁"之后联合国对朝制裁的经济效果评估 [M]. 现代国际关系，2019（2）.

义上获得更多支持。因此，无论是国务院下属的反金融威胁和制裁办公室（TFS），还是财政部下属的恐怖主义及金融情报办公室（TFI），其金融制裁工作的核心要求之一就是"最大限度地提高其对目标的经济影响，并最大限度地减少对美国经济利益的损害"。

金融制裁是聪明制裁发挥其针对性特点的主要工具。刘建伟认为，金融制裁是聪明制裁的核心内容，聪明制裁则是金融制裁的理念基础①。金融制裁在发挥"聪明制裁"或者"有针对性制裁"的时候有其先天优势。首先，金融制裁手段多样，对象灵活。涉及金融层面的制裁手段有很多，例如冻结资产、禁止交易、限制金融服务等，同时作用对象也很丰富，例如政府部门、实体企业、个人等。因此，可以灵活增减制裁的轻度。其次，金融制裁不同于贸易制裁，如果控制得当，可以将打击范围集中到某家企业或个人身上，对民生几乎没有伤害。最后，通常情况下金融制裁针对性更强，取得目标效果的概率也更大。国际经济研究所（Institute for International Economics）对 1914 年至 1990 年的制裁行动评估显示，金融制裁推动外交目标实现的成功率为 41%，远高于贸易制裁 24% 的成功率②。

近年来，美国政府越来越重视制裁对本国带来的损伤。这一点在美国制裁俄罗斯的过程中表现得很明显。"美国财政部 2021 年制裁审查报告"指出，面对制裁对本国的冲击，财政部应将制裁进一步"现代化"。报告建议财政部应寻求调整制裁措施，以减轻对国内工人、企业、盟友和海外非目标人口的

① 刘建伟. 美国金融制裁运作机制及其启示［J］. 国际展望，2015（2）.

② Gary Clyde Hufbauer, Jeffrey J. Schott, Kimberly Ann Elliott, and Barbara Oegg. Economic Sanctions Reconsidered ［J］. Peterson Institute for International Economics, 2009.

意外经济和政治影响。例如，美国的小企业在与国内外的大公司竞争时，可能缺乏资源来承担遵守制裁的成本，未经校准的制裁可能会不必要地导致他们拒绝商业机会，以避免这些成本。更好的有针对性的制裁可以帮助避免这些成本，并保持美国企业的竞争力。此外，报告还提出通过加强与工业界、金融机构、盟友、市民社会和媒体等方面的沟通，增加国内外关键受众的公开信息传递和接触。简言之，就是在金融制裁的同时加强"信息战"，让特定受众清楚并接受制裁的"目的"或"目标"，从而让制裁更具针对性。

3. 增强次级制裁

一般而言，制裁可以分为主要制裁（Primary Sanctions）和次级制裁（Secondary Sanctions）。主要制裁就是一国常规的经济限制，主要针对本国国民，是一种单边制裁。而次级制裁是一国凭借其国际优势地位，通过增加第三国违抗美国制裁措施的成本，将其单边制裁转变为多边制裁的强制手段，是进行域外管辖的重要政策工具。次级制裁针对的是他国实体和行为，例如，美国发动的次级制裁针对的是不涉及美国人且在美国以外发生的涉及俄罗斯、伊朗、朝鲜、中国香港和叙利亚的特定活动（如某些重大交易）。

从制裁效果来看，单边制裁往往不如多边制裁。而次级制裁则可以使单边制裁发挥出多边制裁的效果。因此，美国越来越青睐于使用次级制裁约束和胁迫第三方，尤其是近十年来，以伊朗核问题为契机，美国频繁发起次级制裁，使用次级制裁已俨然从一种"个案"演变为"常态"①。尤其是特朗普政府于 2018 年单方面退出伊核协议后，美国针对德黑兰采取

---

① 刘建伟. 美国次级经济制裁：发展趋势与常用对策［J］. 国际经济评论，2020 (3).

了一系列"极限施压"行动，且未能获得国际支持。于是，美国政府以单边次级制裁代替与国际社会协调多边制裁。因此，在特朗普执政期间，美国对外国企业的二级制裁呈指数增长，从 2018 年的 2 起增加到 2019 年的 13 起，并在 2020 年达到 78 起的峰值。到特朗普任期结束时，美国白宫发出了一系列行政命令对伊朗能源、石油、石化、航运、银行业、金属贸易行业、建筑业、采矿、制造和纺织等多个行业发起二级制裁，总数高达 104 起。可以说，二级制裁成为特朗普执政期间美国对伊朗的主要经济胁迫工具。同时，美国的制裁行动也证明，在缺乏盟友合作时，美国仍然能够通过次级制裁将单边制裁发挥出多边制裁的效果。

在实施次级制裁的过程中，美国十分倚重金融制裁，并逐渐发展出三种次级金融制裁模式：一是针对反恐、禁毒等特定议题的"切断融资渠道式"制裁；二是针对朝鲜、伊朗等中小国家的"体系驱逐式"制裁；三是针对俄罗斯这样大国的"精准破坏式"制裁[①]。美国次级制裁的金融手段就是通过限制非美国人进入美国市场，阻止他们从事某些被认为违反美国国家安全和外交政策利益的交易。与主要制裁不同，次级制裁不仅可能导致民事和刑事处罚，还可能限制受制裁对象进入美国金融体系和市场，甚至将受制裁对象排除在美国金融体系和市场之外。由于"美元霸权"以及美国在全球货币金融市场的主导地位，次级制裁威胁下的对象都十分惧怕被排除在美国金融体系和市场之外。因此，绝大多数企业和个人都不希望被牵扯进美国的次级制裁中，这就间接扩大了美国制裁措施的效果。杨永红认为，美国正借助美元交易实现广泛的次级制裁管

---

① 刘建伟. 美国次级经济制裁：发展趋势与常用对策［J］. 国际经济评论，2020（3）.

辖权，次级制裁正通过美国的金融霸权发展成为比其军队更有效的武器，美国借此成为不折不扣的"世界警察"①。

3.3　美国对俄罗斯金融围剿的案例剖析

近期，美国对金融制裁的大规模应用当数 2022 年 2 月 24 日俄乌冲突爆发后美国对俄罗斯发动的金融围剿。在这轮金融制裁中，美国从斩断俄罗斯跨境支付能力、限制俄罗斯海外融资能力、冻结俄罗斯海外资产三方面围剿俄罗斯金融体系。这是美国对大国金融制裁中最全面、最彻底的一次，展现了当前大国博弈背景下，金融行业面临的极端风险，对中国金融业发展有很大的教育和启发意义。因此，本节将结合上述两节内容详细剖析美西方对俄金融制裁的过程。

3.3.1　斩断俄罗斯跨境支付能力

1. 多层次瓦解俄罗斯跨境支付能力

一国的跨境支付能力是进行国际贸易、国际投融资等经济活动的基础，也是区域金融体系链接全球金融体系的重要方式。俄乌冲突爆发伊始，美国财政部随即宣布，要与欧盟和伙伴国合作，采取广泛的经济措施，禁止俄罗斯进入全球金融体系。自此以后，美国政府伙同西方盟友开始从四个层面瓦解俄罗斯的跨境支付能力。

一是，从信息传输层面瓦解俄罗斯跨境支付能力。2022 年

---

① 杨永红. 次级制裁及其反制——由美国次级制裁的立法与实践展开 [J]. 法商研究，2019 (3).

2月26日，美国、欧盟、英国、加拿大、法国、德国和意大利宣布了一项联合行动，将部分俄罗斯银行从环球银行金融电信协会（SWIFT）金融信息系统中移除。作为一家总部设在比利时的公司，SWIFT 在增减会员时，受到比利时和欧盟法律约束。根据欧盟理事会 2022 年 3 月 1 日发布的第 2022/345 号决定，金融信息服务商（主要就是指 SWIFT）被禁止向俄罗斯 7 家银行提供信息传输服务。6 月 3 日，欧盟理事会发布第 2022/879 号决定，进一步将 3 家俄罗斯央行从 SWIFT 系统中剔除。至此，除少数负责俄欧能源交易的银行外，俄罗斯几乎所有能够提供跨境支付服务的银行均已被 SWIFT 系统除名。

需要指出的是，欧盟还是在 SWIFT 系统中留下了部分俄罗斯银行，作为能源交易的金融中介。其中，俄罗斯天然气银行是欧洲客户向俄罗斯购买天然气最主要的支付渠道。这也为未来俄罗斯金融体系继续与西方往来留下了伏笔。

二是，从支付系统层面瓦解俄罗斯跨境支付能力。在国际支付体系中，中央银行是重要的结算节点，大额支付和有价证券的结算往往通过中央银行的账户进行。2022 年 2 月 28 日，美国财政部下属的外国资产控制办公室（OFAC）发布命令，禁止美国人与俄罗斯联邦中央银行（CBRF）进行任何交易。同一天，欧盟也发布了类似的禁令。这意味着国际结算中应用最广的两大货币体系已经在支付和结算层面与俄罗斯断开了联系。

此外，作为全球支付结算体系的协调者，国际清算银行（BIS）甚至也表示将"在适用的情况下"参与对俄罗斯央行的制裁。俄罗斯联邦中央银行是巴塞尔俱乐部的成员，也是全球央行监管体系的重要一分子，此前，BIS 的 63 家央行会员中未曾有一家成为过金融制裁的目标。

三是，从物理交易媒介层面瓦解俄罗斯跨境支付能力。对于身处制裁的国家而言，现金交易也是重要的跨境支付手段。因此，美国及其盟友直接阻断了对俄罗斯的现金供应。2022年3月11日，美国总统颁布了第14068号行政命令，禁止从美国或由美国人（无论位于何处）向俄罗斯联邦政府或位于俄罗斯联邦的任何人出口、再出口、销售或供应以美元计价的钞票。此前，欧盟理事会已于2022年3月2日宣布，禁止向俄罗斯或俄罗斯境内的任何自然人或法人、实体或团体（包括俄罗斯政府和中央银行）出售、供应、转让或出口以欧元计价的钞票，或供在俄罗斯境内使用。

四是，防止俄罗斯使用数字加密货币进行跨境支付和转账。尽管加密货币具备匿名化和去中心化的特点，难以被监管，很适合作为被制裁国家进行资金"偷渡"的通道。但是，加密货币的交易已经市场化，通常需要特定钱包提供商和加密货币交易所。因此，在美国和欧盟禁止加密货币交易所和服务商向俄罗斯或俄罗斯人提供服务后，俄罗斯通过加密货币进行跨境资金转移的能力被大规模削弱。

2. 从俄罗斯反制裁措施看 SWIFT 的可替代性

资金的跨境支付主要体现在两个层面：一是信息的交互；二是资金的转移。其中，环球同业银行金融电讯协会（SWIFT）主导着国际跨境支付体系中的信息交互。

在本轮对俄罗斯金融制裁中，将俄罗斯银行踢出 SWIFT 体系通常被视为"金融核武器"。那么，这种金融制裁方式真的如同核武器般无解吗？受制裁的国家可以建立其他的金融报文系统替代 SWIFT 在国际支付中的作用吗？理论上，建立一个金融报文系统并不难。为了摆脱对 SWIFT 的依赖，俄罗斯央行从2014年就开始将一套全新的报文系统投入运营，即 The financial messaging system of the Bank of Russia（SPFS）。俄罗斯央行发布的《2021—2023 年国家支付体系发展战略》报告显示，俄乌冲突爆发前，约有 21 家外国机构已就提供 SPFS 服务达成协议，其中 12 家机构已经与该系统相连①。俄乌冲突爆发后，SPFS 逐步接管了国内 SWIFT 的业务，同时也在国际市场积极开拓客户。

然而，与 SWIFT 相比，SPFS 存在诸多问题。首先，SPFS 运转效率较低。在制裁前 SPFS 的业务范围较窄，对运转效率的要求相对较低。2020 年，SPFS 在俄罗斯国内金融报文传输中的工作量只相当于 SWIFT 的 20%②。因此，当 SPFS 集中替代 SWIFT 时，俄罗斯支付体系的运转效率出现大幅下降。俄罗斯央行于 2022 年 5 月 6 日发布的支付系统运营公告称，"由于技术问题，俄罗斯银行支付系统服务和金融消息传递系统中的交易处理速度较慢"，并建议"有些交易可以执行得更慢一点，或者应该在以后再次执行"。其次，SPFS 严重缺少全球用户。2022 年 6 月 29 日，俄罗斯联邦中央银行行长埃尔薇拉·纳比乌林娜表示，目前已有 70 家外国金融机构接入 SPFS 系统。相比之下，全球超过 1.1 万家金融机构使用 SWIFT 的报文服务。由于缺少全球用户，SPFS 在跨境支付中的作用将十分有限。最后，SPFS 也受到美西方的制裁。SPFS 是俄罗斯央行开发的工具，连接 SPFS 的外国金融机构需要与俄罗斯央行签订协议并支付报文信息的传输费。由于俄罗斯央行是美西方的制裁对象，SPFS 也将在制裁范围之内。因此，美西方金融机构不会接入 SPFS 系统，而其他国家的金融机构畏惧次级制

---

① Bank of Russia. National Payment System Development Strategy for 2021 – 2023 ［M］. Bank of Russia, 2021.

② Bank of Russia. National Payment System Development Strategy for 2021 – 2023 ［M］. Bank of Russia, 2021.

裁也会谨慎行动。

从俄罗斯在 SPFS 的实践来看，单一国家在开发金融报文系统取代 SWIFT 时存在两个问题：一是，新建立的金融报文系统一般不具备规模优势。报文系统，尤其是要服务于跨境支付的报文系统，必须在全世界拥有大量参与者才能形成规模优势。这种规模优势不仅体现在金融报文系统的维护费用上，也体现在参与者的沟通成本上。而新建立的金融报文系统需要一点一点增加参与者，在覆盖全球多数国家之前，该新金融报文系统相比 SWIFT 不具备规模优势。因此，如果不是基于国家安全的考虑，几乎没有国家会在 SWIFT 之外另起炉灶。即便始终面临着美国制裁的压力，中国的人民币国际支付清算体系（CIPS）以及大额支付系统（CNAPS）也是主要采用的 SWIFT 报文系统[①]。二是，单一国家开发的金融报文系统往往由央行统筹，易受到金融制裁的影响。金融报文系统通常是支付体系的一部分，由央行统筹建立。但是，当央行受到制裁时，无论是金融报文系统，还是大额支付系统，都将受到制裁的限制。目前，俄罗斯的 SPFS 就面临这样的问题。因此，在多边架构下建立金融报文系统更具实际意义。

尽管新建立的金融报文系统很难取代 SWIFT 的地位，但是从国家安全层面来看，独立自主的金融报文系统仍然具备一定意义。首先要明确的是，国际跨境支付离开了 SWIFT 仍然可以进行，只不过效率会大幅下降。其实，在 SWIFT 出现前，跨境支付信息主要是由银行使用远程电话网络手动验证的，即通过

---

① 王永利. 准确看待国际支付清算体系及其在金融制裁中的角色 [J]. 中国外汇，2020（15）.

电话和电报结合语音和传真的方式验证支付信息①。其次，当前金融信息传输有一个统一的标准，即 ISO 20022，目前 SWIFT、俄罗斯的 SPFS、中国的 CIPS 都在使用这一标准。因此，在受到制裁的情况下，拥有独立自主的金融报文系统可以通过标准化很快替代国内的 SWIFT 系统，并与友好国家建立金融信息传输体系。最后，SWIFT 系统目前正处于央行数字货币等新技术的冲击之下，未来的金融报文系统可能会摆脱 SWIFT 体系。2020 年，金融稳定委员会（FSB）在 20 国集团（G20）框架下成立了一个工作组，以评估现有的支付格局，并制定加强跨境支付服务的路线图。根据 FSB 发布的路线图，各国将加快研究央行数字货币等新兴技术，改善现有的支付基础设施和安排。

3. 从"卢布结算令"来看俄罗斯跨境支付困境

面对美西方的制裁，俄罗斯总统普京发布总统令，规定"不友好国家"购买俄罗斯天然气的合同必须使用卢布结算，即"卢布结算令"。为了继续获得俄罗斯天然气，欧洲多数国家很快妥协。与俄罗斯天然气工业股份公司（Gazprom，俄气公司）签订天然气供应合同的欧洲企业纷纷按照"卢布结算令"的要求在俄罗斯天然气银行（Gazprombank，俄气银行）开设欧元账户和卢布账户，进行天然气合同的结算。俄罗斯天然气银行是处理俄罗斯天然气进出口业务的主要银行，也是少数没被踢出 SWIFT 系统的俄罗斯大型银行。因此，俄罗斯天然气银行此次成为欧洲企业支付俄罗斯天然气工业股份公司货款的关键金融节点。

---

① Susan V. Scott and Markos Zachariadis. The Society for Worldwide Interbank Financial Telecommunication（SWIFT）: Cooperative Governance for Network Innovation, Standards, and Community [M]. Routledge, 2014.

对于俄罗斯而言，"卢布结算令"缓解了美西方金融制裁带来的外汇市场压力，卢布币值逐渐稳定，俄罗斯获取外汇的能力得到一定程度的保障。然而，从卢布结算细节来看，俄罗斯与美西方在跨境支付领域的博弈仍处于下风。

在美西方对俄金融制裁之前，欧洲买家购买俄气公司天然气的支付流程十分简单。如果欧洲买家和俄气公司在同一家欧洲银行分别开立了欧元账户，资金（欧元）可以直接在该银行内部划转。如果欧洲买家和俄气公司在不同欧洲银行分别开立了欧元账户，那么资金（欧元）通常会通过两家银行设立在欧洲央行的账户进行划转。上述两种假设并不包含俄气公司将欧元兑换为卢布的过程，原因在于俄欧之间的天然气合同通常约定以欧元作为结算货币，资金（欧元）划转完成后，天然气合同就可以执行（见图3-2）。

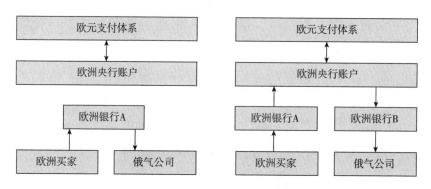

图3-2 欧元体系下资金划转流程

（资料来源：根据公开资料整理）

俄气公司如果想要将存放在欧洲银行的欧元兑换为存放在俄罗斯银行的卢布，就必须进行跨境结算。首先，俄气公司在欧洲银行的资金（欧元）需要划转到俄气公司在俄气银行开设的欧元账户上。其次，俄气公司通过结汇将俄气银行欧元账户上的欧元兑换成卢布账户上的卢布。这一兑换过程俄罗斯央行是俄气银行的中央对手方，相当于欧元最终流向了俄罗斯央行在欧洲央行支付系统中开立的账户。在俄罗斯央行被制裁后，俄气公司获得的欧元（由俄罗斯央行账户持有）最终处于冻结状态，但是在欧元结算模式下俄气公司必须继续履行合同。

为了绕开美西方的金融制裁，继续向俄罗斯金融体系注入欧元。俄罗斯总统普京在"卢布结算令"中要求，购买俄罗斯天然气的外国公司必须在俄气银行开立特殊外币账户和特殊卢布账户。外国买家的资金（欧元或美元）汇入特殊外币账户后将进入通过莫斯科交易所（Moscow Exchange）的外汇市场，兑换为卢布流入特殊卢布账户。在外国买家通过特殊卢布账户支付俄气公司后，天然气合同才最终生效，俄气才可以向对方输出天然气。在整个兑换过程中，俄气银行将担负起俄罗斯央行的作用。其他不受美西方制裁的个人、企业、金融机构可以在俄气银行开立账户，使用从莫斯科交易所兑换到的欧元（见图3-3）。

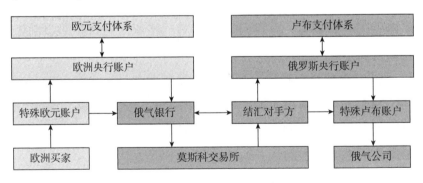

图3-3　"卢布结算令"下资金划转流程

（资料来源：根据公开资料整理）

"卢布结算令"反映出俄罗斯跨境支付困境面临的两大困境：一是央行被制裁后，俄罗斯跨境支付体系缺乏支点。中央银行作为"银行的银行"和最终结算机构，在现代经济的支付、清算和结算系统中发挥着关键的作用①。俄罗斯现代支付体系是在俄罗斯央行主导下建立的，无论是跨境支付，还是跨境结算，都需要围绕央行资金和央行账户运转。二是按照货币清算原则，欧元只会在欧元体系内清算，也只存放于欧元区的银行体系内②。因此，俄气银行账户上的欧元仍然随时可能遭到美西方的冻结。

3.3.2 摧毁俄罗斯海外收入来源

对于一个常年发动战争的国家而言，美国十分清楚战争需要消耗大量资金。因此，美西方对俄罗斯金融制裁的一项重要内容就是摧毁俄罗斯的海外收入来源。如果将俄罗斯视为一个整体，其国际收支（International Balance of Payment）账户体现了俄罗斯在国际市场上的收支表现。相应地，美西方一方面限制俄罗斯从国际资本市场上融资，即限制俄罗斯在资本和金融账户上的收入；另一方面限制俄罗斯对外贸易出口，即限制俄罗斯在经常账户的收入。

1. 资本和金融账户：金融制裁限制融资

事实上，切断俄罗斯跨境支付的能力，就已经从资金流动层面限制了俄罗斯的融资能力，但是美西方还是进一步从四个维度明确了如何限制俄罗斯从国际资本市场上融资。

首先，禁止俄罗斯官方部门从美西方资本市场上融资。在顿涅茨克州和卢甘斯克州宣布独立后，美国和欧盟在第一轮金

---

① Tom Kokkola. The Payment System：payments，securities and derivatives，and the role of the eurosystem［M］. European Central Bank，2010.

② 施琍娅. 析人民币跨境问题上的五大认识误区［J］. 上海金融，2010（3）.

融制裁中就命令禁止俄罗斯联邦中央银行、俄罗斯联邦国家财富基金或俄罗斯联邦财政部发行的债券在欧美资本市场上发行或在二级市场上流通。随后这一禁令扩大至俄罗斯国有企业，以及与俄罗斯精英关联的企业。在风险厌恶特质的驱动下，国际资本在禁令出台时纷纷撤出与俄罗斯有关的几乎一切海外金融资产，并且开始在俄罗斯本土资本市场抛售金融资产，从而进一步强化了这一禁令的效果。

其次，禁止对俄罗斯直接投资。就国家收支的角度而言，直接投资是外汇储备的一项较为稳定来源。美国、欧盟等西方国家禁止本国资本对俄罗斯整体或某些行业进行直接投资，严重削弱了俄罗斯获取外部资金的能力。虽然，美西方的投资禁令只针对增量部分，但是美西方金融制裁带来的破坏力，以及随之而来的"寒蝉效应"导致西方企业纷纷撤离俄罗斯，以至于俄罗斯不得不出台限制西方企业出售资产和股份的禁令，来维持西方对俄罗斯直接投资的存量部分。

再次，禁止对俄罗斯提供金融服务。美国、欧盟等西方国家普遍禁止本国金融服务机构向俄罗斯提供相关金融服务。跨国投融资往往需要咨询、经纪、评级、法务、税务等各类金融服务，这些服务的提供方通常是活跃在国际投融资市场的各类西方金融服务机构。因此，在缺乏国际金融服务的情况下，俄罗斯政府、企业和个人很难继续从国际资本市场上获取资金。

最后，限制多边机构对俄罗斯投融资。美国、欧盟、英国、加拿大、法国、德国、意大利和日本宣布采取行动，限制多边金融机构对俄罗斯投融资。七国集团（G7）领导人表示将确保俄罗斯无法从国际货币基金组织和世界银行等主要多边金融机构获得融资，"俄罗斯不能严重违反国际法，并期望从成为国际经济秩序的一部分中获益"。

美西方针对俄罗斯融资能力的一系列金融制裁很快就反映在其国际收支的资本项目上。俄罗斯央行的数据显示，2022年第一季度，海外资本整体呈全面净流出状态，其中，对俄罗斯直接投资净流出138亿美元，对俄罗斯组合投资（Portfolio Investment）净流出104亿美元，对俄罗斯其他投资（Other Investment）净流出14亿美元。

2. 经常账户：贸易制裁辅助金融制裁

从定义来看，贸易制裁独立于金融制裁，两者都是经济制裁的一部分。但是，在本轮美西方制裁俄罗斯的过程中，贸易制裁更多地作为一项金融制裁的辅助工具，一方面在经常账户层面限制俄罗斯的收入来源；另一方面切断俄罗斯和西方的物质依赖关系，彻底断绝双方金融往来的需求，从而完成对俄罗斯金融体系的整体封锁。

在贸易制裁方面，美西方采取的策略有三：一是主动设置贸易壁垒。在无法取得世贸组织的普遍共识下，七国集团领导人跳出多边合作框架，单方面表示同意剥夺俄罗斯作为世贸组织成员的权益，并且取消了俄罗斯的最惠国待遇。此外，美西方还对俄罗斯设置了许多"隐性贸易壁垒"，例如禁止俄罗斯货物运输车辆或轮船的通行，拒绝为俄罗斯跨国商贸活动提供贷款或保险等。二是重点打击俄罗斯国家部门的对外出口拳头产品。俄罗斯国家收入很大程度上取决于对外出售能源、食品等大宗商品。因此，美国及其盟友多次颁布禁令，限制从俄罗斯经济的几个标志性行业进口商品。三是削弱俄欧能源依赖，加强美欧能源安全绑定。如今，欧洲对俄罗斯能源的依赖已经成为美西方对俄罗斯金融制裁的最大漏洞。在美国的推动下，欧盟已经设置了逐步降低对俄罗斯能源依赖的时间表，同时美国也在不断加强对欧能源输出，增强美欧能源安全领域的绑定关系。

　　然而，美西方尤其是欧洲很难在短时间内摆脱对俄罗斯能源、食品等大宗商品的依赖，同时限制俄罗斯对外贸易也推高了全球通胀，对美西方经济复苏造成严重冲击。为此，美国不得不放松贸易制裁的力度。2022 年 6 月 16 日，美国财政部海外资产控制办公室（OFAC）出台了最新版《俄罗斯通用许可-第 8c 号》（Russia-related General License 8c），《通用许可》GL-8c 授权了俄罗斯 7 个大型实体及其实际控制的实体与能源有关的所有交易。此举将之前的 6 月 24 日到期的通用许可证延长了近六个月，允许美国金融机构可以处理与俄罗斯能源有关的交易，以尽量减少对全球能源市场的进一步干扰。此外，对俄罗斯制裁导致燃料、食品和化肥成本上涨引发全球公众愤怒后，美国财政部发布说明澄清，与俄罗斯有关的农业商品（包括化肥）、农业设备、医疗药品不是美国制裁的目标。声明还强调，美国"强烈"支持联合国将俄罗斯和乌克兰的谷物带入世界市场。2022 年 7 月 14 日，OFAC 颁发了一份与俄罗斯有关的"通用许可证"，授权农产品和农业设备、药品和医疗设备等相关类型产品的交易，目的是减少制裁对农产品价格的冲击。

　　从短期效果来看，贸易制裁没能在经常账户层面有效地限制俄罗斯的收入来源。由于进口受限，同时出口遭遇西方国家抢货建储，并叠加大宗商品涨价，在贸易制裁下俄罗斯的经常账户盈余不降反增。俄罗斯央行的最新数据显示，2022 年的 1 月至 6 月，俄罗斯的经常账户盈余高达 1385 亿美元，约为 9322 亿元人民币；第二季度的经常账户盈余则为 701 亿美元，约为 4718 亿元人民币，创下新的纪录，成为从 1994 年以来最高。

当然，从长期效果来看，欧洲对俄罗斯能源、食品等大宗商品的依赖正进一步下降。这将导致俄欧在经济上长期割裂，美西方对俄罗斯金融制裁的效果也将因此进一步加强。

3. 贸易制裁效果凸显金融制裁短板

在贸易制裁中，美西方并没能真正地从经常账户层面切断俄罗斯的国际收入。尽管美西方已经在竭尽全力遏制俄罗斯对外出售大宗商品，但是俄罗斯的能源等大宗商品在欧洲市场乃至在全球市场占据着重要位置，短时间内欧洲仍要从俄罗斯进口能源等产品，而且美西方也无法切断全球其他国家对俄罗斯大宗商品的需求。

美西方对俄罗斯贸易制裁效果不佳，凸显了金融制裁的一大短板，即金融是建立在实体经济之上的，金融层面的限制可以影响实体经济，反过来，实体经济的联系也会作用于金融领域。俄罗斯或许在国际金融体系中无足轻重，或者说缺乏系统重要性，但是在全球贸易中，俄罗斯在许多领域都扮演着重要的角色。

首先，俄罗斯是能源出口大国，美国能源信息署的数据显示，2021 年，俄罗斯是世界上最大的天然气出口国，是仅次于沙特阿拉伯的世界第二大原油和凝析油出口国，仅次于印度尼西亚和澳大利亚的世界第三大煤炭出口国。此外，俄罗斯是石油输出国组织（OPEC）与非 OPEC 产油国联盟"OPEC+"的重要成员，在全球原油供给方面具备较大话语权。

其次，俄罗斯是全球主要粮食出口国之一。俄罗斯农业资源丰富，根据联合国粮食及农业组织（FAO）统计，俄罗斯耕地面积约为 1.2 亿公顷，仅次于美国和印度。根据 FAO 发布的《乌克兰和俄罗斯联邦对全球农业市场的重要性以及与当前冲突有关的风险》报告，俄罗斯和乌克兰是世界上最重要的农产品生产国之一，两个国家都是农产品净出口国，在全球食品和化肥市场上都发挥着主要的供应作用。2021 年，俄罗斯或乌克兰两者跻身全球小麦、玉米、油菜籽、葵花籽和葵花籽油的前三大出口国之列，而且俄罗斯也是全球最大的氮肥出口国、第二大钾肥供应国和第三大磷肥出口国。

最后，俄罗斯在一些细分领域也是全球供应链不可分割的一部分。例如，俄罗斯为全球半导体生产提供了必不可少的惰性气体。根据服务机构 Dezan Shira & Associates 的统计，俄罗斯和乌克兰共同为世界市场提供 50%～55% 的惰性气体，其中乌克兰生产惰性气体的原材料部分来自俄罗斯。近年来，医疗保健、航空航天、汽车、深海勘探等领域的惰性气体需求不断增长，提升了俄罗斯产品在全球供应链的重要性。

3.3.3　冻结俄罗斯海外资产

1. 冻结俄罗斯海外资产的方式特点

俄乌冲突爆发后，以美国为首的西方政府几乎冻结了俄罗斯政府能够动用的所有海外资产，打击面涵盖俄罗斯国家外汇储备、部分俄罗斯企业海外资产以及部分俄罗斯个人的海外资产。在冻结俄罗斯海外资产方面，美西方的金融制裁具备以下特点：

一是从制裁俄罗斯央行入手。2 月 26 日，美国和欧盟、法国、德国、意大利、英国、加拿大的领导人发布联合声明，宣布限制俄罗斯动用外汇储备的能力。2 月 28 日，美国财政部宣布，"禁止涉及俄罗斯联邦中央银行，俄罗斯联邦国家财富基金和俄罗斯联邦财政部的交易"。随后，欧盟等美国盟友纷纷跟进。至此，俄罗斯悬于海外的外汇储备大部分遭到冻结。据俄罗斯塔斯社 3 月 13 日报道，俄罗斯财政部长安东·西卢安诺夫当天接受俄电视台采访时表示，由于受到西方国家制裁，俄罗斯约 3000 亿美元的黄金和外汇储备已被冻结，这占到了俄罗斯国际储备总额的将近一半。

二是重点打击国有资产。除了冻结外汇储备，俄罗斯的国有企业（SOE）也是制裁的重点，例如全球最大的钻石开采公司阿尔罗萨（Alrosa）、俄罗斯最重要的造船厂联合造船公司（USC）等俄罗斯国有企业的海外资产在俄乌冲突爆发后很快被美国政府冻结。事实上，自 2014 年克里米亚战争爆发以来，俄罗斯国有企业就时常受到美国的制裁威胁。根据名为"冻结俄罗斯联邦政府指定的有害外国活动的财产"的美国总统第 14024 号行政命令，美国已经冻结了俄罗斯 461 家实体的海外资产，其中有相当一部分属于俄罗斯国有企业。

三是针对俄罗斯精英层的倾向十分明显。"个人财产神圣而不可侵犯"，除非你的行为触犯到美国的国家利益。为了针对俄罗斯精英层，2022 年 3 月 16 日，美国与澳大利亚、加拿大、德国、法国、意大利、日本、英国和欧盟共同启动了"俄罗斯精英、代理人和寡头多边工作组"（the Russian Elites, Proxies, and Oligarchs multilateral task force，REPO 多边工作组）。美国财政部最新公告显示，REPO 多边工作组经过广泛协调，目前已封锁或冻结了价值超过 300 亿美元的受制裁的俄罗斯人在金融账户和经济资源中的资产；冻结或扣留受制裁的俄罗斯人持有或控制的游艇等船只、豪宅等固定资产；限制俄罗斯精英进入全球金融体系的机会。

2. 美国冻结他国海外资产的流程和处理措施

金融制裁中冻结资产的操作由美国财政部海外资产控制办公室（OFAC）实施。OFAC 冻结的资产范围很广，包括：

（1）特别指定国民名单（SDN）的银行账户或资金，或制定目标政府的银行账户或资金；（2）直接或间接从美国出口到被禁止的外国或其国民的物品、用品和货物；（3）直接或间接进口到美国的物品、用品或货物（这些物品、用品或货物来自被禁止的人或来自目标国的原产地）；（4）属于 SDN 或指定的外国政府或 SDN 在其中拥有权益的任何资产或财产，且这些资产或财产位于美国或美国控制的地区。

美国的金融制裁往往通过清单化的方式执行。在资产冻结方面，金融机构在与客户交易时会对照包括特别指定国民名单、综合制裁名单（Consolidated Sanctions List）、其他制裁名单（Additional OFAC Sanctions Lists）在内的 OFAC 制裁名单，一旦发现客户上榜，就会终止交易，并在 10 个工作日内将资产冻结的详细报告提交至 OFAC，这样一来就从技术上冻结了受制裁对象的金融资产。

需要指出的是，银行等金融机构在进行放贷等业务时有义务进行尽职调查，确保其服务对象不在被制裁的清单上。如果相关金融机构未能检查 OFAC 的制裁清单并充分尽调而导致违反美国制裁法规，则可能面临民事和刑事处罚（包括高达数百万美元的罚款和长达 20 年的监禁）。因此，在发放信贷或进行金融交易之前，金融机构的风控合规部门都会慎之又慎，积极配合 OFAC 的资产冻结工作。

当受制裁人的资产被冻结后，从资产归属情况来看，被冻结资产仍属于受制裁人。但是，如果 OFAC 或其他联邦机构在联邦法院单独提起没收诉讼，那么被冻结资产的所有权就有可能移交给联邦政府。例如，2021 年 9 月，约 150 名 "9·11" 事件受害者的家属获得了法官批准，向联邦储备银行法律部门发出了 "执行令"，要求没收这部分资产。2022 年 2 月 11

日，拜登总统正式签署了一条行政命令，宣布从美国的 70 亿美元阿富汗资产中拨出 35 亿美元留在美国，赔偿给 "9·11" 事件受害者家属，另一半转移至纽约联邦储备银行的一个账户，用于帮助 "阿富汗人民"，这些资产不会交还塔利班。所以说，资产被冻结后，美国有能力侵吞这些资产。即使不没收被冻结资产，美国也能长期冻结相关资产。例如，1979 年，时任美国总统卡特签署行政令冻结的约 120 亿美元伊朗在美资产至今仍没解冻。

当然，OFAC 也提供解冻资产的方法，即获取 OFAC 许可证。根据规定，任何寻求释放财产的实体或个人都必须向 OFAC 申请释放被冻结的资产，但是 OFAC 处理申请的时间可能高达半年甚至更久。

3. 俄罗斯避免外汇储备被冻结的失败之处

在 2014 年克里米亚战争爆发之后，美西方对俄罗斯采取了一系列金融制裁。因此，在发动对乌克兰的特别军事行动之前，俄罗斯也在尽全力保护海外资产，其中最重要的一部分就是俄罗斯国家持有的外汇储备。

自 2018 年以来，俄罗斯央行开启了去美元化进程，其美元外汇储备很快从 45% 左右下降至 20% 左右。截至 2021 年 6 月底，俄罗斯约 41% 的外汇储备（不包括黄金）为欧元、21% 的外汇储备为美元、16.7% 的外汇储备为人民币。俄罗斯央行的报告显示，按地域划分，俄罗斯大部分外汇储备（非黄金）位于中国（18%）、法国（16%）、日本（13%）和德国（12%）。

然而，俄罗斯还是低估了美国实施金融制裁的决心和力度。从俄罗斯仍留有一部分美元外汇储备来看，俄罗斯虽然预感到美国可能会冻结其外汇储备，但总体上认为这种可能性并不高。事实上，在反制裁方面，俄罗斯方面做的最大努力是构建了一套自主可控的金融报文系统，以替代 SWIFT，并强化了双边结算安排。令俄罗斯没有想到的是，美国直接对俄罗斯央行下手，还冻结了俄罗斯的外汇储备。要知道，此前国际清算银行（BIS）63 家央行会员中未曾有一家成为过金融制裁的目标。

另一个让俄罗斯没想到的是，美国的盟友们会积极配合美国的金融制裁。从俄罗斯把外汇储备中的美元资产转换为欧元和日元可以看出，俄罗斯高估了欧盟对俄罗斯能源的依赖程度，也低估了日本"以小犯大"的勇气，从而不认为美国的这些盟友会响应美国的金融制裁政策。这就导致俄罗斯将外汇分散化储备的策略并没有提高外汇储备的安全性。余永定认为，这两个"没想到"是俄罗斯外汇资产被大量冻结的主要原因①。

可以说，大国金融博弈是一场没有硝烟的战争，任何人都不能寄希望于对手的仁慈。对于防守或者弱小的一方而言，在面临金融制裁的打击或威胁时，不仅要未雨绸缪，而且要料敌从宽。

---

① 余永定. 金融"武器化"的启示［J］. 中国经济周刊，2022（9）.

第4章 第四次科技革命中的百年未有之金融博弈

在第四次科技革命的推动下，开启了科技与金融的深度融合，金融科技①这一新的概念由此诞生。英国凭借"金本位制"成为全球金融中心。第二次世界大战后，美国建立布雷顿森林体系以及石油—美元体系，奠定了美元全球货币的地位，以及美国的金融霸权。如果说这两次金融中心之战，中国错失机遇，那么如今在第四次科技革命的推动下，我国金融科技的发展已经同西方国家站在同一起跑线上，并在移动支付等一些领域处于"领跑"地位。从整体来看，第四次科技革命下的金融发展以互联网为载体、以数据为原料、以前沿技术为驱动，货币运转体系、金融服务模式、金融监管方式等呈现出了鲜明的特征，以中美为代表的大国正在金融数字生态、数字货币、跨境支付等相关领域展开激烈博弈。为此，我国应推进金融机构数字化转型，构建自主可控的安全体系；打造开放包容有弹性的金融体系，提高金融服务科技创新的能力；加强必要

---

① 目前，技术与金融的融合出现了金融科技和数字金融两个概念。现有的研究并未对金融科技和数字金融二者的区别作出明确阐释，学术界尚无数字金融的标准定义，而在众多国际、国内的官方文件中频繁提及的是"金融科技"一词，例如，2015年全球金融稳定理事会（FSB）首次阐释了金融科技的概念，中国人民银行发布《金融科技（Fin-Tech）发展规划（2019—2021年）》《金融科技发展规划（2022—2025年）》等。因此本章节采用金融科技的概念。

的金融监管协调，守住不发生系统性金融风险的底线；夯实
"数字丝绸之路"的金融基础，促进资金融通。

4.1　新技术成为金融变革的重要驱动力

4.1.1　影响金融发展的技术变量

随着第四次工业革命的推进，技术已经成为影响金融发展
的最主要变量之一。技术对金融的变革主要从三个层面展开：
最底层是数据，数据为技术的发展提供"原材料"。随着互联
网的发展，数据量得到了爆发式的增长，物联网的发展使边缘
端、终端等场景化的数据采集成为可能，更是从多维度加剧了
数据的积累；再往上层是算力，算力为技术发展提供基础设施
支撑。算力层包括芯片、云计算中心、数据中心、开源框架
等。美国在通用芯片和人工智能、量子计算技术的算力方面保
持优势地位，并在芯片领域同中国进行脱钩以维持自身竞争
力；再往上层是算法，算法为技术发展提供模型、方法，驱动
前沿技术的不断迭代。区块链、人工智能、物联网、移动互联
等不同的技术，其区别在于有不同的算法或者算法组合，因此
这些技术的金融应用场景也有很大区别、对金融业的变革也呈
现出不同的特点。

1. 数据是最基本的"原材料"

近年来，全球数据规模持续增长，IDC预计2010—2021年
数据呈现爆发式增长态势，2020年全球数据量为60ZB，预计
2025年全球数据量将达到175ZB。2021—2025年，全球数据规
模的复合增长率约14%。大规模的数据要想真正实现对实体经

济的赋能，需要建设数据价值链。数据价值链是从数据到经济产能的转化链条。这个链条包含三大环节：一是数据到数据要素的转化。这个过程需要经历数据—数据资源—数据要素，即具备使用价值的数据才可成为数据资源，具备生产价值的数据资源则成为数据要素。在数据要素化的过程中，也伴随传统要素的数据化，即土地、资本、技术、劳动力要素与数据要素相融合，释放出更大的数字要素潜力。二是数据要素到实体产业的转化。这个过程需要经历数据要素—数据资产—实体产业，即数据要素经过确权成为可流通的数据资产，通过明晰数据资产的定价、流通、交易、分配机制，并构建有效的数据要素市场，使数据的价值真正转移到实体产业中。三是实体产业向数据资源的反向转化。借助物联网、大数据、人工智能等前沿技术，可以将伴随实体经济发展而产生的海量、真实、客观的数据进行收集利用，从而丰富可利用数据的规模（见图4-1）。

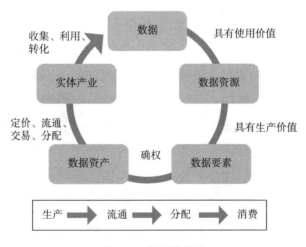

图4-1　数据价值链

（资料来源：笔者自制）

2. 算力提供基础设施底层支撑

在数字经济时代下，算力是提高生产力的重要环节之一，每一项前沿技术研发落地的背后都需要庞大的算力资源作为支撑。整个算力体系按照算力服务的需求可分为基础算力、智能算力和超算算力。底层是芯片，包含 CPU、GPU、FPGA、ASIC 等，是承载算力最基本的物理载体，比如 CPU 提供基础算力、GPU、FPGA、ASIC 提供智能算力、超级计算机高性能计算集群提供超算算力。基础层是算力的基础设施，包含数据中心、智能计算中心、超算中心等。它不是服务器的简单物理集合，而是对应上述三种算力服务需求提供特定的功能。中间层包含云计算服务、开源框架等，可以在上面利用硬件的资源完成软件开发的工具。服务层是按照应用场景的性质不同，包含云端（数据中心等）、边缘端（安防等）、终端（自动驾驶、消费电子等）（见图 4-2）。①

服务层	云端　　边缘端　　终端
中间层	云计算中心　　　开源框架
基础层	数据中心　智能计算中心　超算中心
底层	芯片（CPU GPU FPGA ASIC…）

图 4-2　算力架构框架

（资料来源：笔者自制）

根据《2021—2022 年全球算力指数报告》，美国和中国的算力综合实力分列全球前两位，且明显高于其他国家。同时，中国的算力综合实力增速明显高于其他国家，位居全球第一；美国超大规模数据中心逐步扩大规模优势，保持全球第一地位，并且在云服务提供商的推动下，美国数据中心整体能效

① 中国信息通信研究院. 中国算力指数发展白皮书［EB/OL］.（2021-10）. 2021 年 10 月。http://www.caict.ac.cn/kxyj/qwfb/bps/202109/t20210918_390058.htm.

实现提升。中国数据中心规模稳居全球第二，数据中心能效水平有待提升；美国数字科技巨头主导开源框架技术生态，中国数字科技企业近年来也不断创新。国际上广泛使用的深度学习开源框架包括 Google、TensorFlow、Meta PyTorch、Amazon MX-Net 和微软 CNTK 等，均为美国企业开发，中国的深度学习开源框架主要包括华为 MindSpore、百度 PaddlePaddle、腾讯 TNN、阿里 MNN、字节跳动 BytePS 以及小米 Mace 等，已初步应用于工业等场景。

美国拥有完善的芯片产业生态，在芯片产业链的"微笑曲线"上占据着附加值高的研发、销售环节，依靠"链头"企业的地位获取丰厚的利润。中国的优势在于拥有芯片制造环节的完整产业链，随着国际形势的复杂化，全球产业链可能会遭受"断链"风险，中国制造的这一优势正在发挥着越来越重要的作用；云计算领域，谷歌、亚马逊、微软、苹果等美国科技巨头近几年的市值一路上扬，目前均已达到万亿市值。阿里巴巴、腾讯集团、百度集团等中国科技巨头近几年快速成长但市值相对不稳定，目前阿里巴巴和腾讯集团市值已达千亿级别，但是百度集团的市值只有 500 亿美元左右，整体上同美国科技巨头还存有一定差距。

3. 算法驱动前沿技术的不断迭代

在大规模数据赋能以及高质量算力的支撑下，算法将不断发展并推动前沿技术的快速创新。不同的算法模型组合研发出了不同的前沿技术。人工智能解放人的大脑，5G、6G 等叠加物联网实现万物互联，区块链重塑信任机制，量子信息助力金融风险实现精确定价等。未来，随着数字技术赋能消费互联网发展的红利见顶，由消费互联网向产业互联网的革命将加速演进，科技赋能金融、服务实体经济的高质量发展将是智能金融主要发展方向。在这个过程中，金融业需要解决的核心问题是如何优化现在的金融服务体系，通过采集百行百业的生产真实数据，使金融服务可以做到高效的挖掘价值、评估价值并扩大价值。从金融赋能实体经济这一角度出发，代表金融未来的技术包括5G与物联网、人工智能、区块链等。

5G与物联网大幅扩大数据采集的半径。目前，金融业数据的获取途径是非常有限的，依靠资产负债表判别资产质量具备主观性、滞后性，5G与金融业的结合基础是可以发挥基础设施的功能，进而大幅提升金融感知能力，使金融决策由意识驱动向数据驱动转变。另外，5G可以释放物联网的巨大潜力。通过5G使数以万计的实物成为万物互联的一个个节点，这些实物的购买、使用、处置等各种动态信息将被高效、快速地反馈，成为金融信息获取渠道的重要补充。

区块链为小微金融服务提供新手段。区块链的本质上是一种去中心化的分布式数据库，可以把区块链比作一种"账本"。传统账本由一方"集中记账"，这种新式"账本"则可以在互联网上由多方参与、共享，各参与方都可以"记账"并备份，而每个备份就是一个"区块"。这种"集中记账"使得记录在区块链上的信息难以被篡改，因此它创建了一种新的信任机制，也在金融领域有了更广阔的应用前景。目前，供应链金融已经成为小微企业获取金融服务的新途径，而区块链技术在供应链金融领域的渗透率较高，相关应用正在加快落地。区块链通过对信用凭证的拆分、流转，使供应链金融链条上的"长尾"企业可以获得核心企业的信用背书，进而提升链上小企业的融资能力。

人工智能开启金融服务全链条的智能化。人工智能是指通过计算机程序，在各类机器载体上实现类似人类智能的技术，包括感知、学习、推理、交流等。人工智能以其在机器学习、语音处理、图像识别、文字提取等方面的强大能力，正在逐渐渗透金融业务全价值链，不断拓展金融服务的广度和深度。具体来看，人工智能与金融行业的融合体现在产品创新、精准营销、智慧运营、风险控制等环节，在智能投研、智能投顾、智能客服、智能营销、智能运营、智能合规、智能理赔、智能身份识别、智能风控等细分领域全面赋能金融业创新发展。

4.1.2　前沿技术引发金融变革的逻辑

前沿技术对金融业的变革是全方位的，技术可以触及金融最本质的信用层面。借助新技术，可以缓解信息不对称，重塑金融信用机制。这种金融信用机制不借助人工、不占用资产、不依靠第三方，而是通过挖掘金融需求方本身的内在价值实现"自我增信"。在完善现代金融信用根基的基础之上，金融的"触角"可以大幅延伸，正如布莱特金所著的《银行4.0》一书中所言，金融服务无处不在，就是不在银行网点。如此，金融服务的边界彻底被打破，金融将真正成为人们身边可随时获取的服务。最终，科技与金融的深度融合是帮助普惠金融实现市场化定价与商业可持续的必要途径，如此，大量的中小微企业才能真正获得资金支持，我国的实体经济才有活力。

1. 筑牢现代金融体系的信用根基

如今，在第四次科技革命下，新一代信息技术快速迭代，技术推动金融的创新已经不限于渠道扩展，而是开启了由内到外的全方位变革，最重要的是正在触及金融最本质与最底层的信用层面。金融业的本质是经营风险的行业，金融风险则源自市场中的信息不对称。借助新一代信息技术，可以对大量信息进行收集、分类与处理以提升对碎片化数据的感知能力、提高对另类数据处理的效率、促进各端口数据的开放共享，从而有效缓解信息不对称问题。更进一步地，前沿技术的应用可以将纷繁多样的、看似无关联的信息转化成信用的评定维度，摆脱现在金融机构依靠担保、抵押等传统的增信手段。以我国农村地区为例，我国农村地区由于存在金融机构运营成本高、基础设施薄弱、征信及担保抵押不足等因素，导致农村金融供给明显不足，另外，农信社、农商行等农村金融服务机构因缺乏与农业产业链紧密结合，从而无法获取农村资产的真实价值，使金融服务出现缺位的现象。科技的应用为破解这一问题提供了有效手段，例如金融机构借助温度探针、卫星遥感等新兴科技，对农产品的生长态势持续监测，运用机器学习、深度学习等算法综合建模，丰富涉农主体信贷风险评价维度。因此，从这个角度说，技术本身即提供了一种强有力的增信方式，这种方式不借助人工、不占用资产、不依靠第三方，而是通过挖掘金融需求方本身的内在价值实现"自我增信"，使得金融业务开展可以在不提高风险的情况下降低成本、提高收益，或者在控制成本、保证收益的情况下降低风险发生的概率。

可以大胆想象的是，随着信用体系的逐步完善，资金供需双方对金融中介的依赖程度逐步减弱。当下，覆盖人们日常生活的社交、出行、美食等互联网平台逐步嵌入金融服务，人们发现资金融通、财富管理、支付结算等金融需求得到了满足，已经可以逐步脱离金融中介，金融中介已经退回到仅是一个资金通道的作用，或者说并不会在整个金融价值转移的过程中占据主导地位。

2. 构建金融生态圈

随着互联网从 PC 端迁移到移动端，金融机构的服务变革

大致经历了由线及面的两大发展阶段：第一大阶段是金融渠道的线上拓展。此阶段，只是丰富了获取金融服务的线上渠道，金融机构提供金融服务依然是依靠被动地等待客户"上门"。以银行为例，获客方式最初是通过网点，随着网银的出现，人们逐渐可以从电脑上获取金融服务。再随着移动互联网的普及，逐渐可以通过手机获取金融服务。第二大阶段是场景金融或生态金融。此阶段，金融机构转被动为主动，一是自建场景，如打造 App，把其打造为一个电商平台融入更多的消费场景，以增加客户黏性。二是主动融入更多场景，通过与更多的非金融平台建立连接，不断拓展金融服务的边界，二者形成互补互促、共生共荣的态势。

目前，研究的最多的是场景金融，场景金融即将金融服务走出网点，将其触角更多地延伸到多样的场景之中，包括出行、购物、餐饮、租赁等消费场景，使人们在消费的过程中就可以获取金融服务。开放金融研究的相对较少，有学者认为，开放金融是场景金融的延伸，更多地体现为数字化时代金融服务提供模式的转变。如果单从场景和应用的角度来讲，开放金融同场景金融实际上并无二致①。"生态金融"这个词也提得相对较多，但更多的是和场景金融混为一谈，认为金融生态圈是指商业银行通过互联网、云计算和大数据等金融科技的赋能，借助搭建的各类平台和研发的特色产品，以低频的金融服务为基础，深入各个高频的非金融服务场景中，例如交通、住建、医疗、教育等领域，形成一个以客户需求为导向，为客户提供满足生活各个场景需求的综合化金融服务生态系统。生态金融区别于场景金融最重要的一点在于打通场景数据。在非金融平台场景与金融机构服务反馈机制通畅的情况下，要横向

---

① 杨涛. 从开放银行到开放金融的变革探讨［R］. 中国信用卡，2021.

打通各个场景的数据，包括零售端、对公业务、政府业务等场景，既做到各类场景内部的打通，更要做到各类场景之间的打通。

3. 实现普惠金融目标

在传统金融体系下，金融的价值发现机制是被抑制或者被扭曲的。金融机构大多倾向于服务大型企业、传统企业等经营风险低的企业，导致金融资源分配的不均等、结构严重失衡。一方面得到金融机构青睐的大企业由于发展效益同自身金融杠杆不相匹配，导致金融风险的大量累积；另一方面，大量的长尾客户由于缺乏资金支持，阻碍了自身发展，或者借道影子银行等非正规金融渠道，反而加剧了金融风险的累积。在技术推动下，通过完善金融的价值发现机制，金融将更加回归服务实体经济的本源，金融对于实体经济的赋能也将更加均衡和可持续。最典型的是科技企业，由于科技企业的轻资产、高投入、慢回报的特性，其常被排除在传统金融服务体系之外。我国若通过行政手段干预推动金融机构为科技企业提供融资，虽能解一时之难，但是从长远看，由于违背商业可持续原则，科技企业从根本上并不会走出融资困境。借助技术手段，科技企业的价值有望被正确评估，有助于形成对于科技企业的金融风险定价机制与风险防控机制，随着资本与技术双向赋能的循环逐步建立完善，科技企业的融资将具备可持续性。

4.1.3　由 Web2.0 时代到 Web3.0 时代的金融

Web3.0 时代是一个人人自治的时代，在 Web3.0 时代，每个人的主动性、创造性将得到充分释放。Web2.0 时代创造了平台经济，使每个人都可以以较低的价格享受到便捷的服务，但这个是有代价的，即消费者的个人隐私面临泄露问题，市场面临垄断带来的"大而不能倒"问题，消费者的合法权益存在被侵害的可能性。Web3.0时代依靠"去中心化"，将创建一个更加公平、更加安全的社区。在这里，享受金融服务所产生的负面溢出效应有望降低并得以消除。

1. 什么是Web3.0

在信息技术革命下，互联网作为基础设施正呈现向下一代互联网Web3.0时代演进的趋势。2021年美国"脸书"（Facebook）公司宣布正式更名为"Meta"（"Meta"是Metaverse"元宇宙"一词的前缀）进军元宇宙。这吸引了全世界人们对于元宇宙所代表的Web3.0互联网时代到来的关注。Web3.0时代最为显著的贡献是在区块链技术的驱动下，一种新型的基于互联网的信任机制正在建立。一方面，用户将拥有更多的自主权。建立用户的身份自主权，用户自主管理身份，而不是将身份绑定在互联网平台的各个账户上；赋予用户真正的数据自主权，打破了中心化模式下数据控制者对数据的天然垄断；提升用户在算法面前的自主权，不依赖特定中心，天然的开放性和开源性极大地增强了终端用户对算法的掌控能力，避免算法歧视。可以说，Web1.0为"可读"（read），Web2.0为"可读+可写"（read+write），Web3.0则是"可读+可写+可拥有"（read+write+own），这意味着用户在互联网上的权利被逐渐扩大，从最初的被动接受内容到主动创造内容再到拥有内容。另一方面，Web3.0构建了安全可信的价值互联网。Web1.0和Web2.0仅是信息网络，虽然可以传播文字、图片、声音、视频等信息，但缺乏安全可信的价值传递技术支撑，因此无法点对点发送价值（如数字现金），还是需要依赖可信机构的账户系统。Web3.0下的分布式账本创造了一种高度安全可信的价值传递技术。它以密码学技术为基础，通过分布式共识机制，完整、不可篡改地记录价值转移（交易）的全过程。①

2. Web3.0 金融版图的畅想

在互联网向更加高级的形态进行升级的过程中，经济金融模式将发生翻天覆地的变化。Web2.0 时代以平台经济为代表，涌现了一大批互联网厂商开发和控制的各种互联网平台，它的本质仍然是中心化管理。Web3.0 时代是以去中心化自治组织（Decentralized Autonomous Organization，DAO）为治理环境、以智能合约为自动执行机制的数字经济形态为代表。同样，这对金融行业的影响将是革命性的。Web2.0 时代涌现了很多的金融业态，在我国称之为"互联网金融"时代，典型的是 P2P、众筹等。需要说明的是，虽然我国已经完全禁止 P2P 业务，但是在欧美，P2P 业务仍然是传统金融信贷业务的重要补充，SoFi、Prosper 和 On Deck 等 P2P 公司依然处于发展之中。

在后"互联网金融"时代，大科技企业涌入进来，并提供支付、信贷等金融服务。支付领域，大型科技公司的支付平台目前有两种截然不同的类型。第一种类型是以美国企业为代表的"叠加"系统，用户依赖现有的第三方基础设施，如信用卡或零售支付系统，来处理和结算支付，如 Apple Pay（苹果支付）、Google Pay（谷歌支付）、PayPal（贝宝支付）。第二种类型是以中国企业为代表的"专有"系统，用户可以在大型科技公司专有的系统上进行处理和结算支付，如支付宝、腾讯支付。另外，在跨境支付业务方面，美国大型科技公司，如 Facebook 正在考虑依托 Libra 在全球范围内为他们的客户提供支付服务。支付宝香港（蚂蚁金服和 CK 和记黄埔的合资企业）

---

① 姚前.Web3.0：渐行渐近的新一代互联网［J］.中国金融，2022（6）.

和 GCash（由环球电讯运营）提供的香港特别行政区和菲律宾之间的汇款服务。

信贷领域，近些年科技公司提供的信贷服务大幅增长，黄益平等将这一模式总结为大科技信贷业务，主要是基于新的信用风险管理框架。这个框架依靠两大数字技术工具：一是大科技生态系统；二是大数据风控模型。从而实现了低成本、高效率的普惠金融服务。中国是科技公司提供信贷服务最大的市场。① 一方面，平台科技企业通过获取金融牌照开展消费金融、网络小贷等金融信贷业务赚取金融收益。另外，其通过成立互联网银行，拓展信贷金融服务渠道。例如，腾讯牵头发起设立的中国首家互联网银行——微众银行，于 2014 年 12 月经监管机构批准开业，是国内首家民营银行和互联网银行。2015 年 6 月 25 日，阿里牵头成立了浙江网商银行，均采用纯互联网运营的方式，不设线下网点。另一方面，平台科技企业与金融机构开展合作以扩大自身的资金实力。平台科技企业可以提供客户界面，并使用高级数据分析能力帮助银行快速批准贷款，之后银行将负责筹集资金和管理贷款。

除中国外，日本、韩国的科技信贷规模也相对较大，但是美国科技公司提供的信贷服务却非常少。虽然美国拥有众多科技公司，但只有亚马逊在 2018 年开展了信贷业务，金额大约为 10 亿美元。另外，2019 年苹果公司与高盛合作发行了首张网络银行信用卡——Apple Card，但是其业务至今没有走出美国，无法向除美国以外的其他地区提供信贷服务。谷歌计划与花旗、斯坦福联邦信贷联盟和其他几家银行一起提供支票账户产品，亚马逊计划和高盛在小企业方面开展贷款合作，但都没有实质性进展。

---

① 黄益平. 大科技信贷：一个新的信用风险管理框架［J］. 管理世界，2021（2）.

目前，我国互联网巨头和大型科技公司仍主要依托Web2.0开展业务，而Web2.0效率优先的平台模式已经出现了垄断、侵害消费者权益等越来越多的问题，Web3.0背后强调的"平等"理念或许可以是这些平台改进的方向，也驱动着向Web3.0时代进军。但必须承认的是，我国互联网大厂对于Web3.0仍处于较为早期的探索阶段，其布局Web3.0更多围绕监管相对开放的区块链、数字藏品等展开。例如，2021年蚂蚁推出鲸探（数字藏品App）、腾讯推出幻核（数字藏品App）。另外，我国也推出了长安链·ChainMaker，长安链是新一代区块链开源底层软件平台，本质是联盟链。与其他公链相比，联盟链因节点数量有限而实现高速的交易，但一定程度上也抛弃了完全去中心化的特性。另外，长安链与公链一样有共识投票机制，但并非采用传统公链的POW或POS机制，也没有自己的代币，而是采用了Solo、Raft、TBFT、HotStuff四种共识类型（根据不同场景和参与的节点数量规模，运用不同的共识）（见图4-3）。

Web3.0时代的金融以"去中心化金融"（Decentralized Finance，DeFi）为代表，"去中心化金融"始于2017年，引发了金融从业者关于金融如何去中心化的思考，并且DeFi是Web3.0下相对成熟的应用。DeFi是以区块链技术为核心的去中心化金融体系，一切过程都由智能合约自动完成，而不需要像传统金融市场那样依赖金融中介进行交易。DeFi在迅速发展，其整体锁仓量（押金）从2017年起逐渐抬升，至2021年11月达到最高峰（约1090亿美元）。目前，DeFi已经建立了由借贷平台（MakerDAO、AAVE）、融资平台（TallyCoin）、加密资产（包括非同质化代币NFT和同质化代币——数字货币）、交易所（Binance、Coinbase）等组成的金融体系，其中核心由加密资产和交易系统两部分组成，借贷、融资等其他类型平台则围绕这两个部分搭建。

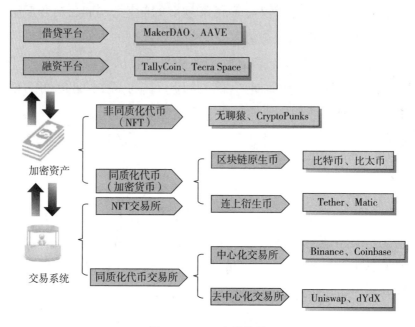

图 4-3　DeFi 金融体系

[资料来源：Shermin Voshmgir *Token Economy：How the Web3 reinvents the Internet*
(2020)，SoFi，中金公司研究部]

DeFi 在欧美国较为流行且应用实践较多，但是在我国DeFi 尚未得到法律的认可。我国对 Token 发行以及 ICO、Token交易（涉及交易所）等金融风险较高的活动实行全面禁止。互联网经过 30 年的发展，如今正处在 Web2.0 向 Web3.0 演进的重要时点。美国也将 Web3.0 时代去中心化的金融作为维持其金融霸权的重要手段，中国也已经开展了一系列探索和布局，尤其是在数字人民币方面。可以预见，未来围绕 Web3.0下的金融发展双方将展开激烈博弈。

4.2 技术背后的大国金融科技博弈

4.2.1 金融的数字生态之争

金融科技的发展与创新离不开金融数字生态的支撑。金融数字生态包括金融数据、算力基础设施、应用在金融领域的先进技术等。近些年，我国数字经济快速发展。2020年，我国数字经济规模为5.4万亿美元，位居全球第二。在全球经济深度衰退的情况下，我国数字经济仍然保持9.6%的增速，高于GDP6.7%的增速。2005年至2020年，我国数字经济占GDP比重由14.2%提升至38.6%。在数字经济逐渐成为我国经济发展的重要引擎的背景之下，美国"数字霸权"的地位受到了挑战，并采取一系列措施意图压制中国的数字产业发展。

1. 肆意制裁、打压与"脱钩"

美国对内采取自我提升战略，一方面大力增加前沿技术研发投入，包括加快5G通信网络和海底光缆的建设；另一方面促进本土化布局，促进产业回归。2022年8月出台《芯片科技法案》，通过许诺大额补贴的方式，"邀请"三星、ASML台积电等半导体巨头赴美建厂；对外则采取"脱钩"和打压策略。美国向韩国三星、SK海力士，日本的东芝、瑞萨，中国台湾地区的联发科、台积电、日月光以及美国的英特尔、高通、美光等企业发出组建所谓"chip4"半导体联盟的倡议以压制我国半导体行业发展，对华为、中兴等高科技企业进行全面封锁、打压等。这种"脱钩"是恶意的、不利于全球化的"霸权"行为。另外，美国在资本市场上频繁打压中概股。俄乌冲突之后，美国证券交易委员会（SEC）频繁将中概股列入"预摘牌"名单。2022 年 3 月 10 日，根据《外国公司问责法》，SEC 将 5 家中概股公司列入有退市风险的清单，中概股集体暴跌，并传导至港股和 A 股。3 月 23 日、30 日又公布了两批，包括百度、爱奇艺等企业。4 月，继续公布两批，包括理想汽车、知乎、贝壳等 29 家公司。5 月 5 日，该清单增加了88 家，包括拼多多、京东、网易、小鹏汽车、中国移动、B 站等。7 月 29 日，阿里巴巴、蘑菇街、猎豹移动、波奇宠物 4 家中概股企业被加入名单。

2. 争夺金融数据跨境规则主导权

中美在抢占数字贸易规则的主导权，其中涉及金融的数字服务贸易规则逐渐引起重视。跨境金融服务贸易规则是伴随着国际贸易、国际投资等跨境经济行为的出现而逐渐形成的。在制定《关税与贸易总协定》时期，金融服务只是作为国际货物贸易的辅助工具，并没有专门针对跨境金融服务贸易的国际规则。直到 1986 年《埃斯特角城宣言》（*Punta del Este Ministerial Declaration*）达成之际，美国提议将服务贸易纳入到乌拉圭回合谈判中，并且将金融服务置于服务贸易章节之中，有关跨境金融服务贸易的国际规则才逐渐纳入国际法的进程中。美国对金融服务贸易规则制定的主导权集中体现在《全面与进步跨太平洋伙伴关系协定》（*Comprehensive Progressive Trans-Pacific Partnership*，*CPTPP*）和《美国—墨西哥—加拿大协定》（*United States-MexicoCanada Agreement*，*USMCA*）之中。

美国凭借较高的科技水平和完善的法治体系，实行更为开放宽松的数据流动政策，在国际双边、多边贸易协定谈判中要求他国允许数据自由跨境、取消核心系统本地化要求等。金融数据的跨境传输遵循了同样的思路，一方面鼓励跨境金融信息的自由转移。USMCA 第 17.19 条首次规定了金融信息的自由转移，即"当以电子方式进行跨境信息传输的活动是为了金融服务提供者的在授权许可范围内的商业活动时，每一缔约方应当允许以电子方式进行跨境信息传输，包括个人信息。缔约方拥有采取或维持保护私人数据、个人隐私以及个人记录和账户机密措施的权利，只要该措施不会削弱该条款下的义务和承诺"。另一方面，对金融机构并无核心系统本地化要求。美国的立场在 USMCA 中体现得最为明显，设置了更加严格的要求。USMCA 规定任何缔约方不得要求金融服务提供者使用位于其境内的计算设备或将计算设备置于其境内，作为在其境内从事商业行为的前提条件，前提是只要缔约方的金融监管机构出于监督和管理的目的，能够及时、直接、完整地获得金融服务提供者的交易和操作信息等。USMCA 通过此种规定取消了对跨境金融数据存储的本地化要求，同时也赋予了监管机构随时获取信息的权利①。与此同时，美国对信息系统及数据处理有非常严格的规定，要求无论数据信息是在美国本地还是向境外传输，金融机构都要遵循关于保密性、完整性和可用性的法规和要求，数据在传输过程中也必须加密。可见，美国希望推动数据的自由流动，建立一个几乎没有障碍的充满活力的全球互联网体系，但同时也在重视加强数据在跨境流动中的隐私保护问题，以及重视各国监管部门的监管授权。

中国于 2020 年年底签署《区域全面经济伙伴关系协定》（RCEP）时，首次纳入金融数据跨境传输条款，RCEP 允许进行日常营运所需的金融信息转移和信息处理，但进一步规定各成员可按照审慎监管、保护个人隐私以及维护账户机密性等原

---

① 黄琳琳.USMCA 对跨境金融服务贸易规则的新发展及启示 [J]. 上海金融，2019 (5).

则对数据跨境流动设置管理要求。相较其他缔约实践，RCEP强调尊重各成员对数据治理的管理自主权，赋予金融监管部门在遵守义务前提下要求数据存储、保留记录副本等监管权力。① 换句话说，与 CPTPP 、USMCA 等美国主导的跨境金融服务贸易规则相比，RCEP 金融数据跨境传输条款增加了信息传输需符合国内法律法规、允许监管者采取必要措施扩大监管权力范围等兜底内容。RCEP 中金融相关内容代表了中国在缔约实践中对外开放的最高水平，也代表了中国在积极与金融数据国际规则对接，并推进中国金融业规则制度型开放。

据此，RCEP 关于金融跨境传输的条款，一方面为中资金融机构海外机构数据回传国内提供了便利；另一方面也对我国跨境数据管理水平提出了较高要求和新的挑战。目前，我国网信领域和金融领域均在加强相关立法立规工作。网信部门相继出台了《网络安全法》《个人信息和重要数据出境安全评估办法（征求意见稿）》《信息安全技术数据出境安全评估指南（征求意见稿）》《个人信息出境安全评估办法（征求意见稿）》《关键信息基础设施安全保护条例》等。金融法规方面，《关于银行业金融机构做好个人金融信息保护工作的通知》规定在中国境内收集的个人金融信息的储存、处理和分析应当在中国境内进行，除另有规定外，银行业金融机构不得向境外提供境内个人金融信息。《征信业管理条例》规定，征信机构在中国境内采集的信息的整理、保存和加工，应当在中国境内进行；向境外组织或者个人提供信息，应当遵守法律及有关规定。但是，从整体来看，我国建立的相关法规体系还比较笼统，对于一些重要问题并没有得到细致、准确的规定，例如对关键信息基础设施运营者、个人信息以及重要信息的定义尚不

---

① Https://finance.sina.com.cn/china/gncj/2021-04-15/doc-ikmxzfmk6925134.shtml.

明晰，给业界造成了困扰，跨境转移数据的范围和类型尚没有一个明确的标准等。

当前国际经贸谈判中，全行业及金融业的数据跨境流动规则尚处在探讨成形阶段，不同经济体立法侧重点和价值导向不同，谁能够率先拿出合理可行并被广泛认同的方案，谁就可在相关国际规则制定中掌握主动权。

4.2.2　数字货币引发货币体系震荡

哈耶克于 1976 年在《货币的非国家化》一书中提出的货币竞争理论，主张由多个私人机构发行货币进行竞争，由货币的持有者用脚进行投票来限制通货膨胀或者通货紧缩，以此来取代原先的国家垄断货币发行的现状。即他认为货币的发行权并不能被国家垄断。这为央行数字货币与私人加密货币、稳定币之间开展竞争提供理论基础。在 Web3.0 时代，基于区块链技术的主权货币与非主权货币之间即将展开激烈的博弈，如何优化技术路线，寻求安全、效率的平衡是博弈的焦点所在。

1. 数字货币的概念与分类

数字货币：国际货币基金组织（IMF）2016 年报告《虚拟货币和超越：最初的设想》讲道，数字货币包括虚拟货币和电子货币。综合其他相关文献，数字货币是一种可用数字形式的货币，不同于实体货币如钞票、硬币，也不同于在游乐场、赌场中购买的游戏币与筹码。它具有类似于实物货币的特性，但可进行即时交易和无边界所有权转让。

（1）电子货币（e-money）：根据国际清算银行 2015 年 11 月《数字货币》研究报告，电子货币是"以电子方式存储在诸如芯片卡或个人计算机中的硬盘的设备中的价值"。这可以视为是广义的电子货币概念。但在中国，"电子货币"的概念更严格，即"电子货币是法定货币的电子化或数字化形式，常以磁卡或账号的形式存储在金融信息系统内，以方便储藏和支付为主要目的，货币的价值与法定货币等值"，即法定货币发行的电子化，比如微信支付、支付宝等。

（2）虚拟货币（virtual currency）：根据欧洲中央银行2015年2月的《虚拟货币计划——进一步分析报道》，虚拟货币是价值的数字表示形式，不是由中央银行、信贷机构或电子货币机构发行的，在某些情况下可以替代金钱，并明确说"从法律的角度来看，虚拟货币不是金钱或货币"。比如通常所熟知的Q币、游戏币等。过去十多年，随着比特币等加密货币的发展，欧洲央行将去中心化的加密货币等也纳入了虚拟货币的范畴。但商业银行的存款货币和电子货币，由于是法定货币，不属于虚拟货币。

（3）加密货币（Cryptocurrency）：基于以上逻辑，加密货币是虚拟货币的一种。牛津词典认为，加密货币是"可用于在线买卖而无须中央银行的任何电子货币系统"。韦氏词典定义为"仅以数字形式存在的任何形式的货币，通常没有中央发行或监管机构，而是使用去中心化系统来记录交易并管理新单位的发行，并且依靠加密技术来防止伪造和欺诈性交易。

（4）央行数字货币（CBDC）：IMF对中央银行数字货币定义得更严格，即"是一种新的货币形式，由中央银行以数字方式发行，旨在用作法定货币。因此，CBDC是可以看作数字货币的一种主权国家法定数字货币形式。对于非法定的数字货币，统称为私人数字货币（见表4-1）。

表 4-1　数字货币特征对比

类型	定位	债务人	稳定性	治理模式
电子货币	法定货币的电子化	—	稳定	中心化
加密货币	无锚定资产的虚拟货币	发行方	不稳定	无法实现完全去中心化
稳定币	锚定"一揽子"货币的波动性资产	Libra 协会	相对稳定	无法实现完全去中心化
央行数字货币	对 M0 的替代	央行	稳定	中心化

资料来源：笔者自制。

2. 数字货币的演进路径

由于电子货币依旧属于传统的货币范畴，游戏币等不具备货币的属性，在此不纳入研究范围。本书主要分析以比特币为代表的加密货币、以 Libra 为代表的稳定币以及央行数字货币。2008 年，中本聪在一份鲜为人知的密码学邮件列表上发表了《比特币白皮书》。白皮书提出了一种新的金融体系，取代了银行和第三方支付处理机构的角色，"纯粹的点对点电子现金将允许在线支付直接从一方发送到另一方，而无须通过金融机构"。这样的去中心化的理念可以说对货币体系是一种颠覆，并印发了"比特币是数字黄金吗"的讨论。比特币规定总量为 2100 万个，并通过"挖矿"，即大量的计算产生。随着比特币越多，"挖矿"的难度也会提高，以 4 年产量减半的设定速度，其预计在 2140 年被挖完。有限的总量和逐渐增加的开采难度，使其具备黄金般的"稀缺性"。另外，比特币的发行和运行全都基于代码。这意味着比特币不受主观的影响，不会存在因为汇率波动、金融市场波动、经济形势变化导致滥发的现象。因此，加密货币支持者将其称为"数字黄金"。

但是，比特币的风险也逐渐暴露出来。2018 年，G20 金融稳定委员会发布了一份关注加密货币影响力的研究报告，首次强调了加密货币的风险，认为加密货币存在市场流动性风险、波动性风险、杠杆风险、技术风险和制度化风险。G20 金融稳定委员会指出，由于加密货币网络具有"多中心化"特征，也导致它们难以修复且容易受到攻击。此外，由于能源消耗较高、同时加密货币行业趋于"垄断"，因此挖矿行业可能无法获得长期的、持续性的发展。茨艾安[①]指出，比特币价格的高波动性、非通胀供应以及网络安全问题阻碍了其成为全球货币的可能。国内相关研究表明，比特币存在道德风险、效率较低、监管不足等问题。总之，加密货币最多可以作为一种虚拟资产，不可能成为法定货币，但它提供了以区块链技术改进现有货币体系的思路。

稳定币的推出主要是针对加密货币价格波动大的缺陷，通过锚定现有的法币等资产以维护自身的稳定价值。稳定币也有很多种类，其中以 Facebook 发布的 Libra 为典型代表。Libra 通过区块链技术的改进，降低了比特币存在的道德风险、提高了每秒处理支付的效率，同时有助于监管。但是，Libra 也产生了新的风险，例如信息泄露风险等。另外，Libra 并没有完全实现"去中心化"。Libra 存在一个名为 Libra 协会的非营利性的会员制组织，注册地位于瑞士日内瓦，在组织管理层面秉持着去中心化的原则，重大决策均由理事会集体做出。表面上看来，Libra 协会没有创造与销毁货币的直接主动权，但实际上无论是增量货币的发放还是存量货币的收储都由 Libra 协会来负责，与中央银行决定法定货币的增发与回收相比，Libra 协会货币量的收放只是参考指标不同，二者的性质从本质上来说类似。而且，交易效率问题依然存在。虽然相较于比特币每秒

---

① Ciaian P, Rajcaniova M, Kancs, d'Artis. The digital agenda of virtual currencies: Can BitCoin become a global currency? [J]. Information Systems and e - Business Management, 2016, 14 (4): 883-919.

7 笔交易而言，Libra 实现每个节点每秒 1000 笔交易，但依然无法满足全球支付网络的需要。这个背后反映了区块链技术具有"不可能三角"问题，即区块链系统不可能在同一层面上同时在去中心化、安全性、可拓展性（高效率）三个性能上取得了最优[①]。如何权衡三者的关系，是未来区块链技术在数字货币中应用的关键。

央行数字货币（CBDC）的出现使政府加入同私人部门的数字货币竞争之中。虽然主流的私人数字货币均使用公链，但各央行数字货币试点项目大部分倾向于采用联盟链。Cukierman（2020）认为，基于许可链（联盟链）的央行数字货币在多个维度上均优于基于公链的央行数字货币。第一，完全去中心化的公链为防范双花攻击（double spend attack）而采取的措施将带来更高的运行成本。[②] 第二，一旦遭受黑客攻击，相较于匿名的公链，许可链架构下央行将可以对遭受损失的个人进行补偿，而公链上的损失一般难以追回。第三，不受央行控制、难以监管的公链为获取垄断租金打开了大门，而许可链架构下公众可以通过公众监督、立法和选举对央行进行监督，进而防范此类风险。第四，如果采用完全去中心化的公链，将无法基于公众利益而利用央行数字货币执行货币政策。

既然联盟链优于公有链，各国央行数字货币为何不采用完全中心化的运营方式而抛弃区块链技术？因为与中心化的验证体系相比，在去中心化的验证网络中实现良好治理的稳健性更强、成本更低（Auer et al，2021）。[③] 中国人民银行数字货币研

---

① 王未卿．区块链技术下央行数字货币的可行性研究［J］．自然辩证法研究，2020（7）．

② Cukierman, A.. Reflections on welfare and political economy aspects of a central bank digital currency［J］. Manchester School，2020，88（S1）：114-125.

③ Auer, R. et al.. Permissioned distributed ledgers and the governence of money［M］. BIS Working Papers，2021：924.

究所前任所长姚前也对区块链分布式账本技术应用于数字人民币予以肯定，提出"在数字人民币系统下，应当利用分布式账本构建一个央行数字货币确权信息副本，并对外通过互联网提供查询服务"。我国在 2021 年发布的《中国数字人民币的研发进展白皮书》中也明确表明了数字人民币会采用区块链技术。

以数字人民币为例，分析其在去中心化、安全性、可拓展性方面的特点。首先，坚持中心化的管理。数字人民币发行权属于国家，人民银行在数字人民币运营体系中处于中心地位，负责向作为指定运营机构的商业银行发行数字人民币并进行全生命周期管理，指定运营机构及相关商业机构负责向社会公众提供数字人民币兑换和流通服务。其次，有利于监管。在中心化的管理体系下，交易数据只对央行这一第三方披露，在实现可控匿名的基础上解决了数字货币的监管问题。在具体实施上，可以要求运营机构每天将交易数据异步传输到央行，这样央行通过掌握必要的数据有利于进行审慎管理和反洗钱等监管，同时也可以减少商业机构的系统负担。最后，效率较高。数字人民币是一种面向社会公众发行的零售型央行数字货币，其推出将立足国内支付系统的现代化，充分满足公众日常支付需要，因此在技术设计上必须满足高并发性的要求。例如，数字人民币加载了智能合约，在提高效率的同时兼顾其安全性。2022 年 9 月，穆长春公开表示央行数字货币研究所将搭建数字人民币智能合约生态服务平台，对通过审核的合约模板统一注册，并在各机构调用智能合约时，对模板的一致性进行验证，保证不能被篡改。同时他表示智能合约在支撑数字经济降本提效、促进服务创新发展等方面具有巨大潜力。因此，数字人民币在去中心化、安全性、可拓展性方面会做折中处理，即会采取不完全"去中心化"的方式，兼顾信息保护、加强监管等安全问题及处理能力等效率问题。

3. 数字货币之间的激烈博弈

央行数字货币之间的博弈。Cong 和 Mayer（2022）[①] 基于两国博弈模型对法定货币、加密货币和央行数字货币的动态全球竞争进行模拟发现，通过推出央行数字货币，弱势货币可能会挑战强势货币的主导地位。如果强势货币对弱势货币的主导地位构成威胁，那么弱势国家发行央行数字货币也会增加强势国家推出央行数字货币的动力。美国战略与国际研究中心 2022 年 4 月的研究报告也认为，拜登政府担心数字人民币可能会推翻美元作为全球主要储备货币的地位，中国的数字人民币计划提高了美国、欧盟、日本等国政府对央行数字货币的兴趣。

目前，各国加紧央行数字货币的研发。5 月 6 日，国际清算银行（BIS）发布其对央行数字货币（CBDC）的年度调查[②]，显示正在试点或开发央行数字货币（CBDC）的全球央行比例较一年前近乎翻番，逾三成中央银行称很可能在短期内发行零售央行数字货币。美国总统拜登 2022 年 3 月 9 日签署《关于确保负责任地开发数字资产的行政命令》，提出防范数字货币可能带来的金融系统性风险、非法融资风险、国家安全风险，同时积极探索研发央行数字货币以应对上述风险。可以看到，央行数字货币引致"鲇鱼效应"，全球央行数字货币之间的竞争博弈正在悄然进行。

央行数字货币与稳定币之间的博弈。不少学者认为，央行数字货币未来主要的竞争对手将是稳定币，因为不同于币值波动较大的比特币，稳定币已大量用于黑市交易、洗钱等违法活

---

① Cong, L. W. and S. Mayer. The coming battle of digital currencies ［J］. The SC Johnson College of Business Applied Economics and Policy Working Paper Series，2022-04.

② 81 家全球央行参与了这份调查，其中 25 家来自发达经济体，56 家来自新兴市场和发展中经济体，合计覆盖全球近 76% 的人口和 94% 的经济产出。

动，对各国货币主权构成挑战。人民银行数字货币研究所所长穆长春曾明确表示，Libra 上线后，中国央行将无法对其进行有效监管，Libra 会侵蚀人民币主权。但也有不少学者认为，稳定币风险较高，央行数字货币将取代稳定币。稳定币风险具体体现在：挤兑风险方面，Gorton 和 Zhang（2021）[①] 认为，稳定币发行人实际上是"基本上不受监管的银行"，而且由于稳定币发行人对其承担的风险了解有限，存在大多数存款持有人突然挤兑的风险，因此他们提出应当用央行数字货币取代稳定币，并且对现有稳定币实施监管。隐私泄露风险方面，稳定币还因其难以监管的特性可能对央行货币政策的执行带来风险，还存在隐私数据和个人信息滥用的可能。金融系统风险方面，美国总统金融市场工作组于 2021 年 11 月发布的《稳定币报告》更进一步指出，稳定币作为支付手段可能导致支付系统运行不稳定甚至中断，更导致经济权力过度集中。

未来，央行数字货币与稳定币之间会共同存在吗？2022 年 1 月 11 日，美联储主席鲍威尔在参议院银行委员会听证会上表示，得到有效监管的私人稳定币可以与央行数字货币共存。国际清算银行于 2021 年 3 月发布的研究报告也认为，央行数字货币未来极有可能与私人数字货币共存。私人稳定币与央行数字货币各有优劣，私人稳定币凭借较高的创新性会促进现有的货币体系改革，央行数字货币凭借较高的安全性会保证金融体系的稳定。目前，央行数字货币正处于研发之中，我国很可能成为第一个正式推出主权数字货币的国家，未来的数字货币体系是政府部门还是私人部门主导抑或是二者势均力敌可能会是一个动态演进的过程。

① Gorton, G. B. &J. Zhang, "Taming wild cat stable coins［EB/OL］. https://papers. ssrn. com/sol3/papers. cfm? abstract_id=3888752.

近年来，尤其是 2022 年以来，数字货币等加密货币领域的竞争明显升级，美国将数字资产、数字货币作为维持金融霸权的重要着力点。9 月 16 日，白宫发布了比特币、加密货币监管框架①。这是经过长达 6 个月的研究后，美国发布的首个全方位、系统性寻求发展数字资产的政府报告。报告指出，美国有几十万人已经购买了加密货币等数字资产、美国金融科技公司（包括加密公司）在全球处于领先地位。传统金融基础设施服务费用高且速度慢，尤其是跨境支付、加密金融（数字资产）可以让支付变得更快，并使金融服务更容易获得。同时，报告也承认加密资产蕴含巨大风险，需要强有力的监管。此外，报告提到了数字美元将带给美国巨大的好处，并持续保持关注。

从报告的措辞中，可以看出美国成为数字货币、加密资产领域全球领导者的野心。例如，提到美国潜在的 CBDC 还可以帮助保持美国的全球金融领导地位；美国将利用在国际组织中的地位，传递与数字资产相关的美国价值观。美国机构还将继续并扩大其在国际组织和标准制定机构中在数字资产工作方面的领导作用。值得注意的是，拜登政府自 2022 年 3 月以来已经发布了超过 9 份加密报告，在美国商务部发布的《负责任地提高美国数字资产竞争力》的报告中提出，技术驱动的金融创新往往是跨国界的，金融科技对美国经济的持续领导地位可能很重要。未来，第一份有关数字资产的明确法律可能在美国率先推出，而这个背后反映了美国在数字货币、数字资产领域争夺全球领导者地位的意图。

---

① White House. FACT SHEET：White House Releases First-Ever Comprehensive Framework for Responsible Development of Digital Assets ［EB/OL］. https://www.whitehouse.gov/briefing-room/statements-releases/2022/09/16/fact-sheet-white-house-releases-first-ever-comprehensive-framework-for-responsible-development-of-digital-assets/.

4.2.3　跨境支付迎来大变革

当前，全球正在经历一场跨境支付的大变革。驱动这场变革的因素有很多，首先，传统的以美国主导的以 SWIFT 与 CHIPS 为核心建立的全球跨境支付体系网络存在低效率、高成本、安全性差等弊病，不能适应小额、大量的零售跨境支付需求。另外，美国利用其在跨境支付领域的优势地位，频繁挥舞制裁大棒，损害了他国对以美国为中心传统跨境支付体系的信任；其次，新技术尤其是区块链技术的出现为跨境支付的变革提供了新思路。2009 年比特币问世后，基于分布式账本技术构建点对点电子支付系统为跨境支付提供了新的解决思路，利用先进的数字技术构建新的跨境支付基础设施的创新浪潮此起彼伏。例如，分布式跨境支付清算系统 Ripple 和 Stellar 已经允许用户以几乎免费的方式以不同的货币进行即时、无摩擦的跨境交易。虽然如今美国在跨境支付领域占据相对优势，中国则处于弱势地位。但是近年来，中国采取多项举措稳步提升自身在跨境支付领域的影响力，例如建设人民币跨境银行支付系统（CIPS）、推动数字人民币在跨境支付中的应用等，同时中国的非银支付企业也在加速"走出去"，2018 年蚂蚁金服宣布，全球首个基于区块链技术的电子钱包跨境汇款服务在我国香港地区上线。可以预见，未来跨境支付将是中美博弈的重要领域。

1. 跨境支付规则面临重塑

当前，在跨境支付领域尚缺乏统一的多边国际条约或协定予以解决，主要依靠适用于国内法规则的方式进行调整。为保障美元跨境支付系统 CHIPS 的安全稳定运营，美国在法律与系统运营规则等方面确立了一系列法律适用规则，同时确立了相对完善的准据法规范。相比之下，人民币跨境支付系统 CIPS 的法律适用规则，无论是法律层面的冲突规范、准据法，还是 CIPS 运行规则层面参与者国籍规则等，均存在较大不足[①]。值得注意的是，数字货币作为新型的货币形式，其在国际上的流通支付面临规则制度的建构问题。目前，世界多国都想开发自己的支付体系，如果不进行有效协调，国际支付结算体系将会出现分散化倾向。由于 CBDC 的主权性特征，决定了其具有严格的地域性；同时，基于数字货币所采用的技术特征，使其更加便利于跨境流动，也增强了 CBDC 的国际属性。为此，某一国家的数字货币在国际上流通时是否具有域外法律效力，不仅取决于国内法对其法律地位的确立，还需要国际法予以承认，以及对其跨境流通行为进行规制，等等，否则将产生 CB-DC 跨境流动的合法性缺失问题。另外，在 CBDC 的跨境流通中，各支付体系需统一相关标准作为其跨境流通的基本保障，通过遵守一套共同的国际准则，兼容的标准可减少跨境及多币种的摩擦和障碍，建立具有互操作性的 CBDC 系统。总之，跨境支付涉及多个参与者、时区、司法管辖区和法规，法律法规制定与协调十分复杂，中美大国积极参与国际法规的制定和国际标准的研制将有利于争取跨境支付领域的话语权。

2. 各国试水跨境支付体系

美国将自身建立的全球金融基础体系"武器化""政治化"的做法正在摧毁美元的信用根基。美国利用以 SWIFT 与 CHIPS 为核心建立的全球跨境支付体系网络，将其作为金融制裁的工具，限制被制裁国家的企业进行跨境经营活动，威胁他国金融主权。另外，以 SWIFT 与 CHIPS 为核心建立的全球跨境支付体系网络往往以少数主导货币结算，涉及非主导货币的

---

① 董哲. 中美跨境支付系统法律适用规则比较研究 [J]. 上海金融，2022 (5).

外汇交易仍然有限。这使新兴市场和发展中经济体受到来自外汇来源的司法管辖区货币政策的溢出效应，增大了其金融稳定的风险。同时以 SWIFT 和 CHIPS 为核心的跨境支付体系，由于其中心化的运作机制，依赖于"代理行+SWIFT"的模式，由于代理银行间交付的流程和步骤冗长，跨境支付表现出高成本、低效率、运营复杂、准入有限和低透明度等问题。可见，传统的跨境支付体系无法支持经济全球化所带来的支付需求，需要建立进行跨境支付体系的变革。

跨境支付体系的变革，一方面是现有体制的完善和升级，即依靠较普通的技术，比如核心架构、通用标准和应用程序接口等完成对系统的改造，而不是依赖区块链等新的数字技术另起炉灶。具有代表性的是 SWIFT 的技术改进，2017 年 SWIFT 启动了全球支付创新计划（Gpi）。2021 年，SWIFT 新推出一项专门用于小额跨境支付的服务 SWIFT Go，它使小型企业和消费者能够直接从他们的银行账户向世界任何地方发送快速、可预测、高度安全且价格具有竞争力的跨境支付。另一方面是以 CBDC 为支付货币，采用区块链技术建构的全新的跨境支付网络。私人数字货币依托数字货币交易所实现了全球交易，CBDC 在全球流动方面尚处于探索之中。

目前，CBDC 的研发与实践主要集中在国内市场的应用，但是已经有很多项目开始关注和研究 CBDC 的跨境支付。为降低跨境支付和跨货币的风险和摩擦，同时加强央行货币作为支付系统的支柱和原始结算资产的作用，有必要建立多边央行数字货币机制（mCBDC），如多边央行数字货币桥项目（mCBDC Bridge 项目）、Dunbar 项目（新加坡央行与 BIS 的联合项目）、Jura 项目（法国央行、瑞士央行和国际清算银行共同推出）、Stella 项目（欧洲中央银行和日本银行发起的一项联合研究项目）和 Jasper-Ubin 项目（新加坡金融管理局和加拿大央行合作）等。

mCBDC 针对不同级别的支付系统与央行法定数字货币的兼容性，有以下三种模式。模式 1：兼容性的央行多边数字货币系统。该模式类似于传统的跨境支付安排，通过遵守共同的国际标准、监管法规来加强兼容。目前，市场基础设施委员会（CPMI）的许多成员央行较为关注该模式，并致力于协调监管框架，促进数据共享和市场运用，构建共同标准。模式 2：互联的多边央行数字货币系统。该模式通过共享技术接口或共同的结算机制与外部联通。如 Jasper-Ubin 项目，两国央行数字货币网络通过技术接口连接，无须第三方或公共平台。Jura 项目，通过分布式账本技术（DLT）平台上的跨境交易全天候同步交收（PvP）结算机制，实现欧元与瑞士法郎的跨境银行间结算。模式 3：单一的多边央行数字货币结算系统。该模式下各央行之间合作更紧密，需建立单一规则和技术框架，这种整合虽然提高了效率，但因涉及不同技术和利益方，也增加了协调和治理难度。如 mCBDC Bridge、Dunbar 项目。CBDC 为跨境支付提供了一种新的选择，也将成为中美大国新的竞争点①。

众多研究认为，数字人民币有助于人民币的国际化，但是数字人民币在跨境支付领域取得重大突破的前提条件是人民币的国际化，即只有人民币被国际社会所广泛接受，数字人民币才可进一步推动人民币的国际化进程。如果人民币的国际地位没有得到提高，单纯寄希望于主要依靠数字人民币替代美元是不现实的。因为数字人民币是法定货币，其背后要以国家的信用做支撑，只有在全世界建立起对人民币的信任，提高人民币

① 张晓艳，等. 央行数字货币与跨境支付的发展趋势与影响研究 [J]. 当代金融研究，2021（6）.

在国际贸易结算中的地位、提升人民币在外汇储备中的份额，数字人民币才有了跨境支付的基础。未来，数字人民币可通过与 CIPS 系统的有效结合，进一步扩大数字人民币跨境支付的使用范围及结算规模，助推人民币国际化。

2021 年 7 月，中国人民银行发布的《中国数字人民币的研发进展白皮书》（以下简称《白皮书》）中明确提出，数字人民币主要用于满足国内零售支付需要，但具备跨境使用的条件。未来，中国人民银行将研究央行数字货币在跨境领域的适用性，探索跨境支付试点，遵循"无损""合规""互通"① 三项要求与有关货币当局和央行建立法定数字货币汇兑安排及监管合作机制。可以看到，数字人民币在跨境支付领域的研发应用为国际支付体系的变革提供了一种新的可能性，有望成为我国加强同欧美在数字货币领域的博弈、应对金融制裁的重要手段。

未来，数字人民币体系将有助于改善跨境支付的体验。《白皮书》透露，中国人民银行数字货币研究所已与香港金管局签署合作备忘录，同时加入了国际清算银行创新中心（BI-SIH）牵头的多币种法定数字货币桥（mCBDC Bridge）项目，和中国香港特别行政区、新加坡等 BIS 创新分中心以及各央行共同探索法定数字货币相关实践。2022 年 10 月底，香港金融管理局联合国际清算银行（香港）创新中心、泰国中央银行、中国人民银行数字货币研究所，以及阿联酋中央银行，发布了《"货币桥"项目：通过央行数字货币（CBDC）连接各

---

① 无损要求：央行数字货币应促进国际货币体系健康发展和金融稳定，一国数字货币不应损害其他央行的货币主权和政策独立性，同时，应保护消费者合法权益，促进公平竞争。合规要求：央行数字货币应具有完善的法律基础和稳健的运营体系，遵守各国关于外汇管理、资本管理等法律法规，做到信息流和资金流的匹配，以促进跨境贸易的发展，支持实体经济，符合反洗钱、反恐怖融资等监管要求。互通要求：央行数字货币可充分利用现有基础设施及金融科技手段，实现不同央行数字货币系统间及其与传统金融市场基础设施间的互联互通。同时，应有利于促进支付业务有序发展，杜绝碎片化局面。

经济体》（*Project mBridge：Connecting economies through CBDC*）报告（以下简称《"货币桥"项目报告》），阐述了多边央行数字货币桥项目的试行成果。

《"货币桥"项目报告》显示，2022 年 8 月 15 日至 9 月 23 日，来自中国香港特别行政区、中国大陆、阿联酋和泰国等 20 家商客户结算实际价值来推进 multi-CBDC 实验。该平台发行了超过 1200 万美元，促成了 160 多项支付和外汇 PvP 交易，总价值超过 2200 万美元，是迄今为止最大的跨境 CBDC 试点，在全球取得了示范性效应。① mBridge 项目旨在设计和迭代新一代高效跨境支付基础设施。从现有的效果来看，相比现行的传统代理行模式，mBridge 具有去中心化的治理结构，能够提供高效、低成本、更具公信力的跨境支付体验。

效率方面，mBridge 能大幅提升交易效率，将原本 3~5 天的跨境交易时间缩短至 2~10 秒。mBridge 交易模型依托于 mCBDC 网络（mCBDC Network），多边能够直接的在走廊网络上实现点对点的交易，省去中间环节。传统的代理行跨境支付模式依托代理行网络，该模式在多边交易中，需要经过多个节点，不同国家存在隐藏的政策限制，导致交易效率欠佳。成本方面，根据普华永道估计，mBridge 依托的 IL2 原型的成本将比代理行模式减少 50%。mBridge 能够降低四类成本，包括使用流动性节约机制，通过算法管理所有参与者的流动性，降低存放同业和同业存放流动性成本；通过提供 PvP 结算方式，降低司库操作成本；通过智能合约等方式，降低汇兑成本；通过提高透明度，降低监管合规成本。安全性方面，mBridge 项目采用区块链和分布式账本技术，以走廊网络（Corridor Net-

---

① BIS. Connecting economies through CBDC［EB/OL］. https://www.bis.org/publ/othp59.pdf.

work）机制为基础，所有参与银行在国内网络和走廊网络都各自运行自己的节点，只有各国的央行才有管理节点的核心权利，使整个链路能够保证足够安全。另外，mBridge 项目支持在全球交易中使用本国货币，可以降低受其他国家货币政策溢出效应的影响，增加本国货币主权，提升自身的金融稳定性。隐私保护方面，中央银行可以在不损害数据隐私的情况下查看其国内银行和外国银行使用其国内 CBDC 的必要交易信息，以在不损害数据隐私的情况下满足监管需求。当然，mBridge 项目还将努力促进数据完整性、交易隐私性、透明的系统监控等非功能性需求。

基于区块链技术建立的数字人民币跨境结算系统可以绕过 SWIFT 体系和美元清算系统，虽然短期内无法替代美元，但从长远看，可以为建立独立自主的跨境交易通道做必要准备。因此，推广数字人民币的使用，构建扁平化的跨境支付网络，实现即时和集成的支付结算过程，将逐步解决依托中间机构实现跨境交易数据传输的安全性问题，以及依赖美元作为跨境交易中间货币的清算问题。

4.3　大国金融科技博弈下的中国应对方案

4.3.1　推进金融机构数字化转型，构建自主可控的安全体系

棱镜门事件曝光了美国长期对他国进行网络监听的丑恶嘴脸，中兴事件、华为事件对中国的"断芯"，揭露了美国打压中国高科技产业发展的意图。俄乌冲突爆发后，美国对俄罗斯

实施科技制裁，比如英特尔、高通、AMD 等企业宣布向俄罗斯断供芯片。软件巨头微软、甲骨文等，则暂停向俄罗斯提供任何的产品和服务。而 CPU、操作系统、数据库等是所有 IT 设备的"灵魂"，如果陷入"缺芯少魂"的状态，那么对俄罗斯的整个 IT 供应链影响还是非常巨大的。同样的手段，美国在此期间组建芯片联盟以压制我国半导体行业的发展。"科技无国界"正在被美国一系列的制裁手段所颠覆，这背后凸显了加快信息技术应用创新，构建科技自主可控、国产基础软硬件的应用和替代体系的紧迫性。

现代金融业作为技术驱动的行业，与科技融合程度较强，如何避免技术风险向金融行业的传导、维护金融安全成为亟待解决的关键问题，也已成为我国金融业深化改革的重要议题。金融业信息技术创新即金融信创建设，成为提升金融网络安全保障能力和信息化建设水平的重要途径。当下，金融信创被赋予了更多的历史使命，即要推进金融系统的自主可控，掌握关键技术的选择权，摆脱在关键信息和网络基础设施领域对单一技术和产品的依赖。金融信创主要涉及上层业务系统和底层基础设施等信息技术创新在金融业的应用，其中上层业务系统由操作系统、数据库、中间件、应用程序等软件环境组成，底层基础设施主要由计算机系统、存储系统和网络系统等硬件环境组成。我国金融机构在线运行的联网金融终端设备中95%以上的操作系统为微软的 Windows 系统，几乎全部的金融终端设备是通过由微软主导并联合 NCR、迪堡、IBM 等美国企业制定的 CEN/XFS 标准。在金融信息基础硬件层面，产品仍然以应用国际厂商核心技术为主。受制于核心技术短板，金融机构与国际厂商形成深度绑定，围绕核心计算、存储及网络环境形成"集中式"IT架构布局。①

长期以来，各金融机构多采用IOE架构（由IBM的主机、Oracle数据库和EMC存储设备所构成的系统）支持核心业务系统，这种集中式的架构已经无法满足伴随金融业务量的增长对系统的高并发性的需求，因此分布式架构正在成为趋势。我国金融领域正在进行去"IOE"（IBM服务器、Oracle甲骨文数据库、EMC高端存储）进程，并在服务器、数据库、中间件、操作系统等方面进行国产化替代，从而开启从硬件层面到应用架构层面的分布式架构转型。但是，银行底层芯片和核心软硬件仍然受制于国外厂商，并没有从根本上解决信息安全自主可控问题。以芯片为例，国内厂商尚不具备14nm以下的芯片的设计和生产能力，因此当前技术难以支撑高端服务器、存储、交换机等设备的生产任务，难以直接满足金融级数据中心、核心业务系统的运转需要。因此，中国要着力实现关键核心技术的重大突破，大力提升自主创新能力，在这个过程中，政府等社会团体可以有效发挥引导性作用，尤其是在技术标准创制方面。目前金融机构的技术服务厂商数量众多，技术路线复杂，短期内难以形成业界普遍认可的标准和有广泛示范效应的解决方案，这直接导致金融机构采用的技术产品存在兼容性差异，相互间缺乏统一协调。因此，推进技术创新，首先要标准先行，可以借助金标委的金融行业的企业标准领跑者工作，推动金融信创行业的标准的统一。

另外，金融信创的工作是一个漫长、复杂的系统性工程，切不可求快。金融信创不只是简单的软硬件国产化替代，不是简单的信息系统数字化升级，涉及业务层、管理层、职能层等全方位配合，更需要将其融入管理理念和经营过程

---

① 李明富.2020年金融信息化十件大事[J].金融电子化,2021（1）.

中，从思想理念、业务模式、组织架构、企业文化、人才结构等方面做全方位转型。例如，目前大多数金融机构对信息技术创新实践的投入更注重短期业务提升，而忽视了对业务创新的长期促进，缺乏长期投入。金融信创的产品生态不够健全，项目实施风险难以预估。信创人才的供不应求、人才培养体系的不健全等，都是制约金融信创工作的因素。因此，在微观层面，金融信创工作需要"小步快跑"的渐进式推进，"自上而下"的反馈式推进，制定好发展规划和实施路径的同时根据实际效果及时反馈修正。

4.3.2　打造开放包容有弹性的金融体系，提高金融服务科技创新的能力

金融如何更好地支持科技创新似乎是一个世纪难题。科技创新企业既有一般小微企业的轻资产、高风险、信息透明度不足等共性问题，又有技术开发和成果转化前景不确定、行业整体技术进步快等特点，尤其是需要赶超国际领先尖端技术的领域，研发周期更长，成果转化较慢、资金投入量更大。可以说，一项技术真正能走出实验室、转变成生产力、形成新的产业离不开金融的支持，如何匹配科技企业尤其是具有自主创新潜力的高科技企业资金需求，既是我国金融体系必须解决的关键问题，也是未来金融创新的重要方向。

1. 他山之石

美国的金融体系以直接融资为主，科技创新主要通过资本市场和风险投资市场。美国拥有全球规模最大和层次结构最完备的资本市场，能够满足不同类型、规模以及发展阶段的企业的融资需求。股票市场方面，为支持中小企业上市融资，美国

于 1971 年创立了全美证券交易商协会自动报价系统，即纳斯达克市场，目前已经成为支持小企业上市的摇篮；债券市场方面，美国的债券市场十分发达，发行债券成为企业进行外源融资的常规手段。美国拥有领先的风险投资市场，风险投资发源于美国，并得益于有限合伙的组织形式、多元化的资金来源、畅通的退出渠道而取得较大成功。另外，虽然美国银行与企业的关系并不密切，但是美国通过成立科技银行专为科技型中小企业提供融资服务。最典型的是成立于 1983 年的美国硅谷银行，其投贷联动的服务模式，涵盖加速器、创业指导等综合化的金融服务成为支持科技企业的典型做法。同时，美国在政府的引导支持下，建立了完善的信用担保体系。

德国、日本为代表的间接融资金融体系，其科技创新的支持主要来自银行，政策性银行和政府在其中发挥了重要作用。德国通过复兴信贷银行等政策性金融机构引导商业信贷进入科技创新领域。复兴信贷银行运作的主要特点包括：一是资金来源以债券融资为主，辅以财政资金和银行借款。二是融资产品涵盖低息贷款、次级贷款和股权融资等多种形式。次级贷款融资的实质是为企业提供长期无担保的债券类风险资金。三是不直接发放贷款，而是通过商业银行转贷给借款人。在自身获得低风险收益的同时，也使转贷银行获取一定收益。同时，德国政府为科技型中小企业提供以担保银行为核心、以州政府和联邦政府为辅的多层次融资担保体系。一旦发生风险，商业银行、担保银行、德国联邦政府、州政府按比例分担风险责任和承担损失。日本则形成了中央与地方风险共担、担保与保险有机结合的信用保证体系。①

---

① 李艳. 金融支持科技创新的国际经验与政策建议 [J]. 西南金融，2017 (4).

2. 中国的金融体系需形成合力、全面发力

我国的金融体系是以银行为主的间接金融体系。根据中国人民银行统计，2022年第二季度末，我国金融业机构总资产为407.42万亿元，同比增长9.7%。其中，银行业机构总资产为367.68万亿元，同比增长9.4%，占比超过90%。再加上银行体系是一个资源相对集中的体系，跟中国社会制度、管理模式的匹配度较高，能够将相对分散的金融资源聚合在一起，"上下同欲、利出一孔"，发挥"集中力量办大事"的优势。不得不承认的是，正是因为银行为主的金融结构才在我国双轨制运行的过程中发挥了重要作用，避免了大的金融风险和金融危机，是符合中国国情的金融体系。因此，银行也成为服务科技企业的主力军，但是商业银行稳健经营的特性与科技企业高风险的特征存在天然的不匹配，我国科技贷款的供给明显不足。首先，我国主要商业银行虽然成立了科技支行，但是受限于总行的要求，经营不具备自主性。另外，我国的三家政策性银行（国家开发银行、中国农业发展银行、中国进出口银行）并没有将服务科技创新作为其主要功能。中小银行由于实力薄弱等问题抗风险能力较差，更加缺乏服务科技企业的动力。

因此，我国银行体系应进行全方位的改革创新。其一，民营银行方面，应鼓励微众银行、网商银行、百信银行等独立法人银行，借助技术反哺技术，形成技术变革金融、金融服务科技的正向循环体系，同时全国各地尤其是一、二线城市应效仿北京中关村银行的模式，成立各个地方专门支持科技企业的银行。其二，商业银行方面，必须进行市场化改革。内部建立公司治理体系，形成有效的内部制约，加强数字化转型。外部减少政府的干预，发挥存款保险制度的作用，进一步形成有效的准入与退出机制。其三，政策性银行方面，效仿德国复兴信贷银行的模式，加强政策性银行服务科技创新的功能定位。最后，我国的银行体系应形成合力，建立政策性银行、国有商业银行、中小地方银行的联动机制，形成收益共享、风险共担的合作模式，共同推进科技金融产品的创新。

发展风险投资市场建设。从企业生命周期理论来看，初创期、早期的科技企业更需要资本的支持，因为此阶段企业风险较大，以风险投资为代表的股权融资更可以匹配其风险收益特征。但是，目前我国的风险投资市场仍处于初级阶段，尚未形成成熟的运作模式。首先，市场化程度有待加强。目前我国的风险投资多为政府出资，民间资本参与较少，"国办官管"的模式使得风险投资缺乏活力，市场化的运作模式、评价体系等尚不完善，难以有效支持风险较高的科技企业的需求。其次，募资难度较大。CVsource 数据显示，2022 年上半年，国内新成立基金 4683 只，同比 2021 年上半年增加 33%，但募集规模仅为 2282 亿美元，同比小幅下降。综观 2019 年以来的数据，单笔募资规模大幅下滑，降至谷底。最后，退出渠道不完善。受制于我国多层次资本市场的不完善，我国风险投资通过上市实现退出受到限制，影响了风险投资的收益。因此，我国的风险投资要进行市场化改革，减少政府干预，发挥政府财政基金的引导作用的同时政府要择机推出；另外，扩大风险投资募集渠道。美国风险投资资金来源多元化，主要来源有捐赠基金、投资银行、非银行金融机构、大公司、银行控股公司、养老保险、保险公司以及外国投资者的投资。我国的风险投资不应主要依靠政府出资，应主动吸纳社会上的各种资金，包括保险公司、信托投资公司、养老基金和捐赠基金等机构投资者，另外，可以加强与外资企业的合作，设立双边或多边创投引导基金。

完善资本市场功能。近些年，我国着力推进资本市场改革，相继成立科创板、北交所，明确定位于支持高科技企业和中小企业上市，注册制的施行简化了上市流程，并降低上市门槛，提高市场的包容性和多样性。过去，上市公司的前十名都是传统行业，例如银行、保险、白酒类企业，科技企业上市的数量很少，近两年的情况正在发生改变，高科技企业的数量在逐渐增多，规模也在不断壮大。但是，我国资本市场的发达程度与欧美仍有不小的差距，科技类中小企业在资本市场中活跃程度不高。港交所主要定位于服务高科技企业，正在由支持互联网企业向"硬科技"企业转变，这需要更好地适应"硬科技"企业的特点。2022 年 10 月，中国香港特别行政区长官李家超宣布将于 2023 年修改港交所上市规则，为尚未达到利润和交易要求的先进科技企业融资提供便利。从公开披露的一些信息可以看出，港交所考虑一些从事先进技术且具有一定规模的科技企业需要大量资金投入研发，却缺少盈利和业绩支持，将研发投入占比作为主要的指标，例如，对于尚未实现利润的企业重点考量研发投入占营业收入的比重，对于尚未实现收入的企业重点考量研发投入占营业支出的比重等。而科创板的上市条件并未将研发投入纳入考量，主要还是以营业收入、利润、市值等作为主要参考指标。另外，要将资本市场融资的功能向财富管理功能转变。资本市场实现财富管理功能的核心在于进入资本市场进行交易的资产要具备成长性，在第四次科技革命之下，优质的高科技企业正式代表了未来发展的方向，资本市场与高科技企业具有内在的耦合性。而我国资本市场财富管理的功能还没有实现，我国的居民财富结构 70% 是房地产，证券资产持有量很少，资本市场没有发挥出在优化资本要素分配、增强人民财产性收入，缩小贫富差距上的重要作用。因此，资本市场是实现共同富裕的重要途径，要切实深化资本市场投资端的改革，使资本市场不再是一个"讲故事"的地方，而是一个真正的"写故事"的地方。

4.3.3　加强必要的金融监管协调，守住不发生系统性金融风险的底线

1. 金融科技弱监管的现状

在面临技术创新时，制度只能进行被动、滞后的调整，制度与技术之间的错配通常为经济社会带来负面的影响。为解决这一问题，以尼尔森（Nelson, 1994）① 为代表的经济学家提出了技术与制度相互作用的非线性关系，即制度决定了技术发展的边界，技术发展又能反作用于制度变迁，强调技术与制度有益协同才能对经济增长产生推动作用。因此，制度不应在事后进行被动调整，而是应该在动态的过程与技术协同发展。当面临金融科技与监管制度的矛盾问题时，应改变先发展后治理的思想，基于协同创新的内涵推动监管转型。此种监管被业界和学界称为适应性监管，即要实现监管制度与技术创新的动态匹配，要求监管者不断调试理念、工具、技术等适应金融科技的创新特征。适应性监管的背后有许多含义，具体体现在监管组织架构、监管机制等各方面。由于监管组织架构作为监管体系中的基础，也是中国金融科技监管面临的最根本的挑战，本部分将就此展开论述。

目前，全球大概有三种模式的监管架构。即以英国、澳大

---

① Nelson R R. The co-evolution of technology, industrial structure, and supporting institutions [J]. Industrial and Corporate Change, 1994, 3 (1): 47-63.

利亚为代表"双峰"监管。1995—2007年，英国采用单一监管的架构，由金融监管服务局（FSA）统一监管。2007年之后，英国开始对监管体系做调整，并加强英格兰银行的监管地位，最终形成央行下金融政策委员会（FPC）、货币政策委员会（MPC）、审慎监管委员会（PRC），央行外设金融行为管理局（FCA）的"双峰"格局。FCA主要负责监管金融市场上各类金融机构与非金融机构的所有微观金融活动，不仅如此，FCA还可以经过判断，主动将市场上一些行为纳入其监管范围，金融科技的监管被包含在内。澳大利亚目前有两大核心监管机构——证券与投资委员会（ASIC）和审慎监管局（APRA）。ASIC同FCA职能类似，负责行为监管，APRA同PRC、FPC职能类似，负责整个金融系统的稳定。同样，澳大利亚的金融科技监管在行为监管的范畴，归ASIC监管。

　　以德国、日本、新加坡为代表的统一监管。德国联邦金融监管局（BaFin）下设证券、银行、保险三个委员，为加强对金融科技的监管，BaFin成立了金融技术创新部。此外，2017年3月，BaFin成立了金融科技委员会，但该委员会主要从事研究分析工作，无监管实权。日本金融厅（FSA）的组织架构于2018年进行调整，战略发展和管理局接替监察局，负责处理涉及数字市场、金融科技和发洗钱问题，政策和市场局接替总务企划局，负责金融科技法律框架制定。新加坡金融监管局则成立金融科技和创新团队（FTIG）加强金融科技的监管创新。因此，德国、日本、新加坡通过在国内唯一的监管机构下新成立部门或改革现有架构，以实现对金融科技的统一监管。

　　以美国、中国为代表的分业监管。美国金融监管机构很复杂，仅在中央层面上就有十多个监管部门，且不同的职责分散在多个机构之间，导致一种金融活动可能会受到多个监管机构的监管。2010 年,《多德—弗兰克法案》正式推出,将设立消费者金融保护局(CPFB)和金融稳定监管委员会(FSOC)。FSOC 将很多监管部门纳入其成员,简化了美国的监管部门设置,但是并没能根本改变美国分业监管的格局。再加上美国"联邦-州"的二元制宪制体制,赋予了各州制定法律法规进行监管的权利。因此,美国金融科技还要受到联邦与州层面的双层监管。

中国在中央层面建立了中国人民银行、银保监会、证监会的"一行两会"的分业监管体制。中国人民银行于 2017 年专门成立了金融科技委员会,以加强金融科技的统筹协调工作。但是,金融科技的监管仍然要按照从事业务的功能不同受"一行两会"的监管。同美国"联邦-州"双层监管类似,中国人民银行、银保监会、证监会在个地方均设有派出机构,但由于中国金融活动的复杂性,中央政府开始赋予地方金融监管职能,设立地方金融监管局。其原有的综合职能开始向监督管理和风险处置职能转变。因此,中国的金融科技监管同美国类似,只不过地方的权利没有美国州政府的权利范围大。另外,中国成立了中国互联网金融协会以加强金融科技的行业自律管理,其工作也包括加强风险监测预警等服务于监管的职能。

自 2008 年国际金融危机之后,"双峰"监管逐渐被认为是最有效的监管架构。实证研究表明,监管组织架构显著影响金融危机发生的概率,而"双峰"监管的模式的监管效率最高,有助降低本国危机发生的概率。[①] 一是"双峰"监管中的审慎监管与行为监管相互分离又互为补充的监管模式可以从防止系统性金融风险、加强金融机构微观风险预防能力以及加强

---

① 黄益平. 读懂中国金融 [M]. 北京:人民日报出版社,2022.

对消费者权益保护三方面入手，相对全面的防止金融危机的发生；二是分业监管容易出现监管空白地带。随着技术对金融的渗透，一些新型的金融服务被快速创造出来，在分业监管的模式下，由于"谁发牌照，谁监管"的监管导向，这些新型业务会因为监管缺位而导致风险的累积，微观主体监管套利的存在反而使宏观审慎监管的有效性下降。中国于 2017 年 7 月在国务院下成立了金融稳定发展委员会，2019 年人民银行组建了宏观审慎管理局以加强宏观审慎管理，但是中国的监管组织架构的变革仍在进行之中，以分业监管为主的机构监管架构仍需适应技术推动下不断变化的金融形势及时作出调整。

2. 金融监管亟须变革以提升监管能力

基于中国分业监管的现状，我国的金融科技监管亟须完善现有的框架，厘清各部门的监管职责，为金融业务创新预留出监管空间。同时，应加强监管部门之间的监管协调，将功能监管的模式融入现有的以机构监管为主的监管模式之中，充分发挥国务院金融稳定委员会和中国人民银行在加强宏观审慎监管方面的作用。这里值得一提的是大型科技集团的监管问题，big tech 的风险有三大传播途径：一是通过集团下的子公司从事的金融业务直接向公众传播。这种金融服务一般是多项金融服务的组合，并且集团内部的金融服务与非金融服务的结合，会产生新的风险。二是向金融机构提供非金融服务。金融机构对 big tech 过度依赖，一旦发生技术性风险，将会传导给金融机构。三是网络效应导致金融和技术服务市场的集中。网络效应导致 big tech 快速积累用户并建立起市场支配地位，过度集中即垄断的市场增加了金融系统的脆弱性。

对于第二种、第三种风险来说，中国监管已经开始有所行动。首先，断开大科技企业与金融机构的不当连接。例如，中国人民银行要求平台公司全面剥离与个人征信相关的业务，通过持牌个人征信机构向金融机构提供信用信息服务，化信息垄断为信息共享。金融机构的核心业务不得外包，对于助贷、联合贷款等业务都出台了监管措施等；其次，开始注重对于大科技企业的行为监管。例如，中国市场监管局对于 big tech 垄断性地位导致市场不正当行为的监管，于 2021 年出台了平台经济领域的反垄断指南，强化反垄断和防止资本无序扩张。强化数据保护，保障消费者权益方面，自 2016 年起，中国陆续出台了《网络安全法》《数据安全法》《个人信息保护法》，充分保障个人隐私和消费者知情权、同意权、异议权、投诉权等合法权益。2021 年发布了《征信业务管理办法》，该办法在征信领域规范了个人信息保护及信息主体各项合法权益。

针对第一种风险，目前全球的主流做法有两种：一是限制，即金融机构被限制从事特定活动，例如美国限制存款机构从事商业活动；二是隔离，保护金融业务免受其他业务线产生的风险。第一种方法过于刚性，掐断了金融创新的可能性。第二种方法可以减轻集团内部公司的业务依赖。中国的实践偏重于第二种方法，即在金融业务与非金融业务之间或是不同的金融业务之间建立一道"防火墙"。例如，2020 年 9 月，中国人民银行颁布《金融控股公司监督管理试行办法》，根据该文件，大型科技企业应成立金融控股公司，将涉及的银行、保险、证券等金融活动纳入金融控股公司，并对金融控股公司实施审慎监管等要求。

《金融控股公司监督管理试行办法》的出台弥补了对于金融控股公司的监管空白，但是目前的监管只是将监管注意力集中在大科技企业的金融活动上，在 big tech 采取的金融和非金融活动组合所产生的新型风险领域则处于监管真空地带，即没有将大科技企业作为整体，并对其金融活动所产生的风险外溢给予关注。对此，国际清算银行对此在其发布的《大型科技公司监管：寻找新的监管框架》中提出了包容性的监管方法，即将金融活动和非金融活动纳入一个具体的监管类别。这个方法有两个层面：一是与隔离类似，将金融活动归类于金融控股公司；二是金融和非金融业务之间的互动将作为集团整体受到监管①。这种方法为 big tech 提供一个新的监管框架，更多地考虑大科技企业金融业务的外溢效应对集团整体的影响，从而为金融创新留出监管空间。中国的监管应将大科技企业金融活动的外溢风险纳入监管考量，在机构监管为主的基础上，结合功能监管的理念，建立更具弹性的监管架构。

4.3.4　夯实"数字丝绸之路"的金融基础，促进资金融通

1. 新兴市场成为数字博弈的关键之地

美国自特朗普政府以来陆续推出多项全球基建计划或是区域基建计划以对抗中国的"数字丝绸之路"。2018 年 7 月，特朗普政府推出"数字连接和网络安全合作伙伴关系"（DCCP）的倡议，旨在新兴市场目标国家进行数字基础建设、技术援助和网络安全能力建设，渗透数字基础设施政策和监管，增加美国公司在目标市场的份额。同年，美国提出建立"美国—东盟智慧城市伙伴关系"（USASCP），在东南亚城市推动数据驱动技术创新，刺激美国对该地区数字基础设施的投资。2019

---

① BIS. Big tech regulation: in search of a new framework ［EB/OL］. https://www. bis. org/fsi/fsipapers20. htm.

年，美国推出的"蓝点网络"（Blue Dot Network）计划将推动美国认可的数字标准在印太地区的实施与推广。12月，美国官方正式推出"美洲增长"（Growth in the Americas）倡议，目标是推动私营部门对拉丁美洲和加勒比地区的能源和基础设施投资。同时，美国将"数字连接与网络安全伙伴关系"扩展至拉美和加勒比地区，提供1000万美元加强该地区的数字基础设施建设。2021年6月，"蓝点网络"计划正式启动，同月，在英国康沃尔西方七国集团（G7）峰会闭幕式上，美国推动将"重建美好世界"（Build Back Better World，B3W）的倡议写入联合声明，以推动美国在全球范围内的基建投资。与蓝点网络对比来看，B3W展现出更为显著的全球拓展趋势与更为明显的盟友联合色彩。2022年6月，于德国埃尔茂城堡召开的G7峰会上，美国宣布正式启动新的基建计划——全球基础设施与投资伙伴关系协议（Partnership for Global Infrastructure and Investment，PGII）。PGII可以说是B3W的翻版，并无太多新意，是美国在B3W受阻的情况下推出的又一个全球基建计划（见表4-2）。

表4-2 中美全球基建计划对比

类型	"一带一路"	"蓝点网络"	重建美好世界（B3W）	全球基础设施与投资伙伴关系协议（PGII）
时间	2013年	2019年11月宣布 2021年6月正式启动	2021年6月	2022年6月
发起国/参与国	中国	美国、日本、澳大利亚发起	美国牵头、七国集团（G7）参与	美国、七国集团（G7）参与

续表

类型	"一带一路"	"蓝点网络"	重建美好世界（B3W）	全球基础设施与投资伙伴关系协议（PGII）
资金投入规模	过万亿美元	DFC（美国国际发展金融公司）投资权限为600亿美元	2035年承诺40万亿美元 目前只有600万美元	6000亿美元
方式	"五通"建设	制定全球基建标准	制定全球基建标准	以民主定性，试图继续为基建领域制定高标准和新规则
目标地区	全球	印太地区	全球	全球
目标领域	铁路、公路等传统基建为主，2017年提出"数字丝绸之路"建设	5G网络、互联网、传感器和包括"智能城市"在内的数据管理系统	聚焦于气候变化、健康安全、数字技术、性别平等四个"高质量领域"	海底电信电缆、信息通信技术等

资料来源：根据公开资料整理。

以上美国的三个代表性的全球基建计划（"蓝点网络"、B3W、PGII）与中国的"一带一路"建设相比，呈现出如下特点：一是政治色彩浓厚。"蓝点网络"计划、B3W倡议均被美国当作对抗中国的政治武器，这就决定了其将主要服务于美国自身利益，并不会从促进发展中国家的发展为出发点进行运营。另外，B3W、PGII积极拉拢G7成员国加入，可以看出其附带了浓厚的价值观色彩。二是资金不具备可持续性。"蓝点网络"计划并没有公布资金情况，只有美国国际发展金融公司得到国会600亿美元支持，如果按1.6倍杠杆率拉动私营资本，那么"蓝点网络"的潜在融资规模也只能达到1500亿美元左右。B3W更是只提供了600万美元，PGII也大幅缩减了预算至6000亿美元。而且，由于受到美国国内基建计划资金投入的制约，PGII 很可能引起美国两党的争论与美国民众的反对，资金难以得到保障。截至 2021 年末，中国进出口银行相关贷款余额已经达到 1.95 万亿美元。因此，在资金投入方面，"一带一路"建设具有明显的优势，可为项目提供充足的资金保障。三是认证标准浮于表面。以"蓝点网络"计划为范本的美国，其推出的基建标准并不是由全体参与者通过广泛且充分的讨论得出，而是根据美国、日本和澳大利亚等国的机构评估裁定而制定。当前的基建与援助相关规则包括赤道原则、二十国集团高质量基础设施投资原则及经合组织标准等。可见，这些标准均是以美国利益为核心，并且这些标准的使用门槛都很高，面临比较大的适用困难。例如，标准规定相关基建项目必须采取公开招标方式，着眼整个生命周期评估项目成本，采取强有力的社会和环境保障措施，并确保受援国的债务可持续。对欠发达国家而言，首要关心的是如何从 0～1 建设基建项目，其次才是如何更好地建设项目的问题。

2. 数字丝绸之路背后的金融能力建设

推动金融产品创新，服务"一带一路"企业"走出去"。鼓励商业性金融机构深度参与"一带一路"项目的全周期管理。在项目前期，商业性金融可提供风控、咨询、投行、可行性分析等多种金融服务，对于长期驻扎当地市场的外资银行，其风控能力强于同类的中资机构，有利于识别风险及降低融资成本；在项目中后期，商业性金融可以发挥市场化的管理理念、创新融资模式和运营经验来提高基础建设项目的可持续性。建立金融机构与企业利益共享机制，鼓励商业性金融机构参与降低企业融资成本。可探索金融机构与企业之间的利益分配机制，通过设立含有期权或对赌机制等的结构性借贷工具，鼓励金融机构以较低利率向企业提供融资，企业在项目盈利后向金融机构返利。

提升银行业保险业对"走出去"企业的精细化服务，平衡风险防控与业务创新。国内金融机构在服务企业"走出去"过程中，应当加强风险防控，以"了解客户""了解业务""尽职调查"的"展业三原则"为基础，落实独立、全面、深入、审慎的尽职调查和风险评估流程。同时，应当加强保险业产品和服务创新，大力发展出口信用保险，推动供给侧创新，缓解国内企业跨国投资风险。

加大对政策性金融支持，发挥政策性金融机构"四两拨千斤"的战略杠杆作用。一方面，政策性金融能够较好地解决项目方与资金方信息不对称的问题。由于在"一带一路"的项目建设中，政策性金融能够长周期地跟进项目，对于项目的信息掌握更完整，有利于对建设项目作出精准而科学的判断。另外，政策性金融具备规模效应和乘数效应等优势。由于政策性金融支持的项目不单单是一条铁路，还有周边的工业园区及标准厂房等，这样就能够形成较为完整的区域产业链和供应链，金融支持可以形成组合效应和乘数效应。为此，一方面，进出口银行等政策性金融机构可以发挥其中长期资金优势及引导性作用，联合引荐海内外商业银行或私有资本以银团贷款、委托贷款等方式进行 PPP 项目融资，提升项目运作效率，合理设计融资方案、降低融资成本，形成对"一带一路"的金融支持合力。另一方面，利用资本市场募集大额资金的功能，加大投向"一带一路"的主题债券在银行间债券市场的发行；发起设立或增加对"一带一路"主题基金的股权份额，通过投贷联动的方式，以股权投资的方式撬动更多渠道的社会资金。

进行科学的金融筹划安排，构建金融安全网络。要积极同处在危机爆发边缘的新兴市场国家对接探讨可行方案，提供债务展期、债务置换以及必要援助。中国可为债务国提供更为市场化的债务减免或展期方案，创新债务处置方式，如对存量或到期贷款进行债券置换、加强与国际组织合作监督等，有利于提升信息披露水平。另外，深化与世界银行、亚洲开发银行等国际多边金融机构的交流合作，与其他国家的重要银行共同构建国际金融安全网络，设立"一带一路"项目的前期、中期、后期全过程风险联防联控机制，共同加强对金融风险的甄别、预警和处置。

第5章 气候变化带来的
百年未有之金融博弈

21 世纪最大的变局之一，是气候大变局，气候变化已经成为当下全球各国必须面临的最紧迫问题，关系到人类文明的存续和人类命运共同体的构建。气候大变局重塑了国际政治经济局势，引发了产业、能源、金融、科技、贸易等诸多领域的颠覆性变革，也带动了新一轮的大国博弈。

在气候变化这一人类文明的存续问题上，金融界责无旁贷。自现代金融业诞生以来，金融就长期作为实体经济的重要推动力量，而应对全球气候变化、实现可持续发展目标、推动产业经济绿色低碳转型，更离不开金融业的绿色变革。对此，中国将在百年未有之气候大变局下寻求金融业的绿色转型升级，引领全球气候治理与可持续发展方向，在大国博弈中探寻中国金融的发展之路。在中国未来的金融发展之路中，气候大变局下的金融发展、博弈的逻辑框架发生转变，国家、企业、金融机构都将以新视角和新思维看待这一重要变革。

5.1 气候变局下全球金融业态升级拐点出现

5.1.1 应对气候变化引发金融底层逻辑转变

1. 能源革命转变金融行业发展方向

百年气候变局，中国需寻求碳中和下的生产活动逻辑升级，金融作为支持产业活动的基础，同样也需要探寻金融升级与发展所需要遵循的原则。

斯米尔在《能量与文明》一书中指出，从历史上来看，人类开展能源运用活动的核心是能量在不同形式中的转换，并且再以某种形式进行空间流动。[1] 由此可见，在更宏观的角度上，气候适应时代与工业文明时代的核心差异之一是人类运用能源开展活动的能量流动方式的改变。比如在工业时代，化石能源能通过燃烧转化为热能，热能通过蒸汽机热膨胀或者内燃机转化为机械能；21 世纪各国大力推进的风能和光伏等清洁能源，即为动能和太阳能转化为电能，电能通过输电实现能量的空间流动，这一转变的最重要的结果是碳排放由增多转为减少，这也可以从碳元素流动的角度来看待，[2] 光伏和风电的循环过程没有原材料的化学变化，便极少有碳元素参与。在此基础之上，以货币和资金流动为核心的金融活动，与能量流动之

①　瓦茨拉夫·斯米尔. 能量与文明 [M]. 吴玲玲，李竹，译. 北京：九州出版社，2021：45.

②　胡静. 碳元素的生命之旅 [J]. 流程工业，2021（8）：1.

间的关系密不可分，金融活动是一系列跨时空的价值交换行为，[①] 投资化石能源投入价值，未来通过生产活动取得收益、回收更高的价值，其中能量转换和流动的过程也伴随了金融资金实现循环和增值的过程，这同样也可扩展到其他能源类型。在气候变局下，一系列绿色低碳投融资行为和活动，其目标所对应的能量循环过程减少，甚至消除了人类能源需求的过程中大量碳排放。若 21 世纪应对气候变化的最终方向是以碳中和目标为基础建立零碳能量循环体系，则金融业的变革就会始终伴随这一过程，并实现其外在的货币化表达。

在碳中和产业革命发生之前，化石燃料的消耗伴随着碳元素的消耗与碳排放的增加，气候大变局引发碳排放空间约束，带动的生产技术革命将彻底改变既往经济活动的增碳性质。从前工业革命时代包括金融在内的活动经常围绕着获得更多的"碳"所进行，比如购买或者获取更多的化石燃料，能源金融与化石燃料高度绑定。

由增碳转为减碳，这意味着在气候革命引发的碳排放约束下，要实现经济基础建设的核心目标，则需要通过产业革命实现同样的生产结果下比以往排放更少的"碳"，金融升级和服务则围绕着这个方向进行，最终实现碳中和目标的最终方向将是确保人类文明与生态环境组成的综合系统不再净增额外的"碳"。

从气候变局下的国际博弈角度，各国要努力实现《巴黎协定》所制定的 21 世纪全球温控目标，就必须从总量和强度两方面控制温室气体排放量。在全球气候治理大变局下，在碳排放约束下合理利用排放空间的能力作为大国实力的重要组成部

---

① 杨慧玲 . 金融不稳定性的逻辑：一个马克思主义的阐释 [J]. 当代经济研究，2018（1）：5-14，97.

分将在长期内具备战略重要性，是实现可持续发展并有实力参与气候大国博弈的核心，也是金融业态变革与扩展的方向。

2. 金融寻求应对气候问题的绿色出路

21 世纪，日益迫切的气候变化问题引发碳中和目标与全球气候治理的共识，并带来碳排放空间约束，这令绿色金融理念的诠释得到升级，并在全球范围内进一步得到更为广泛的接受。2015 年 12 月，联合国 195 个缔约方国家在气候峰会中通过《巴黎协定》等各项协议，努力采取一切手段减缓全球升温幅度，其中就包括一系列绿色投资活动。

要推进联合国的各项气候目标，仅中国就至少需要数百万亿规模的绿色投资，[1] 将刺激实体经济绿色转型的巨大需求，从而绿色金融发挥融资功能和服务创新是必要的，借助绿色金融的资源配置功能，发挥应对气候变化将是绿色金融在新时期的理念升级与实践发展方向，这分别可以从外部性和产权的角度予以理解。

从外部性角度，产生环境影响的活动具有外部性，[2] 碳排放可谓是 21 世纪最大的负外部性问题，重要性、复杂性、影响范围远超其他环境问题，而发展绿色金融具有强烈的环境正外部性，在绿色溢价较高的初期，绿色发展在市场中的经济效应并不高，融资缺乏利益驱动，从而绿色金融在社会责任阶段的正外部性大多依赖于政府提供。但是，政府资金运用远低于气候目标的最终需求，从而应当引导市场资源和社会资金进入气候领域，并激发绿色金融走向新的发展阶段。

从产权角度，生态环境权益的界定与市场化是推动外部性

---

① 巢清尘，张永香，高翔，王谋. 巴黎协定——全球气候治理的新起点 [J]. 气候变化研究进展，2016（12）：61-67.

② 丁明峰，杨巧敏. 全球气候变化与外部性及应对策略 [J]. 财富时代，2022（4）：74-76.

内部化的重要路径,① 当政府发挥自身政策作用,明确相关环境权益在气候目标下的优先地位,或者环境负外部性开始存在政策风险和市场风险,绿色金融的市场机制会促使资源在气候领域的政策优化配置。当充分调动社会资金进入绿色产业中后,绿色溢价逐渐实现降低、归零并转负,也会因此提高对市场资金的吸引力,当低碳产业收益与高碳产业持平,在风险对比与收益对比下,市场资金会逐渐倾向于投资低碳产业。从而绿色金融在应对气候变化新阶段的资源配置作用会倾向于推动社会资本进入低绿色溢价的产业。

5.1.2 气候与生态共同体下的中国与世界

人类命运共同体的构成,体现了新时代中国特色社会主义开放的基本宗旨和智慧,并不是虚无的乌托邦,而是对不同文明和谐共存的思考,其实施路径多种多样,最为突出的是"一带一路"倡议的提出与落实,不断推进公正、合理的国际政治经济新秩序逐步形成。在经济与政治全球化下,通过对人类命运共同体的构建,中国逐渐重构全球治理范式的格局。

自 1972 年联合国首次讨论温室气体排放造成气候变化问题以来,各国对气候变化应对方法、份额、机制等进行了长达半个多世纪的博弈。2015 年,在被称为人类命运"最后的窗口期",联合国气候大会通过了旨在将全球气温较前工业化时期上升幅度控制在 2℃以内、并努力限制在 1.5℃的气候变化协定——《巴黎协定》。2016 年 4 月 22 日,时任中国国务院副总理张高丽作为中国国家主席习近平特使在《巴黎协定》上

---

① 张伟. 外部性是绿色金融的重要特征 [J]. 中国战略新兴产业, 2018 (5): 95.

签字。同年 9 月 3 日，全国人大批准加入《巴黎气候变化协定》，中国成为完成批准协定的 170 多个缔约方之一。

《巴黎协定》最大的贡献在于，全球共同应对气候变化的"硬指标"得以明确。而要实现这个指标，必须推行各国的净零排放计划，以积极开展并落实《巴黎协定》框架下的全球气候治理路线图。自中国提出碳中和目标以后，多次中央重要会议都强调，实现碳达峰、碳中和，既是我国实现可持续发展、高质量发展的内在要求，也是关系到中华民族永续发展、推动构建人类命运共同体的必然选择。

中国决策层全力推动双碳目标落实，仅用一年多的时间就基本完成了顶层设计所需要的领导机制、指导文件、战略部署。许多国家大战略的出台与部署均需数年的时间，比如"一带一路"倡议 2013 年秋季提出后的一年多，2015 年 3 月才推出第一份名为《推动共建丝绸之路经济带和 21 世纪海上丝绸之路的愿景与行动》的政府白皮书；国家的其他发展战略如京津冀协同发展、粤港澳大湾区、长江经济带的顶层设计出台速度也慢于双碳目标。相比之下，双碳目标的落实与推进在 2021 年可谓快速而高效，既体现了中国紧跟国际趋势、致力于全人类生态共同体事业的大国责任，也反映了中国决策层时不我待、分秒必争推进气候变化与生态治理的时代紧迫感，更标志着中国生态文明建设正式进入了绿色低碳发展的新阶段。

在人类命运共同体视角下，气候共同体、生态共同体、地球共同体等都是人类命运共同体的重要组成部分，均是在环境问题的国际差异中建立中国诠释的出发点和立足点。在碳中和顶层设计带动的全行业经济绿色转型过程中，建立生态共同体是中国实现绿色崛起的路径和出路，具体可分为四个层面。

1. 积累中国低碳经济与绿色金融经验

中国通过完善生态共同体理论创新与实践探索，将为世界可持续发展进程积累了中国经验，为全球碳中和目标贡献着中国力量。

自工业革命以来，人类向大气排放了约 1.5 万亿吨二氧化碳，资本和财富的积累与碳排放密切相关，美国累积排放超过 4000 亿吨，占比高达 27%，远超其他任何一个国家。同时期的其他资本主义国家也贡献了极高的碳排放，是现今全球气候治理难题的罪魁祸首。

区别于西方灾难资本主义生产模式下的高耗能、高排放、高污染的工业文明体系，中国探索可持续的生态文明建设实践路径是独树一帜的，与生态环境的兼容性是开展生产活动与建立生产关系的核心属性之一。中国正充分借助发展中国家的后发优势，在社会主义现代化强国进程中将生态文明理念融入其中，实现经济增长、环境保护与生态进化的有机结合。在全球气候变化问题极为严峻的 21 世纪，先污染、后治理的高排放型的工业生产方式并不适合尚未完成工业化进程的发展中国家，更在发达国家从碳达峰到碳中和的碳减排新阶段中带来了难以转变的模式惯性，而如何处理好发展与减排的矛盾是发展中国家探索全球低碳竞争出路的前提和基础。

由此可见，碳中和顶层设计对中国而言不仅是一次全面经济转型，更是中华民族复兴的一次观念、思想与生活方式的革命。中国建立生态共同体的过程，不仅是作为发展中国家探索出一条生态经济之路的过程，而且为世界积累可持续发展的中国经验的过程，以更低的成本（资源节约利用和环境保护）和更高的效率（降低能耗与污染并提高生产效率与质量）实现全行业经济的绿色发展。

从国内形势层面，中国减排成效显著，2019 年碳排放强度（每单位国民生产总值的增长产生的二氧化碳排放量）比 2005

年降低了48.1%，但自"碳中和"目标提出后，中国的碳减排工作遇到了决定性的转折点，需从产业到部门、从国家到省市重新探索更为安全可靠的方案和路径，挖掘产业升级与绿色转型的潜在机遇，最终实现可持续的高质量发展。

中国将碳中和顶层设计融入了新发展理念之中，真正做到了站在人与自然和谐共生的新高度来谋划中国未来数十年内的经济社会发展，在转型的挑战中探索机遇，并形成了中国碳中和发展蓝图。在全行业范围内广泛开展传统产业低碳升级、金融体系绿色转型、能源结构清洁优化、资源利用效率提升、环境兼容和谐共生、绿色低碳技术创新、贸易流动绿色循环等全方位的低碳布局。

从国际形势层面，2021年不仅是中国的"碳中和元年"，同样也是全球低碳竞争开启的元年，面对复杂的国际碳中和局势以及全球气候变化引发的政治问题，各国在2021年前后纷纷开启绿色发展政策升级与转型，不断扩大绿色投融资规模，广泛推动能源清洁化，加强生态环境保护和生物多样性保护的力度，意图在国际碳中和局势中提升大国气候影响力。在此背景下，中国碳中和顶层设计的出台，是助力中国在全球碳中和竞争中占据发展中国家先发优势的必然选择。

在全球低碳竞争之中，中国承担了发展中国家特有的减排压力，面对经济发展与环境保护之间的矛盾，中国建立了先进、高效、科学的生态兼容与环境友好的发展模式，通过碳中和顶层设计指导与"1+N"政策体系，系统性地为国内各行业、各部门、各地区低碳转型工作开展的时点选择和路径探索提供了行动依据，走出了一条中国特色碳中和发展之路，以应对新一轮的国际绿色低碳竞争和挑战。

2. 在气候治理下的大国博弈中提升国际影响力

在以气候治理主导的大国博弈中，中国借助绿色"一带一路"等倡议，将开启生态共同体的多边进程，在国际政治经济局势的重塑中发挥中国影响力。

21 世纪的大国博弈进入了一个新阶段，气候变化正在塑造这一阶段的国际政治，应对气候变化议题已逐渐占据国际政治经济议程的核心位置。在以气候治理为主的全球博弈局势之中，我国近年来在生物多样性保护等国际合作中发挥了重要作用，已成为全球环境基金最大发展中国家捐资国，成立"'一带一路'绿色发展国际联盟"并与多个国家建立合作与对话机制，中国正在借助绿色"一带一路"等国际性的倡议，逐渐建立起中国主导、多边参与的生态共同体区域合作进程，在包括气候治理在内的国际政治经济合作中塑造中国的大国影响力。

在 21 世纪 20 年代，全球碳中和进程将成为重塑国际体系的重要转折点，从前在合作关系或政治联系并不密切的国家之间将有望在生态共同体格局下重新建立起信赖关系。在此期间，中国通过积极开展国际气候对话与生态合作，将主动抓住国际气候政治经济格局中的战略机遇，在国际碳中和竞争中占据先机，与国内绿色转型进程下的产业升级创新相呼应，实现国内与国外的绿色双循环。

半世纪以来的气候应对史，不仅是人类认知全球气候的思想史，也是一部国际政治曲折而艰辛的谈判史，还涉及广大发展中国家追求生存权、发展权而进行的残酷斗争史。通过一系列的认知演进、谈判斗争，人类先是在气候变暖的逻辑、机理和原则上达成一致共识，再是降低温室气候排放目标、持续发展进程上形成基本合力，最终使人类进入"碳中和元年"为新起点的全球气候治理大变局时代。

随着气候问题成为全球极为重要的政治议题，国际产业、经济、贸易、投资格局随之将发生转变，大国博弈的方式也出现新规律、新轨迹与新框架。在气候变局下政治经济格局变化带来了大量的国际合作机遇，中国在国际绿色产业发展中占据先机，对外把握绿色低碳外循环，对内促进产业升级内循环，加速资源合理、高效、安全流动，定能在新一轮大国博弈中牢牢占住领衔位置。从这个角度来看，中国通过碳中和目标和气候治理行动参与到气候变局下的大国博弈中去，不只是与全球气候治理接轨的被动迎合，更是对未来国际体系、经济局势与产业格局的主动塑造。在气候博弈之中，中国承担了发展中国家特有的减排压力，面对经济发展与环境保护之间的矛盾，中国建立了先进、高效、科学的生态兼容与环境友好的发展模式，通过碳中和绿色低碳政策体系，系统性地为国内各行业、各部门、各地区低碳转型工作开展的时点选择和路径探索提供了行动依据，走出了一条中国特色应对气候变化的发展之路，以应对新一轮的国际气候变局竞争和挑战。

3. 挖掘生态文明建设的体制优势

中国在生态共同体的建立过程中，通过充分挖掘体制机制优势、信守气候承诺，将持续对外讲好中国生态文明与碳中和故事。

在国际社会上，中国作为全球第二大经济体，历来信守承诺，充分挖掘并对外展现了体制机制优势。例如，中国以前所未有的高效率在雾霾治理上达成了瞩目成就，坚持打好污染防治攻坚战，生态环境部发布的《2021 中国生态环境状况公报》显示，2021 年全国生态环境质量主要指标顺利完成，生态环境质量明显改善，339 个地级及以上城市中，218 个城市环境空气质量达标，占 64.3%，同比上升 3.5 个百分点。又如，2022年北京冬奥会期间，中国集中优势资源和力量，联合多方机构共同服务，举办了历史上首届实现碳中和的奥运会，全面唤起了全球人文生态交流的觉醒，为全球可持续发展注入了中国信心。

中国在建立生态共同体的过程中，充分展现了关切人类长远安全的中国诚意，在国际舆论中，国际社会在环境领域对中国批判要明显少于政治领域，意味着对中国生态文明建设的国际肯定。生态共同体理念的国际实践，是中国推进多边主义进程的重要途径，这使我国对新时代多边主义理论和实践的发展作出了历史性、开创性贡献。中国将生态文明思想融入经济社会发展体系之中，只要在生态共同体等理念的指导下，中国通过中国行动向世界的可持续发展贡献中国力量，就能建立起中国对人类命运共同体的解释权，在气候政治问题的国际舆论竞争之中争取中国优势。

4. 政策体系全面绿色升级

中国在生态共同体下提升政策目标的方法智慧，将推动生态政策、绿色金融、低碳产业、能源转型等领域综合并进，并实现中央与地方协同发力。

生态共同体的建立，对中国带来了政策升级要求，这同样也是碳达峰、碳中和目标的现实需求。中国提出 2030 年碳达峰、2060 年碳中和目标，是联合国《巴黎协定》气候治理进程中的大国承诺，是在人类命运共同体下探寻生态共同体出路的中国实践。碳中和目标的实现过程是一次持久战，生态共同体的建立也是一场重塑经济社会发展方式的重要路径和历史进程，更是一场涉及各行各业且自上而下的全面绿色转型，不仅中央层面进行了宏观战略部署，更获得了涉及能源、工业、交通、环境、科技等近乎所有行业部门的全面配合，以及金融体系所提供的与之匹配的绿色金融资源支持。自碳中和目标提出以来，各级政府与各行部门均高度重视，积极探索行动方案，加快制定路径规划，将金融支持绿色发展、工业生产与产业链供应链绿色升级、能源清洁可持续替代转型等领域的各种要素纳入了同一个生态经济系统之中，并实现中央和地方的协同发力，在碳中和顶层设计中充分提升了政策目标的方法智慧，在生态文明建设与可持续发展道路上迈出稳健而坚定的步伐。

5.1.3　金融绿色升级带动全球金融业态变革

1. 绿色金融实现碳排放的气候定价

在联合国环境署（UNEP）每年发布的排放差距报告中，摘要部分均会反复重申 1.5℃ 的理想目标——以 2021 年《排放差距报告》为例，按照当前政策情景，2050 年全球气温有 66% 的概率比工业化之前提高 2.8℃，1.5℃ 目标则需要至少实现 400 亿吨的碳排放约束路径。

无论是可持续投融资，还是气候政策，其目的其实是平衡应对气候变化的成本与收益，而绿色金融实现了为气候目标和路径进行定价，包括了成本定价与收益定价。气候变化的成本是显性的，物理风险损失与转型资产搁浅可以定价，[①] 而每减少一个单位温室气体的排放，其成本也基本可以计算，但收益中的很大一部分其实是隐性的，这部分隐性成本在传统金融的视角下难以确定或者没有合适的方法，仅从项目角度开展的绿色投资并没有充分挖掘出气候定价的模式与方法，而绿色金融则把一些明确的气温临界点、不明确的突发气候灾难等多种因

---

① 张帅，陆利平，张兴敏等. 金融系统气候风险的评估、定价与政策应对：基于文献的评述 [J]. 金融评论，2022（14）：99-120，124.

素纳入了碳排放约束的成本效益分析之中，且对于每一个可能的路径情况（如 1.5℃、2℃ 或其他路径），绿色金融令减排路径实现了货币化，即实现了气候定价。

在气候变局下，金融被赋予了新的使命，即需要对资源环境问题提供金融对策，处理好经济与环境之间的平衡问题。历经 200 多年的工业文明，人类社会的生产力水平不断提高，前工业时代人类开发自然资源和利用环境的程度还不足以引发严重的经济与环境矛盾，19 世纪至 20 世纪社会各界关于资源环境问题引发了一系列争论，比如以米都斯所著《增长的极限》①为主的资源过度开采问题（公共资源的稀缺性凸显后，对公共资源过度利用将产生"公地悲剧"）、人口爆发增长问题、化石燃料储量限制问题以及最严峻的污染与环保问题。事实上，21 世纪的客观现实表明，主要大国的人口增长率有所下降甚至进入负增长，并没有呈现指数式爆发。随着生产效率的提升和技术的进步，化石燃料不仅探明了更多储量，也得以长期继续开采利用，甚至发生"油气供应过剩"。能量转换效率的提升降低了单位产值的资源消耗，并且能在成本可控的条件下减少环境污染。因此，如果仅以资源利用和环境保护为主要目标，绿色金融承担的作用和规模有限，也仅会以政府提供公共物品的主要形式而存在。

从全球范围来看，以加速升温为主的全球气候变化是一个典型的和标准的公地悲剧，②也是 21 世纪影响范围最大、时间跨度最长、参与主体最多的公地悲剧，此时稀缺的公共资源是剩余可以排放的温室气体总量，而非自然环境。公地悲剧的解

---

① 丹尼斯·米都斯. 增长的极限——罗马俱乐部关于人类困境的研究报告 [M]. 吉林：吉林人民出版社，1997.

② 韩立新，逯达. 实现碳达峰、碳中和多维法治研究 [J]. 广西社会科学，2021 (9)：1-12.

决途径有很多，以制度化的管理和约束、参与主体提高对自身的道德约束、对公共资源确权后的市场化机制为主，这些环节都包含了气候变局下金融业变革的深层逻辑创新与外在实践。

第一，管理约束需要政府对碳排放空间进行自上而下的统一管理，建立金融激励与惩罚制度，实现了应对气候变化的金融制度实践。

第二，道德约束主要集中在国家间对减少碳排放和应对气候变化的公共协议，比如《京都议定书》和《巴黎协定》，并且国家与国家之间对于道德约束需要建立起金融补偿机制——公地悲剧中过度开采的主体要对其他群体进行补偿，而在碳排放问题上，历史累积排放最高的 G8 国家应当为其他发展中国家进行补偿，例如，对应于联合国敦促发达国家每年像发展中国家提供 1000 亿美元气候援助。①

第三，市场化机制需要对于碳排放和碳汇进行确权并实现市场化，这也是金融业解决碳排放公地悲剧问题的核心变革方向。

2. 气候金融推动气候适应与气候减缓进程

百年气候变局下的中国金融升级之路——绿色金融新业态推动文明新形态的生态升级：人类文明发展的主要方向，是以生产活动的组织方式为基础，朝着现代化的方向进行的。工业革命以来，对美好生活的向往是人类探索文明发展的客观需求，而科学技术是人类文明进步的根本动力。百年未有之气候变局，引发了生态文明、金融文明乃至人类文明的新思考，探索这些文明之间的共生关系，是中国领衔探索人类文明新形态的重要落脚点。

---

① 佘群芝，李雪平．气候减缓援助、气候政策与受援国碳排放 [J]．统计与决策，2022（7）：156-160.

首先，从物质文明下的生产活动角度来看，气候变局下的绿色金融服务升级，应对了其支持的绿色产业和技术升级，那么工业生产正朝着生态环境兼容的方向发展，实现从增碳、到减碳、到零碳、再到负碳的环境协调性升级。

其次，从精神文明下的人类社会生活需求角度来看，气候变化问题是工业发展到一定阶段和物质条件发展到一定高度后所思考的环境经济矛盾问题，人类对于美好生态环境的需求高于以往，社会文明必然会向着实现美好生存生活环境的方向演进，这也是气候变局下的必然方向。

最后，从支持生产活动和社会关系的金融活动角度，以及从金融和文明之间关系的角度来看，金融可以视为更好地处理人类文明中一系列社会活动和社会关系的推手，在气候文明融入人类文明新形态的背景下，通过生态文明框架发展绿色金融，应当是更好地处理绿色生产生活关系的推手，实现人类文明新形态的生态兼容性升级。

3. 气候变局重塑全球金融信用体系

在 21 世纪气候大变局的背景下，应对气候变化以实现碳中和的目标已成为《巴黎协定》签约国的高度共识，碳排放约束使得高碳资产发生资产搁浅，以此为抵押和信用基础的金融活动将受到各种制约，从而金融和信用正在发生大升级。中国通过发展绿色金融，得以在更基础的信用体系的逻辑上领导变革，并迅速发展，其源于信用体系在碳排放约束下的变化，可持续发展能力的即时价值和未来价值会得到确定，尤其是其未来价值。

首先，从作用上来看，金融实现了资金的融通，货币交换行为是金融活动的主要载体，实现这一过程的大前提是各主体本身的信用，而现代金融体系很大程度上建立在信用体系的基础之上，社会信用文化对金融体系的效率和金融体系结构的选择具有重要影响。信用的来源是货币交换行为双方之间相互信任的生产关系和社会关系的综合，受制于双方之间信任关系的牢固程度，无条件信用难以满足，从而金融活动需要提供其他形式补偿这部分缺少的信用，核心形式之一即为抵押。以抵押物为基础，金融活动在更大的时间和空间范围内得以顺利开展，抵押物本身应当具有被认可的稀缺性和即时价值，或者能带来未来价值与未来收益。

其次，在气候大变局的背景下，"环境友好型"的金融资产和活动（生态产品或生态资源）难以确定即时价值和未来价值，难以带动市场资金进入相关领域。在日益紧迫的 21 世纪气候危机下，应对气候变化以实现碳中和（碳净"零排放"）目标几乎已成为《巴黎协定》签约国的高度共识，碳排放的空间约束共识迅速达成。在碳排放空间约束下，根据能源文明的进化方向，高碳资产将发生"资产搁浅"，以此为抵押和基础的金融活动将受到各种制约因素。但是，源于信用体系在碳排放约束下的变化，可持续发展能力的即时价值和未来价值将会得到确定，尤其是其未来价值。在碳排放约束下，金融活动的信用来源将得到变革，分为三个方面的表现形式：

第一，剩余可排放的碳排放空间（举例为碳排放交易市场的抵质押融资）。碳排放约束下，剩余可排放空间提高了国家或企业的信用。对国家而言意味着碳减排的国际责任谈判，发达国家压缩发展中国家工业化进程中的碳排放权利是压缩其国家信用的一种手段，[①] 中国也需要积极应对。对企业而言，主要代表是碳排放权交易市场，企业可以通过碳排放权的配额分

---

① 樊星，张彦宁，张诗艺，高翔. 发达国家 2020 年前减排承诺进展评估及相关建议 [J]. 环境保护，2022（Z2）：84-90.

配来利用剩余排放空间，碳排放权可以作为信用来源进行抵质押融资。①

第二，能高效运用排放空间的能力（举例为低碳技术和低碳环保的生产设备等，没有改变生产方式和最终产品，但提高了环境效益）。能高效运用排放空间的能力意味着拥有更优质的信用，在同等资源约束的条件下，若能运用更少的碳排放来获得更高的生产效率和产量，意味着某个国家或企业获得生态效益的潜在能力更强，在生态信用②的评估上将天然获得优势。从实际行动中可以看出，大量国家和企业都在积极布局低碳生产技术和基础设备，即便部分情况下并没有改变生产方式和最终产品，但提高了环境效益预期。

第三，能通过接近零排放的生产方式实现同等价值替代有碳排放的生产方式（举例为清洁能源与数字经济结合等，也包括产品替代和产业替代）。通过接近"零排放"的生产方式实现同等价值，来完全替代有碳排放的生产方式，意味着生态信用对具备碳排放元素的信用部分的完全替代。可以看到，工业文明以来大部分生产设备，以及基础的化石能源和矿产资源，都是以能够通过具备释放碳元素的方式进行生产活动的，这种碳排放和产业挂钩的工业生产模式下的信用是与碳排放高度挂钩的。

以上三种信用来源和方式按照生态友好型程度（或"绿色"程度）逐级递增，也是生态信用引入这种与碳排放挂钩的信用体系的过程，并且随着气候治理能力的提升，生态信用占比不断提升并成为主流。当实现了零碳价值替代，以及碳排放

---

① 苏州市农村金融学会课题组，樊震宙. 商业银行碳资产抵质押信贷业务风险研究——基于国内碳市场试点经验的分析 [J]. 现代金融，2017 (8)：25-27.

② 马雁. 论生态信用的立法基础 [J]. 武汉理工大学学报（社会科学版），2003 (4)：389-393.

与生产基本脱钩的最终模式，则生态信用将对传统信用实现高度替代。总而言之，工业文明以来大部分生产活动，以及基础的化石能源和矿产资源等生产资料，都是以能够通过具备释放碳元素的方式进行生产活动的，这种碳排放和产业挂钩的工业生产模式下的信用是与碳排放高度挂钩的，在气候变局下，中国也需要引导新的金融信用体系和模式与碳元素减少所挂钩的新方向（见表5-1）。

表5-1　绿色金融历史发展变迁

时期	发展阶段	主要特征
前工业时代：人类经济活动对自然环境的影响低于后者对前者的影响		
18世纪末至20世纪中叶	工业时代资源环境矛盾下的"绿色"理念起源阶段	代表成果：马尔萨斯的人口论、亚当·斯密与大卫·李嘉图的资源制约论、马歇尔的土地边际报酬递减规律； 理念诠释：在工业生产需求与资源环境约束的矛盾下，开展资源节约和环境保护； 金融目标：挖掘环境与社会责任的承担
分界：可持续发展综合理念的系统化		
20世纪后半叶	可持续发展理念诞生后带来全球绿色革命阶段	代表成果：丹尼斯·米都斯《增长的极限》、世界环境与发展委员会《我们共同的未来》、联合国《21世纪议程》、联合国环境规划署《银行业关于环境可持续发展的声明》、商业银行《赤道原则》、世界银行《环境和社会框架》； 理念诠释：可持续发展理念； 金融目标：可持续金融体系
分界：碳排放空间约束共识的达成		

续表

时期	发展阶段	主要特征
21 世纪上半叶	碳排放空间约束推动绿色金融实现全面应对气候变化的资源配置引导阶段	代表成果：联合国《巴黎协定》等； 理念诠释：在联合国气候治理框架下构建气候、生态与人类命运共同体； 金融目标：全面整合与配置金融资源应对气候变化
	未来：绿色金融充分融入从工业文明到生态文明的演化	

资料来源：笔者自制。

5.2　气候变局扩展金融博弈新形式

在气候问题下的金融博弈中，中国应寻求机遇与优势。

首先，中国应通过气候变化问题在国际政治经济局势中重塑和发挥中国的气候影响力。21 世纪的国际博弈进入了形式多样化的新阶段，气候变化正在塑造这一阶段的国际政治，中国通过积极开展国际气候对话与金融合作（如"一带一路"绿色投融资），应主动抓住国际气候政治经济格局中的战略机遇，在国际碳中和竞争中占据先机，与国内绿色转型进程下的产业升级创新相呼应，实现国内与国外的绿色双循环。

其次，应树立气候治理的中国形象，气候变化关系到人类命运共同体的构建，应对外充分展现关切人类长远安全的中国诚意，在国际舆论场合中，国际社会很难就气候问题向中国进行批判：一是中国开展了历史上最大规模和最高效的减排行动；二是中国的清洁能源和绿色产业的领先程度超过大部分发达国家，中国应持续建立起生态文明建设和气候治理的国际肯定。

最后，气候合作是中国推进多边主义进程的重要途径，我国对新时代多边主义理论和实践的发展会在气候问题上挖掘更多的历史性、开创性贡献。

近年来，绿色金融的市场化程度不断加深，这也是气候变局下中国寻求金融升级的重要途径。绿色金融过去是主要作为公共品，主要受政府主导和提供，属于主要由公共资金驱动的公益性较强的金融活动，但是在气候变局下，气候资金的需求迅速提升，公共资金无法满足气候治理的融资需求，必须挖掘市场资金的潜力。提升绿色金融的市场化水平，有待中国未来不断注入新动力，这也是金融业寻求绿色升级的重要领域，具体来说有三个层面：第一，企业和金融机构不断合作与探索绿色金融的市场化方式和途径。早期的工业时代，气候变化与金融行为的关联度较低，但自"赤道原则"以来，银行业的金融思想逐渐发生改变，碳减排不仅仅只被视为社会责任，金融机构在政策引导、绩效评估之下有开展绿色金融活动的动力，企业也有融资的积极性，包括为绿色产业寻求融资，也包括为转型活动寻求融资。第二，气候变局下的环境约束带动了公共品的确权和定价，气候问题带来了人们对自然资源稀缺性的认识，并寻求气候定价、社会责任定价的金融实现。第三，此前绿色金融作为公共品，缺乏营利性，从绿色溢价的角度，绿色金融支持的投资和生产因存在绿色溢价，高于高碳行业，并没有覆盖资金的机会成本，而随着技术的升级、高碳资产的搁浅，绿色溢价逐渐降低，绿色金融的营利性水平提升，也加强了其市场化的前景。

5.2.1 应对气候变化的国际责任划分博弈

碳中和下的国际博弈存在气候领导者和追随者的区别。本质上看，气候领导者既具有得天独厚的战略优势，也应承担必要的大国责任。UNEP指出，"若将升温幅度限制在2℃内，2030年的年排放量必须在各国提交的无条件的国家自主贡献减排方案的基础上，再减少150亿吨二氧化碳当量；如果全球温室气体的排放量在2020年至2030年不能以每年7.6%的水平下降，世界将失去实现1.5℃温控目标的机会；二十国集团（G20）合计占全球碳排放总量的78%，但只有5个成员国承诺实现长期净零排放目标，在短期内，出于公平和公正的考虑，发达国家须比发展中国家更快地实施减排"。

1. 气候共识的国际约束力

碳中和共识在国际范围内对不同国家具有不同程度的约束力，部分大国存在追求和维护气候霸权的战略意图和利益驱动，从而为碳中和博弈规则的正常演进带来了风险和不确定性。碳排放的量化约束本质上并不以国家为主体而区分，从而气候治理的效率公平属性也将影响大国博弈的公平性。气候治理的效率公平是气候谈判的一大核心问题，即是否应让部分国家按照工业化阶段、经济发展效率和质量开展国际气候行动并合理分担责任，争论的焦点之一在于应对气候变化应更注重于人与人的权利平等，还是国与国的权利平等？

气候变化问题具备强烈的人类共同命题属性，国际气候合作包括气候投融资、低碳技术研发、绿色贸易流通等，不仅基本独立于国家之间的政治争端、外交纷争和产业竞争等领域，也几乎不受制于意识形态、宗教形态、地缘政治等限制，即使是原本存在矛盾冲突的国家，对于气候领域存在的利益重叠也在一定程度上缓和了彼此之间的关系和局势，并利用带动经济社会系统性变革的绿色产业撬动各个领域国际合作的战略重启，例如，在能源清洁化趋势下重建能源基础设施建设投资与组件进出口合作关系、在温室气体控排领域寻求开放性的科研和技术合作。

2. 气候合作的大国利益分歧

气候合作具备互利共赢的属性，而碳中和大国博弈也并非零和博弈，良性的国际气候竞争环境并不存在结构性利益冲突，另外，气候竞争与合作关系一旦偏离正常轨道，将沦为部分发达国家为稳固气候领导者地位的政治手腕和施压工具，带来具备针对性的紧张格局：

其一，大国博弈规则的"脱碳化"趋势存在利益分歧，处于"脱碳化"进程不同阶段的国家有借助自身阶段差异开展博弈的意图和条件。发达国家可能运用世纪气候目标下的国际道义压力，迫使发展中国家开展较为激进的气候行动，而其完成工业化所累积的温室气体排放才是当前气候问题的主要来源。发达国家未承担相应的责任，例如，美国表示将"按照自己的方式解决排放限制问题"，却要求发展中国家共同参与应对，而发展中国家面对该责任错配问题，因受制于大国的金融、军事、科技实力，难以发声维护合理权利，从而激化了国际气候矛盾。

其二，大国博弈规则是自发演进且由全部参与者共同促成的，不存在仲裁主体。以美国为首的部分发达国家所制定的气候承诺没有第三方保证，缺乏足够的公信力，有些并不具备长期性和实操性，美国此前宣称退出或重返《巴黎协定》的行为并未受到足够的惩罚和约束，这反映了大国气候行动缺乏相应的担保机制和惩罚机制。

其三，量化约束造成了碳排放行为的不可逆属性。一是碳排放本身对环境的影响不可逆，若以美国为首的任何国家未能兑现减排承诺，该后果将由全体国家共同承担；二是碳减排行动对于经济发展造成的影响也是不可逆的，若部分发展中国家在气候问题上走错方向，甚至盲目制定目标和行动方案，将不仅无法实现经济高质量绿色发展的基本目标，更将在气候治理时代的全球竞争格局中再度身处落后地位，甚至激化为一系列的国际问题和争端。

以上多种气候效率公平矛盾，为 21 世纪上半叶碳中和大国博弈可能存在潜在的紧张关系埋下了新隐患——当气候行动的执行力缺乏惩罚机制，在其他国家已付出大量沉没成本的条件下，一国的中途退出将令气候治理进程缺乏国际公平，激化国际矛盾。

5.2.2　俄乌冲突后的能源与经济脱碳博弈

从 2022 年 2 月俄乌冲突爆发后，从欧洲与全球能源危机中可以看出，能源脱碳化是碳排放约束下转变生产方式的基础，在地缘政治的层次和范围上，化石燃料危机进一步加速了碳中和多边博弈的进程。

1. 清洁能源产业布局与大国能源独立性

从欧盟在俄乌冲突后的动态来看，布局清洁能源产业是当前欧盟摆脱化石燃料对外依存度和提升能源独立自主性的最有效手段。IEA 在 2022 年 3 月发布的报告中称，"欧盟政策制定者寻求摆脱俄罗斯天然气供应的速度越快，在经济成本和近期排放方面的潜在影响就越大"，欧盟对油气的高度进口依赖以及俄罗斯对外能源输送网络的战争反制，多因素综合引发了从欧洲范围内开启并扩展到全球的阶段性能源价格波动与化石能源危机，欧盟意识到在化石能源危机下把握能源自主性和实现经济转型的重要性。同时，为了维持国际影响力，在碳中和目标下加快国际竞争与化石文明脱钩的进程，是欧盟在地缘政治博弈中建立优势地位的环境基础。俄乌冲突暴露的能源危机，印证了"脱碳化"在地缘政治战略博弈中的地位加速提升。

2. 能源脱碳化进程中的新能源革命

从欧美国家遏制俄罗斯未来发展看，欧美国家必然会维持脱碳化的方向以此获得对俄博弈优势地位。高度依赖化石燃料的生产方式、经济活动和贸易活动，本质上与碳脱钩的方向是相背离的。在欧美国家看来，脱碳化进程加速，本身就是对以化石燃料为主要大国力量的俄罗斯的一种新博弈方式。围绕俄乌冲突下的能源问题，欧美国家势必会在未来更进一步强调，高强度的化石燃料开采利用、贸易流动、燃烧发电等活动，本质上并不符合这一生态文明层次的共生方向，而这样的欧美国家站位对俄罗斯来讲将具有更多的道义优势与战略正义感。

5.2.3　气候变局下的气候话语权博弈

在碳排放增量空间约束下，排放空间的运用效率、国力评估方式和经贸格局的转型，在未来将影响现有的国际竞争合作关系和大国交往方式。从某种程度上来说，气候实力将决定大国实力，气候话语权也将决定大国话语权。各国对于提升气候实力的行动力和积极性是空前的，UNEP 在《适应差距报告2020》中指出，"大多数国家（72%）已经通过了至少一项国家级的适应规划"。

1. 气候话语权成为核心大国话语权

从大国合作的话语权角度,共同发展和普遍繁荣是全球合作的重要原则,碳中和下的人类命运共同体属性带动了大范围内的国际碳减排与绿色产业经贸合作。气候合作独立于其他领域的国际竞争已成为包括中美在内大部分国家的一项新共识,以中、美、欧等为代表的温室气体排放量占比较大且减排责任较重的国家与地区,正逐渐掌握气候治理举措、低碳减排路径等标准合作的先声国际话语权,营造气候领导者的形象和地位,其在气候议题上的影响力日益提升,带动了中小国家持续关注中美和中欧气候合作动态来制订自身气候行动规划。

气候治理责任的分配及话语权争议也在区域范围内推动发展中国家组建利益共同体,一是表达发展中国家存在的面临应对气候变化的同时不牺牲经济增长的特殊诉求,共同在气候谈判中争取合理权益;二是以互利共赢、风险共担、成果共享为准则,开展发展中国家内部气候互助、技术流通、绿色贸易关税便利等,逐步降低对发达国家的资金和技术依赖。

从日渐转变的大国竞争话语权角度,大国之间在工业时代资源禀赋和生产规模的竞争,正通过气候目标与碳约束转化为生产效率和环境影响的竞争,在国际经贸博弈规则脱碳化的背景下,"脱碳化"的国际贸易进出口方式激化了跨国碳转移矛盾。例如,根据世界银行的测算结果,中国自 2001 年加入世界贸易组织以来,每年基于生产活动测算的碳排放要明显大于基于需求活动测算的碳排放,尤其自 2005 年以来,由生产活动产生的碳排放中有近 10%~20% 的部分随贸易活动转移到国外,主要流入发达国家。碳转移的归属争议和碳排放责任的划分争议将成为《巴黎协定》时代大国气候竞争与博弈的一项重要矛盾，不厘清权责范围则无法在国际合作中谈论平等和互利。

2. 气候变化的成本分配权

在碳中和博弈规则的推动下，气候变化的成本分配继而成为核心问题，各国在应对气候问题中还将面临气候投资的机会成本，在政策资源、金融资源、科技资源等有限的前提下，气候责任分配令各国不得不考虑将用时间和资源投入其他产业，还是投入当前气候投资以履行气候治理责任，并投身于国际低碳竞争之中。为此，发达国家和发展中国家面临的难度存在差异，无论气候责任如何分配，发达国家总能以自身的资源优势和政治实力开展符合自身利益的气候行动，而部分不发达国家限于客观条件而无法开展气候行动，成为气候责任分配下无意识、无自主的搭便车问题，继而带动了国际气候合作与谈判的话语权争夺。

此外，不完善的国际气候合作与支援模式还会带来额外的国际问题——各国气候治理进程透明化差异产生的信息不对称所引发逆向选择和道德风险问题：前者意指那些即便获得资金也难以有效开展气候行动的国家，并积极寻求国际气候援助的行为；后者则意指那些获得了国际气候资金支持的国家没有将其落实到位的行为。

5.3 气候变局下的大国竞合与绿色出路

5.3.1 大变局下大国气候合作的范围和深度

1. 中美联合宣言曾树立国际气候合作标杆

2021 年 11 月，第 26 届联合国气候变化大会（COP26）期间，中美两国发布了《中美关于在 21 世纪 20 年代强化气候行动的格拉斯哥联合宣言》，成为 COP26 的一项重要气候成果。此前在 2021 年 4 月 17 日，美国气候特使克里访华后，中美当时发表了一份《中美应对气候危机联合声明》，在该声明中，两国都计划在格拉斯哥 COP26 大会之前制定各自的碳中和长期战略。为此，中国在 10 月出台了《中共中央、国务院关于完整准确全面贯彻新发展理念做好碳达峰碳中和工作的意见》，且国务院同时印发了《碳达峰行动方案》；美国白宫则在 11 月 1 日公布了到 2050 年实现净零温室气体排放的战略（计划到 2030 年将温室气体排放量相对于 2005 年的水平减少50%~52%，比奥巴马政府时期的目标提高了近一倍）。

在 COP26 期间的联合宣言中，中美双方继续肯定了联合国《巴黎协定》温控目标以及所需努力的重要性，并在此框架和共识下开展气候治理的国际合作，具体来看：

第一，在合作内容方面，中美计划开展标准合作，包括 21世纪 20 年代减少温室气体排放相关法规框架与环境标准，在标准合作上的话语权将引起中国的重视和争取；同时，将开展产业与技术合作，包括部署和应用技术，如碳捕集、利用、封存和直接空气捕集，这些都将成为气候治理中后期（从碳达峰到碳中和时期）必须部署和主导的关键技术，直接关系到绿色技术的国际实力竞争，以及碳中和目标是否能顺利实现的基础。

第二，美国在联合宣言中提出了一些自身正在进行并继而要求中国也着手开展的工作，例如，将甲烷排放检测与减排纳入温室气体减排工作之中，并要求中国制定相关战略；同时，美国制定了到 2035 年 100% 实现零碳污染电力的目标，实现电力行业的完全脱碳，而中国目前计划在"十五五"时期逐步减少煤炭消费，出于客观条件和能源安全等方面的考虑还无法立即摆脱和弃用煤电。

第三，关于发达国家支持发展中国家减排问题，中美提出了一些重要共识，例如，双方重申了共同但有区别的责任和各自能力原则，应在气候问题上充分考虑不同国情，肯定了发达国家持续到 2025 年每年集体动员 1000 亿美元的目标，并以此来回应发展中国家的客观需求，同时中美将推动相关发达国家资金的落实。但是，该共识的前景有待进一步观察，美国对于发展中国家的资金支持未必到位，且不可避免地会卡在国会那一关，并可能在资金不到位的前提下胁迫他国按自身意愿开展气候行动。

中美作为全球最大的两个经济体，同时也是最大的两个碳排放国，在气候领域的国际合作为世界各国提供了基础参照。中国则充分表明了面对全球行动紧迫性的责任承担，其主要原则在于：一是维护多边共识，国家之间，尤其是发达国家和发展中国家之间，必须在已有气候危机共识基础上增强战略互信，不将气候问题当作政治斗争；二是必须开展务实的行动，尤其是西方发达国家对于气候治理和气候援助的承诺应当说到做到，否则便没有指导其他国家气候行动的公信力；三是将绿色转型作为核心目标，充分结合技术创新、能源转型、产业升级等，探索碳中和时代的发展路径。

2. 中美等经济体在气候变化问题上的共识与分歧

中国在气候问题上面临的最明显的国际政治博弈来自美国，二者作为全球温室气体排放量最大的两个经济体，其气候行动和博弈动向已成为世界各国密切关注的重点。美国总统拜登在《联合国气候变化框架公约》第 26 次缔约方大会上为上届政府退出《巴黎协议》致歉，并指责中国领导人未出席气候峰会。美国在退出《巴黎协议》后对全球气候问题造成的重大损失仅用一句"道歉"就试图弥补，意图用口号而非实质行动掌握碳中和时代的国际话语权，是当前以美国为首的发达国家在气候谈判与博弈中的常见政治手段。美国这种气候盘算与伎俩，对一向恐华、抑华的诸多西方国家而言具有重要鼓动作用。

可以预见，未来西方国家的诸多政客、智库、媒体对中国的气候应对指责将会加剧。围绕碳中和出现的国际博弈白热化趋势明显。2021 年 11 月 11 日，中美发布了关于在 21 世纪 20 年代强化气候行动的格拉斯哥联合宣言，双方虽然肯定了《巴黎协定》气候控温目标的共识，但美国在宣言中提到了将甲烷排放检测与减排纳入温室气体减排工作之中并要求中国制定相关战略，并以 2035 年 100%实现零碳污染电力为由暗示中国加快抛弃煤电，意图打乱中国碳中和的进程与节奏，存在政治胁迫和道德绑架之嫌。

3. 全球气候霸主地位的大国竞争

当碳中和作为全球共识逐渐加深后，发达国家与发展中国家围绕碳中和目标下的碳减排责任划分问题已成为气候谈判中的核心议题，美国等发达国家意图掌握低碳竞争时代的国际碳中和霸权，并利用碳减排这一政治工具对中国、印度等发展中国家的崛起进行遏制。

以碳排放总量为由开展碳减排道德绑架。美国在国际社会上向来以中国是全球最大的碳排放国为由，胁迫中国承担更多的减排责任，认为中国是全球气候危机的罪魁祸首，忽略了中国的人口和经济发展水平，更忽略了中国作为发展中国家在气候治理中做出的努力，甚至联合部分岛国就海平面上升问题向中国进行道德绑架与施压，利用碳减排遏制发展中国家的工业化进程。2020 年 9 月，美国发布《中国破坏环境》事实清单，就温室气体排放和其他环境问题无端指责中方，罔顾、无视和弱化中国的气候贡献，意图将全球气候变化问题的责任推给中国；2021 年 7 月，美国气候特使克里呼吁中国提高碳减排速度，且批评如果中国到 2030 年才实现碳达峰，则其他国家必须在 2040 年甚至 2035 年之前达到零排放才能弥补，意图绑架中国强制提前完成碳达峰与碳中和进程。

抢占碳中和产业的标准定义权。碳中和将带动一系列新兴低碳产业技术的孕育和发展，美国势必将抢占碳中和的专利授权、产业分类、标准认定和规则制定，并按照自身利益主导碳中和相关标准的定义权。例如，此前美国专利审查部门早已开展专利审查改革，开展加速审查程序，推动环境改善和能源节约等绿色技术专利的通过与推广，加快有关环境质量、新能源发展、降低温室气体排放等发明专利申请，以促进"绿色技术"发展，意图在碳中和时代占据绿色产业链的顶层地位，利用碳中和专利"卡脖子"，甚至借碳中和产业和项目的判定权来直接否认中国在相关产业开展的投入，降低中国的绿色融资吸引力。

开展国际碳中和关税战、贸易战、金融战。全球低碳经济之战也是一场贸易战和金融战。2022 年 7 月，美国参议院民主党人正酝酿推出碳边境税计划，效仿欧盟对中国出口到美国的工业产品加征碳关税，全面掀起全球碳中和关税贸易之战，并同步开展绿色金融战，通过建立金融业气候标准为国际绿色投资设立门槛和阻碍，例如 2022 年 3 月拜登政府正在考虑为华尔街银行设定气候影响的全球标准，美财政部和监管机构正拟定加强要求企业揭露环境冲击的规范，以全面防止绿色资金流入中国。

对发展中国家设下碳减排资金支持的空头承诺陷阱。美国曾多次提及其清洁能源计划和对外国际气候援助，但这些计划多数没有兑现，美国可能利用对发展中国家的空头承诺来胁迫其按照自身要求的路径开展碳减排，但后续对承诺资金却不予实际兑现，令发展中国家陷入困境。此外，美国在全球环境基金仍有尚未结清的巨额欠款，在荒漠化公约、气候变化公约的应缴会费也没有缴付到位，这令美国在气候行动的国际资金支持上严重缺乏公信力。

4. 佩洛西窜台后，中美气候合作开启新走向

佩洛西窜台事件令中方不得不采取暂停对美气候合作商谈等反制措施，美国对中国的国家主权和领土完整的损害，严重动摇了中美合作的政治基础，并直接影响了中美之间的气候合作与联合国可持续发展议程，为全球碳中和目标与气候治理进程带来不确定性。

2022 年 8 月 2 日至 3 日，美众议院议长佩洛西不顾中方强烈反对，执意窜访中国台湾地区，外交部随即宣布了包括暂停中美气候变化商谈在内的一系列反制措施。佩洛西窜台事件展现了美方干涉中国内政、损害"一个中国"重要原则的野心和目的，并将其置于其他国际事务之上，这不利于中美正常开展双边交流与合作，更为中美未来开展应对气候变化相关的产业经济贸易合作带来了政治风险与不确定性。

2021 年是全球各国积极应对气候变化、为实现 21 世纪碳中和目标共同努力所卓有成效的一年，气候治理进入"格拉斯哥时代"，联合国可持续发展议程成为高度共识。作为应对气候变化的最主要角色，中美两国于 2021 年发布了两份旨在应对全球气候危机的共同声明，但就在共同声明即将进入执行阶段之际，佩洛西窜台事件对中国主权和领土完整的侵犯迫使中国暂停了对美气候合作商谈，这一事件反映出美国在同中国开展气候合作与业务之时，完全没有顾及中国对于尊重国家主权和领土完整的政治诉求，不以此作为开展国际合作的前提和基础。

此前，国际上大量观点认为，气候合作应当相对独立于其他领域的政治经济合作关系，但佩洛西事件极大地影响到了国际社会对气候合作的信心，此前中国通过共同应对气候变化重建国际战略信任和多边合作关系所作出的努力将会失效。过去的一段时间内，中美双方已经开展了一些企业和地方的气候合作，建立了相对务实的成效，例如广东曾与加州签署过合作备忘录。而在佩洛西事件后，宁德时代计划暂缓宣布北美设厂计划，地缘政治风险的提升已经影响到包括国际气候投融资在内的一系列实质性气候合作业务，且其风险有可能进一步传导到金融市场和贸易活动中去。

从未来局势走向的角度，佩洛西窜台事件或将影响国际气候治理形势，以及全球碳中和进程。首先，就已达成的实际成果而言，中美气候合作并非中方或美方各自实现自身气候治理目标的唯一推动力和核心贡献，即便合作暂停，中美双方依然有绿色可持续发展的国内基本盘，尤其是中国的国内绿色产业内循环相对更为成熟、独立和完善。但是，若中美这两个全球最大的经济体未能就应对气候变化问题达成可持续发展共识，将显著影响其他国家对气候问题的判断和决策。以往历年的国际气候会议均表明，只有全球各国目标一致、达成共识，共同应对气候变化，才能为人类文明存续寻求出路。中美之间的气候竞争与合作动向将对其他国家起到标杆和示范作用，若美国持续执意给一切良性国际合作与事务添加地缘政治风险，将会在国际社会上形成负面案例，并使其风险扩散和波及《巴黎协定》的其他大部分签约国。

以碳中和为目标应对气候变化俨然已成为当下国际政治经济领域的最热门的议题，围绕气候治理展开的国际博弈也越来越频繁，以碳中和与绿色可持续发展为底层逻辑的国际新竞争正在全面展开。中国在展现大国责任和担当的同时，应努力争取自身合理权益，在类似佩洛西窜台事件等问题中寻求战略定力，时刻警惕美国的气候意图和动向。

　　首先，从近期美国的动作来看，中国应谨防美国等西方国家借干涉中国内政之名开展气候制裁。此前在 2021 年，美国就所谓的"新疆问题"对中国光伏企业实施制裁，对新疆开展多晶硅禁令，佩洛西窜台更是直接揭示了美国侵犯中国领土完整、意欲分裂中国的企图，美国对华气候遏制行径对于向来排华与抑华的西方国家具备示范和煽动效应，引发气候制裁的国际效仿，并令气候问题进一步沦为政治手段，更可能进一步蔓延到对小国参与国际气候行动"选边站"的抉择之上。可见，气候政治开始颠覆过往"没有共同的朋友、只有共同的利益"的认知，美国在气候问题上开创了放弃共同利益、置人类命运共同体于不顾、视气候治理为国际政治手段的先河，这对于推进联合国可持续发展议程、实现 21 世纪全球碳中和目标而言可谓是最大的阻碍。

　　其次，气候变化与碳中和广泛涉及产业经济的诸多行业与部门，中国应警惕美国配合气候博弈所相关的一系列关税、贸易、金融博弈的联合开展。从美国近期动向分析主要可分为三个层面：一是要警惕美国以碳排放总量为由开展道德绑架，美国向来以中国是全球最大的碳排放国为由胁迫中国承担更多气候责任，认为中国是全球气候危机的罪魁祸首，勾连部分岛国就海平面上升问题对中国进行道德绑架。2020 年 9 月，美国发布《中国破坏环境》事实清单就温室气体排放和其他环境问题无端指责中方。2021年7月，美国气候特使克里呼吁中国提高碳减排速度，批判如果中国到2030年才实现碳达峰，则其他国家必须在2040年甚至2035年之前达到零排放才能弥补。二是要警惕美国抢占气候投资与绿色产业的标准定义权，此前美国专利审查部门早已开展专利审查改革，开展加速审查程序推动环境改善和能源节约等绿色技术专利的通过与推广，加快有关环境质量、新能源发展、降低温室气体排放等发明专利申请，以促进绿色技术发展，意图在碳中和时代占据绿色产业链的顶层地位，以实现"绿色卡脖子"。三是要警惕美国对华全面开展气候关税战、贸易战、金融战，2021年7月，美国参议院民主党人正酝酿效仿欧盟推出碳边境税计划，2021年3月，拜登政府考虑为华尔街银行设定气候影响的全球标准，此外美财政部和监管机构还曾拟定加强要求企业揭露环境冲击的规范，防止气候资金流入中国。

最为重要的是，中国应主动争取气候话语权，谨防陷入国际舆论劣势。中国在气候治理上向来注重说到做到，普遍以务实为原则，始终坚持从人类命运共同体角度出发开展气候行动，从未将气候问题政治化。此次佩洛西事件中，中方的反制措施是对佩洛西窜台的正当合理应对，美国意图占领国际舆论优势、指责中国在"惩罚全世界"的论断毫无根据。从本质上来看，不干涉中国内政、尊重中国主权和领土完整，是中美建立合作关系的重要政治基础，这其中更包括气候合作，中国应积极争取国际气候话语权，应对气候变化不仅是低碳技术、清洁能源、绿色金融等表层领域的国际竞争，而是更深层次上的话语权规制权斗争。当前，在全球各国参与度越来越高的基础上，气候问题泛政治化的趋势越来越明显，掌握气候治理的话语权和主动权是维护国家利益的基础。

自从大力推进生态文明思想以来，中国将碳达峰、碳中和（"双碳"）目标纳入了顶层设计，开展了全球历史上最大的绿色低碳减排运动。中国在应对气候变化上的努力有目共睹，国际社会对中国气候治理成效和决心的无端质疑明显低于其他领域，但中国也应时刻谨防美国等西方国家对中国开展的气候遏制与打压。面对佩洛西窜台和美国对华气候遏制等行径，本章提供以下建议。

在开展一切国际气候事务之前，中国应当时刻看清美国的真实野心与目的，美国屡次将新疆、台海等问题作为对华筹码，未来同样也会将气候议题完全政治化。在过去数十年内的全球气候治理中，美国的承诺与其行动几乎从未匹配，美国说一套做一套的行径在国际社会上有目共睹。对内，美国自身缺乏气候行动力和规划力，气候政策朝令夕改，气候治理效率低、成效差。2022 年 6 月，美最高法院裁决限制环保署监管碳排放权力，联邦政府难以限制发电厂碳排放，这令拜登政府 2030 年的温室气体减排目标大打折扣。对外，美国过去承诺过的减排目标和气候资金援助几乎很少兑现，也曾先后退出《京都议定书》和《巴黎协定》等重要气候协议。可见，美国从未以实现全球可持续发展作为开展气候行动的初衷，而是不断寻求自身利益并损害他国利益和全人类的共同利益。因此，中国应充分看清美国的真面目，在气候问题上对美国保持清醒的认知，转而寻求更为切实的资金承诺和产业合作。

一方面，从人类与国际大局角度出发，中国不应在气候合作上与美国全面脱钩，应保持缠斗，努力将全球气候治理拉入正轨。中美是全球最大的两大经济体，也是两个碳排放大国，要实现 21 世纪碳中和的目标，离不开中美任何一方对气候治理作出努力，且中美气候合作动向将全面影响全球可持续发展进程与气候治理的未来走势。在气候问题上，中国不可完全放弃气候合作的未来前景和潜在收益。对此，中国保持对美国的气候缠斗，以气候共同体作为长远目标开展持久战、拉锯战，不断敦促美国在气候合作上拿出足够诚意，停止对中国的政治挑衅，停止侵犯中国主权和领土完整，在气候问题上与中国相向而行、与世界可持续发展潮流保持一致。中国还应使美国意识到，中方对佩洛西窜台的气候反制措施并非以中美气候脱钩为目的，核心诉求是希望美国立即停止干涉中国内政，将气候合作独立于意识形态和国际政治斗争之外。同时，中国应积极发展气候盟友，可借助"一带一路"绿色投资等战略，联合其他重要国际力量，为共同应对气候变化持续注入新动力，努力获得国际社会的肯定和响应，带动全球气候合作进入互利共赢的正常轨道。

另一方面，中国应将气候合作作为对美竞争和牵制的筹码，在绿色产业上实现对美制衡。当前，国际上光伏、储能、新能源等产业的上游原材料供应对中国的依赖仍然较大，部分西方国家还无法实现清洁能源产业链的自给自足，缺乏能源独立性。美国对华实施光伏禁令等气候制裁措施不仅不利于美国自身的绿色产业健康发展，更损害了全球绿色低碳发展进程。对此，中国面对美国气候政治手段，应考虑将气候合作作为钳制美国绿色转型与发展的筹码，在全球碳中和进程中实现对美绿色产业制衡。构建绿色产业链价值链离不开"绿色全球化"的实现，中国应积极把握全球绿色一体化中的重要机遇，合理利用产业链优势地位。

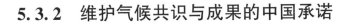

5.3.2 维护气候共识与成果的中国承诺

近年来，在气候变局下，各国进一步肯定了必须加快气候行动，以实现将全球气温上升限制在1.5℃的目标，客观情况显示2℃的目标仍然是不够的，尤其是对于岛屿国家产生的影响不可忽视，而《格拉斯哥气候公约》达成后，气候治理进入格拉斯哥时代，各国将在后续每年的气候大会上报告他们在实现更大气候目标方面的进展。

1. 对全球碳中和承诺共识的维护

气候变局下，中国正不断维护历次气候会议的主要成果和共识，包括结束化石燃料补贴、逐步淘汰煤炭、为碳定价、保护弱势社区、推动发达国家兑现气候融资承诺等。其中，全球能源脱煤进程的目标对中国的压力是较大的，尤其是目前40多个国家，包括波兰、越南和智利等主要煤炭使用国已同意放弃煤炭，虽然中国短期内仍不能完全摆脱对煤电的依赖和支持，但中国在煤电投资和清洁能源发电等领域正在逐渐展现出落实能源转型的决心。

中国站在发展中国家的立场上，正不断敦促发达国家履行相应的气候援助义务，发达国家应履行每年向发展中国家动员1000亿美元承诺的义务，这是发展中国家核心关切的问题，并且发达国家的承诺在一定程度上难以得到保证，监督和惩罚力度有所缺乏。

中国正带动发展中国家共同发声，令世界各国重视发展中国家适应气候变化和应对气候损失的需求，适应气候变化是最为直接和迫切的需求，发展中国家由于生态环境、产业结构和社会经济发展水平等方面的原因，适应气候变化的能力较弱，相较于发达国家更易受到气候变化的不利影响。但发达国家并不重视制定全球适应目标对于发展中国家的意义和价值，而是更倾向于依赖资金承诺的空头支票来按照自身意愿为发展中国家制定路径。

2021 年 1 月，习近平主席在 G20 峰会上的重要讲话中提出了五点建议，其中最后一点强调了"和谐共生，绿色永续"，并且将疫情复苏、绿色转型和普惠发展等同时纳入国际性问题进行讨论，中国在气候承诺上的努力是有目共睹的。

2. 引导疫情后的经济复苏与绿色复苏

疫情后的经济复苏压力使落实 2030 年可持续发展议程面临前所未有的挑战，疫情给全球特别是发展中国家带来多重危机，例如饥饿人口总数已达 8 亿左右，并且气候问题引发的危机也会加剧贫困问题，尤其受海平面上升和极端天气影响的东南亚国家与撒哈拉沙漠以南的非洲国家，联合国预计，如果气候问题得不到有效应对，在未来十年落实可持续发展议程的过程中，可能会额外引起 1.2 亿人陷入贫困问题。而支持非洲和最不发达国家实现工业化倡议、绿色发展起步、应对气候变化带来的损失是 G20 大国需要面对的责任和倡议，尤其是发达国家更要履行官方发展援助的承诺，为发展中国家提供更多资源，不能以气候议题作为国际政治打压的手段，应当提升全球发展的公平性、有效性、包容性。

从国家层面，中国将制定与完善绿色法律法规，强化绿色复苏顶层指导。绿色复苏作为国家层面的重要战略，需要完善的绿色法律法规体系作为顶层指导，包括环境法规、能源法规、绿色生产与消费法规、绿色金融法规等，协同作用、优势互补。

首先，针对地方调研案例中所反映的企业污染转移问题，其主要原因在于污染法规和惩罚力度的地域差异性。因此，为了有效避免企业借污染治理指标的不同而搬迁至污染法规相对宽松的经济欠发达地区，以及部分地区对污染企业的地方保护现象，需要从更大范围内统一与协调各地区的环境法规及执法力度，覆盖到每个地区、每家企业，以约束整个污染产业。

其次，除了环境污染防止相关的法规以外，绿色法律法规体系还包括可再生能源法规、企业绿色生产法规、绿色消费法规、金融机构绿色金融法规等。目前，能源法规已较为完善，而未来清洁能源行业的发展必将成为"2060碳中和"目标下的中国能源改革转型的重点方向，其所对应的可再生能源法规也需要逐年进行升级和完善。同时，绿色生产和消费相关的法规政策体系的建立正在紧密推进中，逐步加强绿色供给与消费端的激励与约束。

最后，针对近年来国内绿色金融的飞速发展，相应的绿色金融法律法规体系亟须推进，并确保绿色金融监管跟得上绿色金融创新发展的步伐，减少系统性风险。2020年11月9日，《深圳经济特区绿色金融条例》作为全国首部绿色金融领域的法规，经深圳市人大常委会会议表决通过，并将于2021年3月1日起实施。该法规的通过与颁布将极大地推动中国绿色金融法律体系的建设工作，具有标志性的重要意义。

在绿色复苏的背景之下，环境、能源、金融等行业的法律规范不再各自为政，而是有望不断完善和强化其中的绿色属性，加强跨地区与跨部门的协作，并融合到同一个法规与监管体系之中，作为疫情后国民经济复苏与绿色发展的首要指导意见。

从行业层面，中国将推动各行业进行绿色改革，打造全新综合绿色产业体系。纵观历史长河，产业改革与转型是在国民经济发展的各个阶段中都必须经历的过程，最终目标是解放和发展社会生产力。在后疫情时代，经济绿色复苏、"2030 碳达峰"以及"2060 碳中和"的综合目标，为产业改革增添了向高质量绿色发展的转型属性，也对国民经济重要支柱产业的绿色改革提出了新的要求。

首先，能源行业的绿色改革与向可再生能源转型是实现绿色复苏与"碳中和"目标的首要切入点。作为绿色清洁能源的核电、水电、风电和太阳能，都是替代火电的主要方式。目前，我国风电、光伏装机量均为世界第一，但在电力结构中仍只占据较小的比重。根据国家统计局提供的数据，2019 年，全国风电、光伏发电量分别为 4057 亿千瓦时、2243 亿千瓦时，分别占据全部发电量的 5.4%（风电）和 3.6%（光伏），风电与光伏在历年发电量与占比上均有大幅增长，将成为我国主力替代电源之一。为此，中国需对光伏和风电提供专项绿色资金补贴以促进产业高质量发展。各级政府也需要统一观念，站在全局的高度看绿色发展，促进长期重污染的火力发电企业向清洁发电转型，探索绿色可再生替代能源，将绿色可再生能源和生态环境基础设施纳入"新基建"之中。

其次，钢铁业、建筑业等高碳排放的行业也将走入产业改革与绿色转型的全新阶段。在去产能目标整体有限的前提下，钢铁产业进行节能减排还需要向技术升级和绿色技术创新方面转型（如氢冶金技术、碳捕集封存技术等），在业务上从单一的钢材冶炼向综合性材料供应服务进行转变，以及在全产业周期中引入统一和先进的碳足迹计算理论方法。建筑业则需要向绿色建筑方向转型，改善居住环境以构建绿色居住空间。2020 年，我国累计绿色建筑面积将超过 15 亿平方米，并继续加强健康建筑、既有建筑节能改造、老旧小区改造、未来社区规划、绿色创新设计、建筑评价检测、优化建造、绿色运营及配套绿色金融等，全面覆盖绿色建筑生命周期全过程。此外，新能源汽车产业的发展将通过构建绿色出行为绿色复苏增添新动力。近年来，激励绿色能源汽车产业发展和消费的配套政策不断出台。工业和信息化部、国家税务总局近日发布第 32 批《免征车辆购置税的新能源汽车车型目录》。本批次"目录"包括 283 款车型，其中含乘用车 52 款（纯电动乘用车 49 款，插电式混合动力乘用车 3 款）。这是自新冠肺炎疫情暴发以来，工业和信息化部、国家税务总局发布第 30 批和第 31 批名单后，再一次扩大补贴范围。2022 年《政府工作报告》提出，"加强新型基础设施建设，发展新一代信息网络，拓展 5G 应用，建设数据中心，增加充电桩、换电站等设施，推广新能源汽车，激发新消费需求、助力产业升级"。不仅是中国，欧洲也在大举投入电动汽车产业链，美国也抓紧布局新能源汽车生产，可以预见的是，新能源汽车行业将于后疫情时代在全球范围内迎来爆发式的增长。

此外，对于地方调研中反映的重污染行业，应综合考虑战略需要和当地资源禀赋的均衡发展。以山西省为例，作为中国煤炭供应量占比近 25% 的重污染地区，山西省在碳减排治理上取得了很大的成绩。吕梁地区的企业采用 5G 进行企业综合管理实时智能升级，降低碳排放为 40%，通过延展产业链，以及生产煤制油、甲醇、乙二醇和氢气等，实现传统产业的绿色升级。因煤炭属于重污染行业，国家实行配额制，限制当地产量在碳减排目标之下，同时抑制产能过剩的情况。在石油世界价格暴跌的背景下，煤焦化行业大多亏损，且中国是一个富煤少油的国家，因此，我们既要考虑绿色发展，又要考虑战略安全，所以需要国家行业管理机构会同绿色发展相关机构（环保监测）共同制定均衡的绿色发展战略规划，提供相关引导性资金配套，保障产业深入延展各个环节获得相关绿色资金支持。总的来说，我们要保证"绿水青山就是金山银山"，要保障当地绿色经济的稳定健康发展。

最后，工业体系的数字化升级转型改造将为绿色复苏作出重要推动作用。现有工业体系的数字化升级改造，主要包括提高技术水平、清洁技术改造、清洁能源管理、发展服务型制造等，以降低工业产出的低效率和高碳足迹，并通过采取新一代信息网络技术、人工智能、大数据、云计算、工业设计、柔性生产、工业4.0等手段来实现。同时，随着中国进入经济数字化发展阶段，基于数字智能化的新业态、新平台和新商业模式正不断涌现，以灵活用工为代表的新业态就业模式为社会提供大量的绿色就业岗位。政府也需要积极提供强有力的支持政策保障绿色就业，对相关分流职工开展新业态岗位培训，实现企业员工再就业。

由此可见，后疫情时代的绿色复苏过程伴随产业转型和升级的过程。在未来，不同产业的绿色改革都将为实现国民经济健康稳定发展提供强大动力，促进新旧动能转换，实现绿色复苏。

从企业层面，中国将引导企业进行技术升级，加速中小微企业绿色转型。面对绿色经济发展与产业转型改革带来的高要求，中国需要政府牵头、社会参与和龙头企业引领来加速中小企业进行技术升级与绿色转型。

首先，对于技术升级，在经济数字化下，企业生产技术的升级很大程度上是数字化升级，而数字化升级直接提高了企业的生产效率，减少了对资源环境的影响，显著地促进了企业的

绿色可持续发展。

其次，针对地方调研中反映出因中小企业数字化转型技术不足而影响绿色复苏进程的问题，国家和地方各层面要加紧培育一批中小企业数字化转型标杆企业和人才，加快建设面向中小企业的解决方案和公共服务平台，推动中小企业与龙头企业协作配套，引入专业成熟的数字化服务商参与企业数字化转型。

最后，政府还需提供配套的专项扶持资金和引导基金，以及考虑采取 PPP 模式撬动市场资本参与企业数字化升级，加速中小企业绿色转型，同时通过加大投入以改善地方企业绿色转型成本较高和能力不足的问题。

从金融层面，中国将大力发挥绿色金融对实体经济复苏的重要支持作用。

在后疫情时代，绿色金融对绿色经济发展提供了决定性的支持作用，且广泛反映在企业投融资和风险管理等方面。

首先，疫情下全球绿色债券发行量的逆势增长，以及欧盟未来 2250 亿欧元的绿债革命，体现了疫情后世界各国对于实现经济绿色复苏的迫切资金需求。尽管中国在绿债市场发展上处于国际领先地位，但 2019 年 3390.62 亿元人民币的发行量中仅有约 2160 亿元人民币（313 亿美元）符合 CBI 国际标准，这需要中国在未来尽早将绿债标准与国际接轨，同时在融资过程中统一并完善绿色项目和绿色产业的认定标准。在绿色发展进程中，最难的是如何对企业进行绿色认定。由于产业众多且缺乏统一的绿色认定标准，企业在获得绿色政策支持上存在一定的阻碍。目前，国际上采取行业细分的方法分别制定相关标准，认定流程较为复杂。中国应尽快建立灵活精准的量化标准，在实践中不断修正，最终成为绿色标准，为绿债发行和绿色融资提供支持和指导，并规范绿色产业的发展模式和方向，使绿色复苏走上科学道路。

其次，疫情对世界经济和产业发展造成的无法估计的损失，令各国企业开始重视气候环境风险防范工作的重要性。根据地方调研的结果，地区性的污染企业需要加强环境责任保险的投保意识与投保积极性，提高其环境风险保障能力。而在此基础之上，疫情后的绿色复苏也将极大地推动绿色保险市场的需求和发展，不仅包括企业环境责任保险，也包含一系列防灾基金和防损基金等。同时，绿色保险市场还为绿色复苏提供了投融资功能，绿色保费与防灾基金投入绿色产业中，还将进一步扩大绿色复苏的产业规模。另外，绿色金融衍生品市场也将为气候风险防范作出重要贡献。正在筹备中、很快将揭牌的广州期货交易所有望推出碳排放权期货、天气期货、航运指数期货等绿色衍生品，为绿色复苏防范金融风险。

最后，中国已经成为全球最大的绿色金融市场之一，需要整合建立一个统一完善的绿色金融平台。绿色信贷和绿色债券的余额已达十几万亿元人民币，在标准制定、激励机制、产品创新、地方试点和国际合作等方面均有显著的阶段性成果。2020 年 7 月，首个国家级绿色投资基金由财政部、生态环境部、上海市人民政府三方发起成立，注册资本 885 亿元。旨在采取市场化方式，发挥财政资金的带动作用，引导社会资本支持环境保护和污染防治、生态修复和国土空间绿化、能源资源节约利用、绿色交通和清洁能源等领域。绿色金融也应加大对绿色技术的投资力度，降低绿色技术企业的融资成本，协同相关部门制定绿色技术认证评估标准，完善绿色技术环境效益评估体系和科技成果转化机制，对绿色技术提供财税、投融资等激励机制，显著发挥对绿色复苏的支持作用。

5.3.3　国际绿色金融博弈下的中国应对

1. 把握全球气候治理的话语权与主动权

气候大变局，其核心之一便是一场国际局势的重塑，如果气候变化影响和带动了未来数十年内国际政治经济活动的方向，那么中国的机遇就在于把握全球气候治理的话语权与主导权。21 世纪，中国已基本摆脱过往的环境属性的国际舆论压力，转而进入一种新的绿色高质量发展模式的国际竞争，尤其是联合国近年来反复提出的面对气候问题以及由气候问题引发的一系列经济、政治、环境、移民等问题，中国在自己的气候治理模式和气候合作模式中越来越具有国际话语权。中国正通过气候转型在国际政治经济局势中重塑和发挥大国影响力，这是在国际博弈中建立绿色竞争优势的战略环境基础。

2. 在大变局下引领金融业态的全球绿色升级方向

中国正在气候大变局下引领金融业态的全球绿色升级方向。面向气候变局的金融发生了多个维度的重大变革与升级，特别是气候约束变革下生产活动从增碳转为减碳，金融升级和服务越来越围绕着这个方向进行，中国通过紧锣密鼓地布局绿色金融升级与经济减碳相结合的新发展模式，适应这一变革并引领全球金融业态的升级方向。

首先，绿色金融未来应继续推进标准统一，不断提升标准化、国际化水平，推动绿色金融"走出去"，提升绿色金融的国际话语权，目标是建立绿色产业与绿色金融相协调的绿色标准体系，覆盖绿色生产、清洁能源、信息披露标准和规范等，进一步实现绿色产品标准、绿色物流标准、绿色贸易标准等领域与绿色金融标准之间的衔接，贯彻碳足迹披露在全产业链供应链的连通。

其次，绿色金融应注重改善绿色融资结构，扩大绿色直接融资，提高私人资本参与度，避免资金较为集中、避免投放行业过于狭窄等问题，多元化的绿色融资活动是扩大资金来源和资金流向范围的基础，也有助完善多层次绿色金融体系，以发挥资本市场对绿色产业的支持和鼓励作用。

最后，中国应建立与完善绿色金融激励和约束机制，吸引更多的社会资本进入绿色金融市场，与政府资金形成合力，同时也需要进一步吸引更大范围的国际资金进入中国市场，扩大中国绿色金融的国际影响力，为联合国气候治理议程注入新动力。

3. 在生态文明思想指导下构建全球生态共同体

中国是全球第二大经济体，不仅是全球经济增长的引擎，同样也是全球低碳减排的引擎，中国积极构建人类命运共同体，而全球生态共同体或气候共同体，在人类命运共同体中的重要性正与日俱增，通过金融业的升级支持气候变局下探索中国发展之路，也是探寻人类出路的重要引擎。

中国应以生态文明思想为指引，探索百年气候大变局下的中国金融变革与发展之路。气候变化已成为继第二次世界大战之后到现在对全球政治经济局势影响最大的议题和因素之一，工业革命以来，人们从未面临如此严峻的气候变化问题，也从未考虑过碳排放空间约束的问题，并且这种约束激发了生产效率提升，以及促进各国寻求环境质量改善与经济增长的平衡。大变局对中国的改革发展方向来说，不仅仅是从业务层面上采取政策措施和投资活动降低温室气体排放，而所处的思想层面更是提高到了人与自然和谐共生以及人类命运共同体的高度。不仅通过绿色金融业务支持节能环保，更是重新诠释了"两山理念"的金融本质，通过生态文明思想揭示经济发展的客观规律，辩证地看待经济与生态在演进过程中的一种相互关系，将其作为中国特色生态经济之路的思想内核。我国在气候变革和金融变革中运用生态文明思想发展绿色金融，其核心职能是实现了大国博弈中生态红利的挖掘与优势攫取。在碳排放空间约束越来越收紧的背景下，生态环境价值在金融发展的充分融合，使中国的金融文明升级发展在全球范围内都将迅速得到更大程度的认可。

4. 发挥群众利益和企业经营在低碳减排和气候行动中的社会基础

人民群众对于生态文明与美好环境的向往和需求、企业在新发展模式下的转型需求，均是碳中和顶层设计融入全社会经济之中的群众与社会基础。

随着绿色低碳发展的理念传播与政策宣讲，生态文明思想逐渐深入人心，人民群众在物质生活水平普遍提升的基础上，对美好生态环境产生了广泛需求，这为新阶段中国产业经济发展提出了更高的质量要求，也是生态文明建设和碳中和顶层设计广泛融入各行各业中去的群众基础。只有坚持走生态优先、绿色低碳的发展道路，才符合广大人民群众的根本利益；只有如期实现碳达峰、碳中和长远目标，应对全球气候变化，顺应广大人民群众的环境期待，才是中华文明乃至人类文明实现永续发展的前提和基础。

而从企业角度来看，气候大变局下，全球企业也迫切地求变，中国将探索企业绿色转型在气候大博弈中的出路。

首先，高污染、高排放的企业，在气候变局和碳中和目标下具有转变工业生产方式和企业经营理念的客观需求，低碳、环保、绿色的生产活动是企业在全社会经济绿色转型中应当选择的转型趋势，在宏观绿色升级大环境下，企业在微观层面布局低碳生产与可持续经营是顺应时代潮流的最合理高效选择，在中国特色碳中和"1+N"政策体系下，面对各行业推动和实施的低碳政策措施与激励惩罚机制密集出台，企业在政策环境下具有充分挖掘气候政策优势的积极性与主动性。

其次，随着环境披露机制逐渐成熟和完善，企业生产经营产生的环境影响具备科学评估和量化的现实基础，而在中国碳中和顶层设计的引导下，企业融资越来越与其环境影响挂钩，企业通过改善和提升生产活动中的环境兼容属性是实现可持续融资和经营的切入点，同时碳中和目标下的绿色金融创新也带动了企业的机遇探索，例如碳排放权交易市场下的碳资产融资、转型金融下的工具创新。

最后，随着全球气候变局下的大国博弈开启，在微观层面上，企业的生态属性与可持续发展能力也是企业综合实力的重要组成部分，这与气候治理目标下各行业通过绿色转型以提升综合生产效率的方向是兼容一致的。

百年气候变局下的大国博弈不仅是一场国际竞争，必须从全球角度分析国际低碳局势，这同样也是一场国内全产业经济的变革，必须进行全面统筹与规划。一个国家的治理能力往往反映在其气候环境治理能力上，大国也承担了较高的国际气候环境保护责任。结合国内外气候格局与博弈形势，中国需尽早规划达成路线和实施方案，积极寻求更新的发展模式，为绿色转型和气候治理注入新动力。在全球应对气候变化与可持续发展进程中，中国碳中和顶层设计的迅速建立和高效出台，是生态文明建设与经济绿色转型的客观需求和必然结果，也为生态共同体的建立打下了坚实的政策与环境基础，更是在世界大变局下助力中国崛起的重要出口。

第6章 百年变局下国际金融公共产品领域的金融博弈

2020 年，暴发的新冠肺炎疫情在严重威胁全球卫生安全、挑战全球治理秩序的同时，也引发人们对于国际公共产品缺位的思考。作为国际公共产品的重要组成部分，国际金融公共产品在世界经济体系中扮演着日益重要的角色，在当前国际经济和政治格局深度调整的背景下，国际金融公共产品的供给是全球金融治理和大国战略竞争的重要方面。然而，在百年疫情延续、大国博弈和地缘冲突加剧的背景下，本应起到协调国际公共产品供给、缓解疫情、促进全球经济均衡发展的国际金融公共产品，其供给缺位与分配不公现象却愈演愈烈，并进一步加剧大国博弈和金融阵营化趋势。就国际金融公共产品的功能属性（效率和安全）和层次属性（国际金融资源、国际金融制度和国际金融结构体系）来看，当前中美在国际金融安全领域以及国际金融资源和制度层次的部分，国际金融公共产品供给存在竞争，且竞争有增强趋势，而在国际金融体系结构层面中国尚未对美国形成挑战。总的来说，中美两国在国际金融公共产品供给领域呈现出错位供给的关系。作为新兴金融大国，当前中国亟须解决国际金融公共产品供给类型单一和供给层次较低的问题，以应对美国在该领域越来越强的竞争压力，在发展

和完善国内金融市场的同时，为世界提供层次和功能更加丰富的国际金融公共产品，推动全球发展目标的实现。

6.1 百年变局下国际金融公共产品缺位愈演愈烈

6.1.1 从国际公共产品到国际金融公共产品：概念与框架

公共产品（Public Goods）原为公共经济学概念，主要指能够满足全体社会成员共同需要的产品或服务，具有非竞争性、非排他性、效用不可分割三个基本特征，同时符合前述特征的产品或服务称为纯公共产品，而兼具公共产品和私人产品属性者则称为准公共产品（Samuelson，1954）。[①] 随着经济全球化程度不断提高，国际公共产品（International Public Goods，IPGs）的概念被提出，并广泛出现在国际政治和国际关系学的话语体系中。作为国际公共产品的重要组成部分，国际金融公共产品在世界经济体系中扮演着日益重要的角色，也受到学术界、业界、政界的关注。

1. 国际公共产品

根据世界银行定义，国际公共产品是指具有很强跨国界外部性的商品、资源、服务以及规则体系或政策体系。[②] 该定义

---

① Paul A. Samuelson. The Pure Theory of Public Expenditure [J]. The Receive of Economics and Statistics, 1954, 36 (4): 387.

② "Poverty Reduction and Global Public Goods: Issues for the World Bank in Supporting Global Collective Action", Development Committee, DC/2000-16, September 6, 2000, p. 2.

存在两个优势。一方面，其聚焦于偏实体性和工具性的准公共产品，同时，通过强调公共产品的外部性将较为抽象的产品效用（最终阶段公共产品）纳入概念范畴，从而兼顾了国际公共产品的公共性和私有性，且纳入"外部性"概念有助于为后续国际金融公共产品研究提供理论基础。另一方面，其对国际公共产品的界定更为具体，突出了国际公共产品多元和复杂的构成，有助于为后续类型化研究提供依据。

国际公共产品是将经济学的公共产品理论引入国际关系学，并最早由美国学者查尔斯·金德尔伯格（Charles Kindleberger）用于世界经济危机的分析之中，他认为，国际公共产品实质上是由某个实力强劲的国家为国际经济体系的稳定运转而承担的公共成本（Kindleberger，1973）。[①] 其观点具有较大的影响力，并被发展为"霸权稳定论"，即为了稳定自身建立的国际秩序，在各方面占据领导地位、强势的霸权国家将承担维持体系稳定的公共成本，为国际社会提供稳定的国际金融体系、自由的国际贸易体系、可靠的国际安全体系和有力的国际援助体系等具有国际外部性的公共产品，获得其他国家的认可和遵从（Gilpin，1981）。[②] 依照上述观点，以美国为核心建立的布雷顿森林体系、关税及贸易总协定下的国际贸易体系、北大西洋公约组织，以及世界银行、IMF 等具有援助功能的国际组织，都是国际公共产品的典型代表。这些具有强烈霸权国家色彩的"公共产品"，却几乎不可避免地走向"私物化"（privatization），成为核心国家用"共同责任"剥削他国、谋取自身利益、巩固领先地位的工具。此外，国际公共产品依然未能

---

① Charles P. Kindleberger, "Dominance and Leadership in the International Economy: Exploritation, Public Goods and Free Rides", p. 247.

② 吉尔平. 世界政治中的战争与变革［M］. 北京：北京大学出版社，2005.

脱离公共产品本身的局限，可能存在"搭便车"现象，并因此出现成员积极性差、供给不足的问题。

然而，近期的研究关注到，除上述西方盟国体系内所谓"全球性国际公共产品"之外，在冷战结束，"一超多强"局面形成后，世界各地广泛存在区域性国际公共产品，典型代表是以区域内的强势国家为核心形成的各类同盟、贸易协定和经合组织等。① 区域性国际公共产品的影响力更小，但供给成本更低，对于"领导国"的能力要求也更低，因而更有可能实现稳定供给，并更加普遍地存在于联系密切的区域各国之间。

无论"全球性"还是"区域性"，国际公共产品的基本性质和类型大体相同。性质上，所有的国际公共产品都具有广义公共产品的基本特征，以及国际外部性和私有性；类型上，以国际金融体系、国际贸易体系、国际安全体系和国际援助体系四种为主，兼有其他形式的国际合作。

2. 国际金融公共产品

（1）什么是国际金融公共产品？

国际金融公共产品是国际公共产品的重要组成部分，特别是 2008 年国际金融危机以来，逐渐受到各界关注。然而，其定义仍众说纷纭，并无定论。一些学者试图沿用国际公共产品的定义，但并未充分显示出金融的特有属性，在分析上也缺乏系统性。

对于国际金融公共产品的定义，借鉴姚远（2021）的思路，从两个关键词入手加以探析：一是"国际金融"；二是"公共产品"。首先从"公共产品"的属性来看，为了调和国

---

① 樊勇明. 区域性国际公共产品——解析区域合作的另一个理论视点 [M]. 世界经济与政治, 2008 (1)；樊勇明. 从国际公共产品到区域性国际公共产品——区域合作理论的新增长点 [M]. 世界经济与政治, 2010 (1).

际公共产品的非竞争性、非排他性和私有性三者之间的潜在冲突，需要一个能够兼顾上述三种属性的国际公共产品定义。被广为沿用的公共产品定义源自保罗·萨缪尔森对私人物品和集体物品的严格区分，因而很大程度上剥离了公共产品的私人属性，仅适用于数量稀少的纯公共产品。后续研究通过放宽非竞争性和非排他性的标准，提出的"准公共产品"和"混合产品"概念，有效地弥补了经典定义的不足，为研究国际公共产品的私有性和权力属性提供了空间。因此，国际关系学术界的公共产品研究的对象主要是作为工具的准公共产品，而非作为抽象的目标或效用的纯公共产品。就本章的研究目的而言，从准公共产品的角度分析也更为合适。

再来看国际金融（international finance）概念。国际金融就是国家和地区之间由于经济、政治、文化等联系而产生的货币资金的周转和运动。国际金融由国际收支、国际汇兑、国际结算、国际信用、国际投资和国际货币体系构成，它们之间相互影响，相互制约。例如，国际收支必然产生国际汇兑和国际结算；国际汇兑中的货币汇率对国际收支又有重大影响；国际收支的许多重要项目同国际信用和国际投资直接相关；等。

这样，将国际金融和公共产品二者概念结合起来，给"国际金融公共产品"下一个定义，即具有金融效率和金融安全意义上的跨国界外部性的资源、服务以及制度体系。① 这一表述，既兼顾了广泛使用的国际公共产品的定义，又将"金融稳定"分为"效率"和"安全"目标，因而本章将以此为理论基础。

国际公共产品的有效供给是国际秩序稳定的必要条件，而

---

① 姚远. 国际金融公共产品类型化与中美错位供给［J］. 当代亚太, 2021（6）: 139.

金融公共产品则是国际公共产品的重要类别。2008 年国际金融危机以来，随着美国提供国际公共产品的能力和意愿的下降，国际金融公共产品的供给问题引发了国际社会的广泛关切，并推动全球金融治理合作不断深化。

就当前的研究重点而言，有关国际金融公共产品领域的研究主要围绕两个核心主题展开：一部分学者从公共经济学角度出发，遵循传统的公共产品研究路径，主要关注国际金融公共产品领域的"金德尔伯格陷阱"，侧重研究国际金融公共产品的供给不足问题，特别是在美国著名国际政治学者约瑟夫·奈重提这一概念之后；另一部分较为前沿的研究则从国际政治经济学角度出发，聚焦 2008 年国际金融危机以来国际金融领域的大国竞争，重点关注守成大国美国与新兴大国中国之间的国际金融公共产品供给竞争。

本章内容将围绕这两个主题中展开：一方面关注国际金融公共产品供给缺位与不公的问题；另一方面则重点关注近年来中美两国在国际金融公共产品领域的供给特征，特别关注两国在这一领域的竞争与博弈。

（2）国际金融公共产品的属性与类型

为了准确划分国际金融公共产品的类型，首先需要考察其各种基本属性。根据相关文献，国际金融公共产品具有功能（效率与安全）和层级（资源、制度与结构）等两大基本属性。

①功能属性

国际金融公共产品的功能可以分为效率和安全两类，分别称为"效率导向型"产品和"安全导向型"产品。

效率导向型产品以促进国际金融效率为功能目标，以金融开放、市场化为主要手段，建立自由、高效的国际金融市场优化资源配置，带动体系内国家资本市场效率的提升。其典型代表包括国际资金清算系统（SWIFT）、人民币跨境支付系统（CIPS）等，由某个或某些核心国家建立、运行和维护，用以提高资金跨国流动效率的系统。

安全导向型产品则以维护国际金融体系的安全为目标，后者包括两个维度，即国际金融市场稳定运行和国际金融体系均衡发展。据此又可以将安全导向型国际金融公共产品分为稳定型国际金融公共产品和发展型国际金融公共产品。稳定型产品以管理金融风险、平抑市场波动、应对金融危机为主要目标，其典型代表是各类国际金融监管措施，包括巴塞尔协议等；发展型产品主要关注广大发展中国家市场不完善、资金匮乏、发展不足的情况，旨在促进国际金融资源的合理配置，并进一步实现世界经济均衡平稳发展，其手段多样，包括世界银行、IMF 提供的发展低息贷款，以及各类金融监管体系中的例外条款。

从功能属性划分的国际金融公共产品体现了国际公共产品"维持稳定"的终极目标，效率导向型和安全导向型产品在功能上相互制约、相辅相成，实现平稳发展的目标。

②层级属性

从功能层级来看，国际金融公共产品可以区分为三个层次：国际金融资源、国际金融制度、国际金融体系结构。与功能属性的并列关系不同，不同层级属性的国际金融公共产品之间存在由底层向上层递进的相互关系。

国际金融资源是最基础的层级，具有最低的复杂性和供给难度，并能够仅由一国独自完成供给，不需要国际合作。资源层级包括货币、信贷等金融实物要素，以及一国金融市场、金融政策、金融基础设施等制度要素，其由单个国家提供和管理，向国际金融体系的其他成员开放。由于供给的独占性，国际金融资源的公共性多表现为"外部性"，即以满足本国发展需要为主要目的，兼有影响他国发展的作用。

国际金融制度建立在国际金融资源的整合之上，是以国际合作为重要特征的中间层级，主要内容是金融领域的国际制度，即规定国际金融体系中的国家和非国家行为体的角色，并约束其在国际金融交往中的正式、非正式规则和国际组织。在影响力上，国际金融制度高于国际金融资源，是最普遍的国际金融公共产品类型，其虽不具有直接改变一国金融资源存量的能力，却能够将各国的金融体系置于共同准则之下，实现风险共治、机制互认、共同发展。

国际金融体系结构是国际金融公共产品的最高层级，其复杂程度和提供难度最高，对各国的国际合作具有较高要求。国际金融体系结构可以分为国际货币体系结构和国际信贷体系结构，前者指的是全球货币关系的组织原则及各个主权货币之间的功能性关系，后者指的是全球信贷关系的组织原则及各国在国际信贷体系中的功能性关系。国际金融体系结构的建立，要求各国在国际整体无政府的情况下实现共同遵从和功能互补，而具体的结构形态又可分为扁平结构（对称性）和等级结构（非对称性）。扁平结构下，各主权货币和信贷具有相近的国际金融功能，不存在明显的强弱优劣，在一定范围内各司其职，这种结构具有明显的安全优势；等级结构下，体量占优、影响力强大的"国际货币"与其他主权货币之间的功能关系并不对等，由一个或少数国家的货币体系承担世界货币职能，能够降低交易成本，大大提升国际金融体系的效率，但其安全性和均衡性不如扁平结构。

以层级属性划分的国际金融公共产品体现了国际金融资

源、制度、体系结构的递进关系，不同层级的产品紧密联系，公共产品的供给由易到难、国际合作的地位由轻及重，揭示了其演变关系。总体而言，国际金融公共产品依照两种属性划分的六种类型如图 6-1 所示。

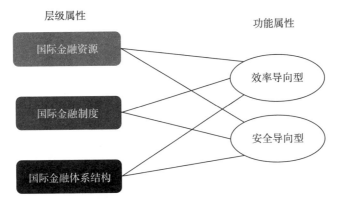

图 6-1　国际金融公共产品类型划分

（资料来源：笔者自制）

　　国际金融公共产品的层级属性与功能属性分属不同维度，相互交织即可形成一个层级鲜明且功能清晰的、较为完备的分类体系。国际金融资源可依据其具备的效率或安全功能属性划分为效率导向型金融资源、安全导向型金融资源；国际金融制度层级中，具有效率、安全功能的公共产品分别称为效率导向型金融制度、安全导向型金融制度；在最高的国际金融体系结构上，依然可以根据其功能分为效率导向型体系结构、安全导向型体系结构。

　　上述分类体系兼具递进和平行关系，有助于理顺形式纷繁、规模各异的国际金融公共产品，并为进一步结合理论分析提供便利（见表 6-1）。

表 6-1　国际金融公共产品框架内容

类型	资源层级	国际制度层级	体系结构层级
效率导向	国际货币、跨境支付清算系统、国际金融中心等	国际金融标准制定机构、金融服务贸易规则、国际投资协议、跨币货币金融合作等	国际货币和信贷体系
安全导向	逆经济周期的流动性支持、相机性金融政策协调、国际发展援助和开发性金融等	国际金融监管规则、短期流动性援助机制、政府间货币互换协议、国际发展援助机构、开发性国际金融机构等	国际货币和信贷体系

资料来源：姚远．国际金融公共产品类型化与中美错位供给［J］．当代亚太，2021（6）：151。

6.1.2　国际金融公共产品缺位与不公愈演愈烈

从国际金融公共产品的概念与理论框架可知，供给与需求的冲突、效率与公平的矛盾亦根植并贯穿于其中。当国际金融公共产品供给的种类、数量、质量、功能等不足以满足国际金融发展的需求时，供需之间难以匹配，即出现了供给性缺位问题。而当国际金融公共产品"私有化"、成员被"搭便车"时，效率与公平发生矛盾，即出现了分配性缺位问题。除了长期受到各界关注的供给性缺位和分配性缺位问题，本章还将表现为国际货币体系和国际信贷体系结构缺陷的公共产品缺位，即结构性缺位纳入分析。

供给性缺位和分配性缺位，都会导致国际金融合作及发展受阻，甚至发生危机。而近年来，国际金融公共产品的缺位现象越发严重，"霸权中心"再次出现并加强，也对公平性，尤其是发达国家与发展中国家之间的均衡造成了挑战。为对这一现象进行深入研究，本章将供给性缺位问题分为功能性缺位和资源效率性缺位，将分配性缺位问题分为资源公平性缺位、制度性缺位。除上述缺位之外，表现为国际货币体系和国际信贷体系结构缺陷的公共产品缺位称为结构性缺位，其受到世界经济发展水平、国际格局和制度设计等制约，不能由少数国家造成或弥补，具有长期性和阶段性特征。

1. 功能性缺位

功能性缺位是最常见的供给性缺位，根据国际金融公共产品的功能属性不同，功能性缺位也包括效率性缺位和安全性缺位两类。效率性缺位对应各层级效率导向型国际金融公共产品，在其促进国际金融促进国际金融效率、提升国家资本市场效率作用上的缺失；安全性缺位对应各层级安全导向型国际金融公共产品在其确保国际金融市场稳定运行、国际金融体系均衡发展作用上的缺失。整体而言，功能性缺位是指各层级国际金融公共产品的供给不能满足国际金融运行的效率或安全需要。

功能性缺位直接与国际金融公共产品的作用效果相联系，是导致各国际金融参与者发展受阻的最直接原因，当效率导向型国际金融公共产品供给不足时，例如，国际资金清算系统（SWIFT）将俄罗斯、白俄罗斯等国家剔除后，受制裁国家的支付需求、汇兑需求难以得到满足。从国际角度看，国际金融结算公共产品发生了显著的效率性缺位，非但没有实现提高国际金融效率的目标，反而造成了资金流动的效率损失；当"安全导向型"国际金融公共产品供给不足时，例如，在新冠疫情影响之下，世界经济受到冲击，各国财政、国民储蓄、外汇储备紧张，出于对主权债务违约的担忧，国际性、区域性开发银行多次调整对非洲各国主权债务的风险评级，并削减了高债务违约风险国家的贷款额度，依据新的风险等级提高利率，在一定程度上限制了这些国家的资金来源，提高其贷款成本，进而对其经济发展和国内金融稳定造成不利影响，可能导致国际金融体系发展不均衡、抵御风险的能力下降、金融安全受到威胁。

当前，效率导向型和安全导向型国际金融公共产品的功能性缺位趋势越发明显，在疫情反复、国际局势迷离、一些主要国家政局混乱的多重影响下，国际金融产品的功能性缺位已然成为一个世界性的发展议题。

2. 资源效率性缺位

资源效率性缺位也属于供给性缺位，是指国际金融资源的种类、数量、质量、功能等无法达到国际金融市场实现帕累托最优所对应的水平，也即资源供给限制效率提升。资源效率性缺位局限于国际金融资源层级的国际金融公共产品，无论是效率导向型还是安全导向型金融资源，当其供给与国际金融市场发展的最优水平不符时，都将造成资源效率性缺位。

当国际金融资源发生效率性缺位，如国际货币供给不足，或国际货币跨境清算系统成员减少时，不但金融资源归属国的金融市场效率将随之下降，与之紧密联系的贸易伙伴国、盟国，以及流通其主权货币的国家内出现一致的现象，即出现由于资源成本高、供给有限而造成国际金融参与者在资源上的过度竞争，国际金融运行成本由此提升，无法实现最优效率水平。需要指出的是，资源效率性缺位并不一定意味着资源"不足"，当金融资源供给超过最优水平，也可能造成效率损失。新冠疫情全球暴发后，美联储为刺激经济而多次通过降息释放大量流动性，国际货币供给超过最优水平，使各国币值波动及通胀风险飙升，不得不采用多种干预措施，在风险分配上过度竞争，使金融市场效率偏离最优水平，仍旧出现了资源效率性缺位。

判断资源效率性缺位的难点，是确定金融市场效率是否因国际金融资源的供给不当而偏离最优水平，然而，资源效率性缺位的重要性却不能因方法的局限而被忽视。在国际经济有望回暖的当下，如何通过有效、适度地提供国际金融资源，缓解资源效率性缺位，促使国际金融市场回归高效、繁荣的理想水平，是金融大国必须面对的问题。

3. 资源公平性缺位

与资源效率性缺位相似的是，资源公平性缺位也局限于国际金融资源层级的公共产品，但是，资源公平性缺位并非供给性缺位问题，而是由分配不公导致的分配性缺位问题。资源公平性缺位主要指国际金融资源在各国之间分配不公，对国际金融体系的均衡性造成损害。

在疫情导致经济衰退的背景下，世界银行、IMF 等国际组织的资金来源受到负面影响，逆经济周期的信贷供给并不能满足日益增长的实际援助需求，难以有效减轻发展中国家金融体系受到的冲击，诸如斯里兰卡等发展中国家外汇耗竭、财政破产或濒临破产，致使国际金融资源在国际分配上呈现越发严重的不平等，且因为金融资源的"马太效应"而逐渐加深，此时便不可避免地出现了资源公平性缺位问题。此外，国际金融公共产品的非排他性，也可能允许事实上"搭便车者"（Free Rider）的存在，其使用和吸收国际金融资源，却并未承担加强自身能力、发展经济金融市场、丰富国际金融资源的义务，从而成为整个国际金融公共产品供给体系的负担，造成资源公平性缺位，甚至因此导致国际金融资源供给者的退出。这一现象在 20 世纪初以来的数次国际性金融危机中都曾经出现，其长远后果不仅是金融资源的衰竭、供给积极性下降，更大大提高了系统性风险，使整个体系濒临崩溃。

当前广大发展中国家和主要发达国家面对国内、国际的多重挑战，必须认识到资源公平性缺位已经产生的现实，以及其可能造成的显现缓慢但严重的后果，将已然高度一体化的世界经济及其长远发展纳入对金融决策的考量，以合作共赢、"正和"而非"零和"的视野，共同解决国际金融资源公平性缺位问题。

4. 制度性缺位

受制于供给的独占性，国际金融公共产品存在"私有化"（或"私物化"）的可能，尤其在"霸权稳定"的视域下，主导国家创建、巩固并掌控"共同秩序"后，出于自身政治、经济利益的要求，具有监守自盗的动机，将公共产品体系变为专属自身的附庸，借以实现收益内部化的目的（庞珣，2012）。制度性缺位为公共产品私有化的外部表征，指的是由各国合作建立的机制、体系等被一个或少数国家组成的利益集团掌控，将公共产品用于追逐集团利益，将跨国界外部收益内部化的过程和结果。

制度性缺位发生在具备有限国际合作的公共产品，即国际金融制度层级公共产品的供给中，当某种金融国际制度由少数国家领导，存在明确的核心集团和利益关系时，该制度便可能在缺乏反向牵制力的情况下丧失独立性，成为政治工具或经济附庸。以英美为首的主要发达国家将俄罗斯、白俄罗斯等国家从 SWIFT 中除名，就是当前存在制度性缺位的表现之一。在结算制度中，由于政治、军事冲突，核心利益集团将部分国家排除在外，从而使该制度公共产品具有排他性，也打破了公共产品和私人物品之间最明确的分界线，实质上开始了"私有化"进程，并可能越发频繁地将这种独占的能力用于其他目标，如用在地缘政治利益、经济同盟等的实现上。

与功能性缺位、资源效率性缺位、资源公平性缺位相比，制度性缺位具有一定的稳定性，其发端于国际金融制度的设计缺陷和国际金融制度执行者"监守自盗"的自利行为，除非金融制度下的核心国家利益集团主动推动变革，或制度受到来自金融危机、战争造成的经济波动的冲击，否则制度性缺位是难以依靠国际金融参与者的意愿和诉求而改变的。然而，相对于更加稳定、具有金融发展阶段性特征的结构性缺位而言，制度性缺位又更易于在相对短的期间解决。

自 2019 年以来，美国等世界主要国家呈现出"逆全球化""脱钩"的政治趋势，放大了以美国为主要缔造者和支持者的国际金融制度存在的制度性缺位问题，冷战后，"一超"的领军地位和缺乏制衡是这一问题的主要矛盾。在疫情冲击下，如何减弱制度性缺位对国际金融秩序造成的影响，防止世界性的金融崩溃，是世界各国，包括美国，需要首先解决的燃眉之急。如何从根本上修正制度性缺位，则应在各国平等互助的共识之下从长计议。

5. 结构性缺位

作为层级最高的国际金融公共产品，国际货币体系结构和国际信贷体系结构是国际金融的"上层建筑"，由国际金融资源和国际金融制度组成并决定，是在体系内各国高水平的共识、遵从和合作之下发挥作用的公共产品。而当国际货币体系结构和国际信贷体系结构与世界经济发展水平、国际格局和各国制度设计不兼容，不利于经济金融进步时，结构性缺位同时产生。

结构性缺位是由国际金融体系结构"缺陷"导致的，体现为不合理、不稳定、无效率的货币和信贷体系。例如，布雷顿森林体系创建早期，以美元为核心的国际货币体系容纳了世界上大多数经济体，并对战后金融稳定和国际贸易、国际金融市场的重建起到极大的促进作用；但随着世界经济不断发展，各国制度设计逐渐完善，多种货币登上国际舞台，布雷顿森林体系逐渐成为拖累美国及各国经济的负担，美元与黄金等价体系的缺陷逐渐彰显，出现国际金融公共产品结构性缺位，并最终被新的金融体系结构取代。然而，结构性缺陷具有相当的长期性和阶段性特征，且不可能由少数国家造成或弥补，只有突破现有发展水平，实现金融资源、金融制度的进步，才能改变金融体系结构的缺位情况，但新的缺位又将出现，并重复这一反馈过程。

2022 年以来，美联储频繁针对美国经济状况出台降息、加息政策，各国疲于应付政策相关的资本流动风险，体现出以美元、美债为核心的国际货币体系、国际信贷体系的不足，而由此衍生的金融体系结构缺位，对各主要主权货币的冲击可见一斑。这一缺陷，已然成为国际金融的突破方向。

6.1.3 大国博弈加剧国际金融公共产品缺位与不公

1. "金德尔伯格陷阱"与国际金融公共产品供给

在中国不断崛起，中美两国博弈局面逐渐形成的背景下，围绕大国之间如何承担国际责任、如何提供国际公共产品等问题，学术界开始关注并展开讨论，"金德尔伯格陷阱论"

（Kindleberger Trap）就是在这一背景下被重提，继"塔西佗陷阱"①"中等收入陷阱""修昔底德陷阱""萨缪尔森陷阱"等各种"陷阱说"之后，成为又一讨论度颇高、横亘在中美之间的绕不开的理论话题。

"金德尔伯格陷阱"一词源于查尔斯·P. 金德尔伯格（Charles P. Kindleberger）在《1929—1939 年世界经济萧条》（*The World in Depression*，1929—1939）一书中指出的一种现象，即 20世纪 30 年代，新兴的强国美国取代传统的强国英国后，未能扮演英国角色，发挥全球领导作用、提供全球公共产品，导致全球经济危机。② 2017 年 1 月，这一论断被国际著名政治学者、哈佛大学教授约瑟夫·奈称为"金德尔伯格陷阱"，在欧洲新闻网发表文章进行论述，③ 从而将这个话题推向了国际前沿，使该话题再次拥有了热度，引起学术界和媒体的广泛关注。

约瑟夫·奈想要通过"金德尔伯格陷阱"一词告诫美国人，快速崛起的中国可能不是"示强"，而是"示弱"，即在全球权利转移过程中，作为新兴大国的中国如果继续免费"搭便车"，不愿承担目前美国无力负责的重要国际公共产品（如国际金融体制、贸易体制、安全体制和国际援助体系等）的供给，就会导致国际公共产品短缺，世界治理出现领导力真空，造成全球经济混乱和安全失序，从而引发全球政治经济秩

---

① 塔西佗陷阱，得名于古罗马时代的历史学家塔西佗，最初来自塔西佗所著的《塔西佗历史》。后被引申为一种社会现象，指当政府部门或某一组织失去公信力时，无论说真话还是假话，做好事还是坏事，都会被认为是说假话、做坏事。

② Charles P. Kindleberger. The World in Depression，1929—1939［M］. Berkeley and Los Angeles：University of California Press，1973.

③ Joseph S. Nye. The Kindleberger Trap［M］. Project Syndicate，January 9，2017，https://www.belfercenter.org/publication/kindleberger-trap.

序动荡不安，落入"金德尔伯格陷阱"。①

金德尔伯格的观点主要适用于经济危机期间，强调霸权国家为提供全球经济稳定而形成的功能及获益。尽管如此，同样的论点也可以推广到其他类型的国际危机中，从而揭示了全球稳定者在采取集体行动应对全球威胁方面发挥着领导作用。有学者认为，目前失控的全球新冠肺炎防控措施以及全球卫生治理体系失序在本质上是"金德尔伯格陷阱"的体现。② 2008 年国际金融危机的爆发和 2022 年新冠疫情反复、地缘政治冲突、美国超常规经济刺激政策退出引发的全球经济衰退也是"金德尔伯格陷阱"的体现。

事实上，"金德尔伯格陷阱"与传统的"霸权稳定论"如出一辙。③ "霸权稳定论"认为，只有在政治、经济、军事和科技等各方面都占据绝对优势的一个霸权国家，统领国际事务，为国际社会提供国际公共产品，以此获得其他国家对其霸权和国际秩序的认同，才能促成国家间的合作，维护世界政治经济的稳定。

然而历史一再证明，"霸权稳定"并不是维护世界政治经济稳定、维护良好全球秩序的根本。纵观 2008 年以来的国际政治经济形势，持续不断的经济低迷、地缘动荡、恐怖主义、文明摩擦等，也印证了所谓的"霸权稳定"正在使全球走进"失序的世界"。

"金德尔伯格陷阱"本身就是一种"陷阱说"，只要用这

---

① 庞坤缺，陈树文．跨越"金德尔伯格陷阱"的中国方案：构建人类命运共同体 [M]．中共石家庄市委党校学报，2019（6）.

② 晋继勇．全球卫生治理的"金德尔伯格陷阱"与中国的战略应对 [M]．国际展望，2020（4）.

③ 庞坤缺、陈树文．跨越"金德尔伯格陷阱"的中国方案：构建人类命运共同体 [M]．中共石家庄市委党校学报，2019（6）.

一概念，无论赞同还是批驳其观点，都会落入其隐含逻辑中，正如中国人民大学教授王义桅（2018）所言："金德尔伯格陷阱的逻辑前提是国际社会是无政府状态的，只能由霸权国家提供公共产品才能维护秩序。那么，如果中国提供国际公共产品，就会被认为是霸权国家行为；如果中国不提供，就会被认为不负责任。"① 由此不难看出，"金德尔伯格陷阱"本身就是西方学术界炮制出的一个"陷阱"，是在中国迅速崛起的时代背景下，西方学术界创造出的意识形态产物，意在破坏中国的国际形象，掣肘和扰乱中国经济社会的迅速发展，扼制中国国际影响力的快速提升。

在认清"金德尔伯格陷阱"背后西式逻辑的基础上，中国不必被西方的各种"陷阱说"牵着鼻子走，陷入西方的逻辑话语体系，只需做好自己的事情：中国倡导构建的人类命运共同体方案以及全球发展倡议，无疑为引领世界跨越"金德尔伯格陷阱"提供了中国智慧，创新和丰富了全球治理理念，使世界认清并非"国强必霸"、只有"霸权"才能维护"稳定"，没有"霸权"的世界同样可以成为"美好的世界"。

2. 美国将国际金融公共产品"武器化""政治化"

尽管在 2008 年国际金融危机爆发后的十余年中，中美经济实力差距不断缩小，人民币的国际地位也获得提升，但目前中国依然无法与美国在国际金融体系的结构层次展开竞争。从国际金融体系的动态变化来看，2008 年国际金融危机以来的国际金融体系结构并没有发生本质变化，美国在体系中的核心地位并未松动，甚至有所强化。② 根据姚远（2021）的计算，世

---

① 王义桅. 不要被各种"陷阱说"给忽悠了 [N]. 北京日报，2018-01-10 (03).

② N Carla et al. Global Monetary Order and the Liberal Order Debate [J]. International Studies Perspectives, 2021, 21（2）：109-153.

界主要货币之间的竞争水平在 2008 年以后呈下降趋势，2008 年国际金融危机以来，美元相对其他主要国际货币的优势地位不仅没有显著下降，反而在提升。因此，尽管人民币国际化已取得初步成效，但目前中国在国际货币体系层次中尚不具备挑战美国的实力，中国尚不具备重塑国际货币体系结构的能力。①

美国将其为全世界提供的国际金融公共产品"武器化"，充当维护其霸权，随意制裁其他国家的武器。布雷顿森林体系解体后，美国凭借"石油-美元"定价结算体系以及 SWIFT 交易系统仍然牢牢掌握着国际货币霸权，美元不仅是全球第一大储备货币，在全球储备货币中占比 60% 以上，而且是世界上最活跃的货币，在全球支付中占比 40% 以上。美元霸权和世界金融网络中心地位赋予美国将国际金融公共产品"武器化"的能力，实现对他国的有效监控、胁迫与制裁。例如，自 2006 年以来，因伊核问题，美国单方面对伊朗实施了四轮制裁，并以违反美国制裁伊朗的国内法为由，指使加拿大警方逮捕华为首席财务官孟晚舟；2014 年以来因克里米亚事件对俄罗斯发起制裁，至俄乌冲突后美西方对俄制裁措施累计达到近万项，其中最具代表性的制裁措施是冻结俄罗斯央行 3000 亿美元外汇储备，以及将俄罗斯剔除出 SWIFT 系统。近年来更是频频对中国发起金融制裁，2019 年曾一度将中国列入汇率操纵国名单，2021 年 12 月颁布《外国公司问责法案》及最终规则引发中概股退市。

美国将其为全世界提供的国际金融公共产品"政治化"。2008 年国际金融危机发生后，美国以大国地位为由，要求中国承担更多的国际公共产品责任，同时对于中国提供的国际金融公共产品，如亚投行、丝路基金等充满敌意，运用双重标准对

① 姚远. 国际金融公共产品类型化与中美错位供给 [J]. 当代亚太，2021 (6).

其进行评价和攻击。美国利用美元体系加深他国对美元体系的依赖性联结，又以价值观划线，将不符合美国价值观的国家排挤出国际金融公共产品的"使用名单"，凭借自己对美元体系的掌控推进与中俄等国"金融脱钩"。在贸易战之外，金融制裁成为美国"工具箱"中的主要武器，继出口管制、列入相关实体清单之后，对部分中国企业和个人实施制裁，禁止银行在未得到美国财政部许可的情况下与这些企业和个人发生交易，否则通过次级制裁拒绝其使用 SWIFT 和 CHIPS 系统，使其他会员终止与其资金往来，断绝正常的国际金融结算活动。金融制裁结果是产生了功能性的压力和政治激励，国际金融公共产品被赋予"政治属性"。

2008 年国际金融危机之后，中国的诉求是在全球层面建立超主权国际储备货币，建立一个去等级化和更加公平的国际金融体系，从而维护国际金融体系的安全。由于该诉求直接威胁到美国的国际货币霸权利益和全球金融核心地位，中国的倡议接连在 2009 年和 2010 年 G20 峰会上遇冷。随着全球金融危机影响的消散和国际金融合作共识的淡化，中国已逐渐放弃在全球层次建立超主权货币的想法，转而开始与其他金砖国家展开更务实的国际货币合作，并积极推进上海国际金融中心建设，寻求通过提升本国货币和金融市场的国际地位改变国际金融体系的等级化结构。①

3. 美国对华掀起国际金融公共产品供给"舆论战"

美国在国际金融市场上的"金融霸权"需要"舆论霸权"的支撑。"金融霸权"的作用是为资源定价。掌握了资源定价

---

① Gregory Chin. China's Rising Monetary Power [M]. in Eric Helleiner and Jonathan Kir-shner eds., The Great Wall of MONEY: Power and Politics in China's International Monetary Relations, Ithaca: Cornell University Press, 2014, pp. 203-212.

权，就掌握了金融霸权。而"舆论霸权"的核心作用是主导市场预期，要控制和影响市场预期，就必须掌握大量的舆论工具，通过华尔街的金融机构缔造的大量研究报告、评论和文章输出影响市场预期，从而达到影响金融市场走势、维护金融霸权的目的。

近年来，美国不断对华掀起国际金融公共产品供给"舆论战"。一方面，美国不停敦促中国发挥与其日益增强的实力相符的国际责任，为全球发展提供更多的资源；另一方面，当中国向这个方向努力时，美国却又担心中国会挑战美国的金融霸权。美国对亚洲基础设施投资银行（Asian Infrastructure Investment Bank，AIIB，简称亚投行）的舆论战就是一个经典例子。2014年10月24日，包括中国、印度、新加坡等在内的21个首批意向创始成员国的财长和授权代表在北京签约，共同决定成立亚投行。美国担心亚投行会动摇美国霸权的基石——全球货币与金融霸权，于是以"标准"作为理由，宣称担心亚投行在治理结构和运营方面缺乏透明度，担心亚投行会违背世界银行一直遵循的有关环境改善、采购及人权标准，施压阻止盟友加入亚投行。

此外，在国际金融公共产品领域，"债务陷阱论"也是美国攻击中国的惯用舆论工具。一段时间以来，美西方一些政客和媒体频频歪曲报道一些发展中国家的债务问题，翻炒所谓"中国债务陷阱"，杜撰出一套以偏概全、混淆视听的话语陷阱，抹黑"一带一路"倡议给沿途国家造成了"债务陷阱"。其惯用手法是选择性夸大发展中国家的对华债务，闭口不谈中国融资带来的经济社会成效。大致套路如下："债务工具化"——宣称中国借"一带一路"合作向发展中国家提供巨额贷款，债务国以关乎国家命脉的战略资产作为抵押，还不起债就得向中国交出战略资产。"债务不可持续"——中国利用不可持续的债务关系加重发展中国家债务负担，推高它们的违约风险，使它们陷入"债务困境"。"债务不透明"——中国债务协议都设有保密条款，债务用途去向不透明。

在新冠肺炎疫情、地缘冲突影响下，发展中国家亟须疫苗等抗疫公共产品，能源、粮食危机的蔓延又加重了发展中国家的财务负担。在此背景下，国际金融公共产品供给本已严重缺位，美国发动的对华全面战略竞争又加剧了国际金融公共产品的缺位与不公，不利于世界经济复苏与全球可持续发展。

6.2　中美国际金融公共产品供给特征与竞争

近年来，随着国际经济权力转移的加速，国际金融公共产品供给成为大国博弈的重要领域，中美在该领域的关系尤其引人关注。2008 年国际金融危机后，美国经济实力和全球领导力相对衰落，但在国际金融公共产品供给领域，美国依然占据绝对优势。作为新兴的金融大国，中国日趋积极的金融外交正在重塑国际金融公共产品的供给格局，并在一定程度上与美国形成竞争。

6.2.1　美国国际金融公共产品供给特征

1. 资源型国际金融公共产品

在以资本主义和新自由主义经济模式为主的发达国家中，美国提供的金融公共产品着重于提升全球金融市场的效率，旨在实现最高效的市场运作，最大化财富增加。因此，美国所提供的产品主要为跨国融资和金融往来提供主要的平台和环境，倡导资本的自由流通，减少政府的约束，降低企业和个人资本的交易成本。

就效率导向型国际金融公共产品的供给而言，美国长期保持着垄断优势。由美国单独提供的美元、金融市场以及跨境支付清算系统，是当前国际金融体系赖以运行的三大核心公共资源，大多国际金融交往中的支付、清算和结算等核心环节均无法脱离这些资源完成。根据国际清算银行 2022 年 10 月 27 日发布的三年一度的外汇调查报告，全球外汇交易占比最高的依然是美元，全球交易中约 88% 的货币（买入和卖出合计的200%）涉及美元，这一比例在过去 10 年几乎没有变化。美国的外汇交易额在全球营业额中所占的比重从三年前的 17% 增加到 19%。由美联储监管的纽约清算所银行同业支付系统（Clearing House Interbank Payment System，CHIPS）是全球最大的支付清算系统之一，全球 95% 以上的跨境美元交易需要通过该系统进行清算，其在 2020 年的日均业务规模达 1.67 万亿美元。

从最为基础的国际资源型金融公共产品来讲，美国及其盟友在发展融资领域拥有丰富的经验，并且最早建立起了以促进发展资金和资源转移为目标的机构的建立。例如，世界范围内各类官方平台：全球范围的世界银行（World Bank，WB），区域范围内的欧洲复兴开发银行（European Bank for Reconstruction and Development，EBRD），亚洲开发银行（Asian Development Bank，ADB），泛美开发银行（一般指美洲开发银行，Inter-American Development Bank，IADB）、非洲开发银行（African Development Bank，AfDB）和加勒比开发银行（Caribbean Development Bank，CDB）等。其主要特征是：（1）为发展中国家提供低息贷款，无息贷款和赠款，为其发展项目注入长期资金。（2）协助相关贷款接受国进行产业改革——例如世界银行和欧洲复兴开发银行的贷款条件之一便是借贷国需要进行相关产业部门的私营化，即发展市场化经济模式，振兴私人投资，减少政府干预。同时鼓励和扶持中小企业在产业内的发展。具体总结为去垄断化，去中央集权化和去国有化。（3）相关资金来源一部分为成员国认缴，但大部分资金来源于全球资本市场的融资募集。

尽管当前绝大多数国际金融交往中的支付、清算和结算等核心环节仍然依赖美国提供的美元、金融市场和跨境支付清算系统等资源完成，但美国提供的国际金融公共产品夹带着美国的霸权主义逻辑和所谓的普世价值观，它不仅可以便利国际金融市场交易，创造更多财富，还更加便于美国借助这些公共产品控制、威胁、打压、制裁其地缘竞争对手。"9·11"事件以来，美国提供的这些国际金融公共产品日益沦为美国维护全球霸权、打压竞争对手的工具。例如，2022 年 2 月，拜登政府强行冻结阿富汗中央银行存储在美国的 70 亿美元，并将其划分成了两部分：一半用于对阿富汗的"援助"；另一半用于"9·11"事件受害者的抚慰金。俄乌冲突爆发后，美国及其盟友接连公布对俄制裁措施，不仅包括冻结俄罗斯中央银行 3000 亿美元外汇储备，还包括将俄罗斯剔除出 SWIFT 系统，给俄罗斯参与国际市场交易带来极大不便。

因此，美元霸权和美国提供的国际金融公共产品在国际社会已经广受诟病，至少 40 个国家在建立自己的跨境支付清算体系，以摆脱对美元和美国体系的依赖，包括俄罗斯、伊朗、土耳其、印度等国。俄罗斯也在俄乌冲突后积极利用自身能源优势，通过"卢布结算令"推动卢布国际化，将能源结算与卢布挂钩，不仅稳住了卢布汇率，还提高了卢布的全球影响力。

2. 国际金融制度和标准

从效率和安全这两个相互关联的目标出发，可以把国际金融制度和规则分为促进型和约束型两种。从国际金融治理的角度看，促进型国际金融规则蕴含的治理逻辑是顺应市场机制、促进国际金融自由化，而约束型国际金融规则蕴含的治理逻辑则是约束市场机制、强化国际金融监管。

在促进型的国际金融规则方面，美国凭借高度发达和庞大的金融市场掌握着核心国际金融标准的制定权，发起并深度参与了一系列促进市场化和货币自由化的体系制定，并在国际支付、结算、外汇兑换、转移支付等国际金融准则体系中有着绝对的话语权。目前，国际金融体系中的核心金融标准制定实体，比如制定跨国汇款转移支付电讯标准的 SWIFT，国际金融监管体系下的国际证监会组织（IOSCO）和国际保险监督官协会（IAIS），制定跨国支付和清算结算准则的支付与市场基础设施委员会（CPMI），制定国际会计准则的 IASB 等行业内标准制定实体，均是由美国等发达经济体创建和主导的。在国际投资方面，作为世界第一大对外投资国，美国的双边投资协定范本对其他国家有着强大的示范效应。进入 21 世纪以来，越来越多的国家开始在国际投资谈判中采用美国倡导的高标准投资规则（准入前国民待遇加负面清单）。

美国在约束型的国际金融监管规则制定上也具有技术优势。国际金融监管规则是预防国际金融风险的主要事前保障，其供给具有较高的技术性门槛。随着 20 世纪 80 年代以来，金融创新的不断涌现和金融市场复杂性的增加，金融监管的技术权威开始由政府向私人部门下沉。事实上，当前国际金融监管规则中使用的一些核心技术就是由私人金融部门开发的

（如 VaR 模型），金融监管规则的制定也在一定程度上受到私人金融部门的影响，而美国的私人金融部门非常强大，因而能够左右国际金融监管规则的制定。此外，美国庞大的金融市场规模为其带来了强大的市场权力，使其能够影响其他国家的金融政策偏好，从而主导国际金融监管规则的制定。

　　然而，美国主导的现行国际金融秩序在两大金融规则上都出现了规则困境。从促进型规则来看，美国长期经常账户赤字带来的通货膨胀风险意味着美元本位制面临信用不足、趋势走弱的压力；① 监控各国汇率政策的国际条款远远落后于时代，意味着汇率摩擦随时可能发生，且美国可以随意实施长臂管辖干涉他国汇率政策；此外，在国际市场上，货物交易与资本流动仍在很大程度上受到投资者预期波动的影响。从约束型规则来看，既有的国际金融危机预防机制在救助资金规模和贷款支付机制上都不够健全，国际金融监管框架存在法律欠缺和技术漏洞并缺乏实际有效的监督手段，即使进行制度改革也仍面临一致性和约束性不足的难题。美国领导的国际金融秩序亟须进行改革，以对上述问题进行校正。

3. 国际金融体系结构

　　国际金融体系结构分为国际货币体系结构和国际信贷体系结构。现行国际货币体系结构是一种非对称的等级化体系结构。作为国际主导货币，美元位于国际货币体系结构的中心，其他主权货币与美元之间形成不对称的相互依赖和等级关系。一方面，作为具有信誉基础的锚货币，美元易成为其他主权货币的汇率绑定对象，由此形成美元与其他货币的等级关

---

① Michele Fratianni. The Future International Monetary System： Dominant Currencies or Supranational Money? An Introduction ［M］. Open Economies Review，Vol. 23，Issue1，February，2012，p. 7.

系；另一方面，美国在国际货币体系中扮演着非对称性角色，美国的货币政策脱离了国际收支和汇率的束缚，深刻地影响着国际金融市场动向和其他国家的政策空间，美元和其他主权货币之间的关系是非对称性的。类似地，国际信贷体系中也存在这种不对称的功能性关系。美国等少数发达国家承担国际金融中心的功能，其他国家与少数国际金融中心所在国家之间是一种不对称、相互依赖的关系。开放世界经济中的国际信贷关系往往呈现等计划的发展特征，大多数跨国信贷联系需要借助美国等少数金融强国的市场达成，国际信贷体系中存在明显且不断强化的核心—外围结构，该结构赋予美国等少数金融强国主导国际资本循环机制的结构性权力。[①]

从国际金融体系的动态变化来看，国际金融危机以来并没有发生实质性变化，美国在国际货币和信贷体系中仍然处于核心位置，且国际货币体系的等级结构依旧稳固，甚至在强化：美元在国际金融体系中的地位仍然无可替代，是国际交易最受认可和适用范围最广泛的货币。自1971年布雷斯顿森林体系崩溃和金本位置换停止后，美元这一以美国国家实力和信用背书的货币进入其全球货币的时代。各国汇率浮动和国际贸易币种结算皆以美国作为标准，而各国中央银行和跨国资本也大量购入美元，美元成为全球央行外汇储备量最大的货币，也是资本公认的避险货币。国际金融危机以来，美元相对其他主要国际货币的优势地位不仅没有显著下降，反而在提升。截至2022年6月，美元在世界外汇储备占比达59%，在外汇市场交易中占比近90%，而其中近45%的美元由外国投资机构和个人持有。过去20年中，国际贸易中美元计价占到绝对多数，美洲

---

① 姚远. 国际金融公共产品类型化与中美错位供给［J］. 当代亚太，2021（6）：150.

贸易的96%、亚太地区的74%、剩余其他国家的79%皆以美元为结算货币。全球主要大宗商品（如石油）在过去50年使用美元结算的比例高达80%。美联储构建的衡量货币主导地位和稳定性的国际货币使用总量指数显示，美元指数达75且从2008年后长期保持稳定水平，第二名的欧元只有25。

国际信贷体系的非对称性和等级化现象也没有改变。2008年以来，以美英为核心的国际信贷体系结构依然稳固，美国仍然是全球信贷网络的中心节点。借助社会网络分析，一些国际政治经济学者考察了国际金融危机以来国际信贷体系结构的变化，得出的基本结论是美国在全球新带关系网络中的"度中心性"并未下降，甚至有所强化。[①] 美国是唯一与所有重要金融中心所在地都保持紧密信贷关系的核心国家。

6.2.2 中国国际金融公共产品供给特征

1. 资源融资型国际金融公共产品

2013年后，中国开始进行更为主动性的供给，发起的一系列项目在资源融资型产品中迅速占领全球市场。中国自2013年提出"一带一路"倡议以来，对外供给区域性国际金融公共产品化进程明显加快。例如，中国在2014年联合发起建立了金砖国家新开发银行（New Development Bank, NDB, 简称金砖银行）。2015年，中国等21个初始成员国在北京成立亚投行，旨在以国家出资和融资的方式，支持亚洲国家的基础设施建设。此外，中国还致力于推动上海合作组织开发银行的建

---

① Jan Fichtner. Perpetual Decline or Persistent Domineance? Uncovering Anglo-America's True Structural Power in Global Finance [J]. Review of International Studies, 2017, 43（1）: 3-28.

立。这几个标志性事件表明，中国开始积极供给类似金融机构的公共产品。同时，中国在同时期还推动设立双边和多边金融合作基金。其中的案例包括通过国家外汇管理局和国有政策性银行发起设立成立中非发展基金、中国—东盟投资合作基金会等基金型融资公共产品。我们可以将亚投行——第一家由中国发起并主导的国际金融机构，看作中国弥补区域和全球金融公共产品（尤其是发展中国家融资手段）供给不足的尝试，而配合亚投行及资源融资型金融机构设立的第二步，则是中国推动国际货币体系和金融制度体系的改革。

近年来，中国努力推动人民币国际化，并取得了一系列成绩。例如，2016 年 10 月 1 日国际货币基金组织（IMF）将人民币纳入其特别提款权（SDR）货币篮子，推动人民币成为国际交易结算币种。扩大跨境人民币结算试点，不仅是在中国内地、香港、澳门，也在新加坡等东盟地区设立境外人民币投资融资渠道，推进人民币资本项目的兑换，以及大力发展人民币离岸市场。经过三年的酝酿，中国于 2015 年推出跨境银行间支付系统（Cross-Border Interbank Payment System，CIPS）服务于人民币的跨境交易。环球银行金融电信协会（SWIFT）数据显示，2021 年 12 月，在基于金额统计的全球支付货币排名中，人民币在国际支付中的份额占比升至第四位。这也是自 2015 年 8 月以来，人民币国际支付全球排名首次超越日元，跻身全球前四大活跃货币；截至 2022 年第一季度末，人民币在全球外汇储备中的占比达到 2.88%，比 2021 年第四季度末提升 0.09 个百分点，再创历史新高；2022 年第一季度，人民币跨境支付清算系统日均业务规模达到 3725 亿元，2019 年此项数据仅为 1357 亿元；2022 年 8 月，人民币在 SDR 货币篮子中的权重由 10.92% 上调至 12.28%，上调 1.36 个百分点，反映了国际社会对中国经济和金融市场发展的认可和信心。根据国际清算银行2022年10月29日发布的数据，人民币在全球外汇支付中的占比增幅最大，从4.3%上升到7%，排名也从2019年的第八位上升至第五位，超过了澳元、加元、瑞士法郎等发达国家货币，人民币国际地位进一步上升。

2. 国际金融制度和标准

就国际金融标准的供给而言，一国的金融市场发展水平和市场规模很大程度上决定了其制定国际金融标准的能力。中国作为后起国家，金融抑制型的国内金融市场限制了其深度参与核心国际金融标准制定的能力。因此，当前中国更多的是作为参与者，寻求广泛地参与国际金融标准制定，尚不具备与美国竞争标准制定权的能力和条件。

从国际制度层次看，中国参与此类公共产品供给的程度不断加深。近年来，随着参与国际金融标准合作的活动越来越活跃，中国已成为大多数国际金融标准制定实体的成员之一，且在银行产品服务说明书描述规范、非银行支付信息系统安全等非核心领域的标准制定上发挥了主导作用。[①] 但由于国内金融市场和体系存在一定程度的金融抑制，中国深度参与核心国际金融标准制定的能力受到限制。

在效率导向型的国际金融协议签订方面，近年来中国取得了较为显著的成果。中国已经累计与140个国家签订了双边投资协定，是签订双边投资协定最多的国家之一。双边投资协定是当前规范跨国资本流动和促进国际投资自由化的主导型国际制度。随着对外直接投资的迅速增长，中国已经成为一个资本输出大国，但作为后起国家，中国在国际投资规则方面大多追

---

① 张华，宋明顺. 标准助推"一带一路"资金融通 [J]. 中国金融，2021 (4)：88.

随发达国家。在国际货币合作方面，2009年以来，中国已经与超过50个国家达成了多项正式和非正式国际货币合作，包括人民币互换协议、人民币跨境结算合作、海外人民币清算机制以及人民币-外币直接交易合作，旨在提高人民币在国际经济交往中的使用率和人民币的跨境使用效率。然而，这些合作大多只是为了促进贸易便利、防范金融风险，或是为人民币国际化搭建基础设施，并非具有强规则属性的技术安排，并不能对以美元为中心的国际金融制度形成直接挑战。

在安全导向型的国际金融制度供给方面，中国近年来的投入在不断增加。作为发展中国家，中国在金融资源供给上具有制度优势，作为新兴大国，中国也有意愿将自身的资源优势转化为国际制度层次上的影响力。自国际金融危机以来，中国参与或主导了包括东亚外汇储备库和金砖国家应急储备安排在内的多项稳定型国际金融公共产品，以及亚投行、金砖国家开发银行等发展型国际金融公共产品。这些设施和机构形成的规则安排，对全球金融制度和标准构成了补充。

3. 国际金融体系结构

作为新兴金融大国，中国在国际货币和信贷体系中处于外围的位置，短期内无力改变国际金融体系结构的现状。2008年国际金融危机之后，中国曾在一些国际场合呼吁改革现行国际货币体系，倡导以特别提款权（SDR）为基础创建超主权国际储备货币，建立一个更加公平和区等级化的国际金融体系，从而维护国际金融体系的安全。但随着国际金融危机负面冲击的逐渐消散，多变货币合作共识淡化，中国已逐渐放弃在全球建立超主权国际货币的倡议，转而开始与其他发展中国家和新兴经济体开展更加务实的双边国际货币合作。2013年提出"一带一路"倡议后，将资金融通与人民币走出去相结合，加快人民币区域化和国际化进程，同时积极推进上海国际金融中心建设，寻求通过提升本国货币和金融市场的国际地位来改变国际金融体系的等级化结构。

尽管在全球金融危机发生后的十多年中，中美经济实力差距不断缩小，人民币的国际地位也获得提升，但目前中国依然无法与美国在国际金融体系的结构层次上展开竞争。截至目前，人民币的国际化水平依然有限。根据环球银行金融电信协会（SWIFT）发布的人民币月度报告和数据统计，2022 年 9 月，在基于金额统计的全球支付货币排名中，人民币在国际支付中的份额占比还很低，仅为 2.44%，远低于美元（40.5%）、欧元（36.7%）、英镑（5.9%）。在国际信贷体系中，尽管中国的上海国际金融中心建设取得了一定成效，但从国际信贷关系网络来看，中国仍然处于全球信贷网络的外围，国际金融竞争力相对有限。

4. 区域性金融公共产品

相较于美国，近年来中国在区域性金融公共产品攻击方面发展迅速。自 1997 年亚洲金融危机之后，中国便在亚洲做出区域性金融公共产品的供给尝试。自亚洲金融危机之后，中国的国际金融实力逐渐增强，外汇储备从 1997 年的 1399 亿美元增长至 2008 年国际金融危机前的 18088 亿美元，进一步增长至 2021 年末的 32502 亿美元。在此期间，中国逐步完善了金融基础设施建设，主动参与并推动了东亚共同外汇储备基金的落地。例如，2000 年 5 月，东盟十国与中、日、韩三国在泰国清迈共同签署了建立区域性货币互换网络的《清迈协定》，正式成立亚洲共同外汇储备基金。随后，中国同多个国家就货币互换达成了许多协议。自 2001 年以来，中国先后与泰国、日本、韩国、印度尼西亚等各个国家的央行展开合作，签署了共计超过 210 亿美元的双边货币互换协议。随后，东亚外汇储备池在以中国和日本为首的国家的带领下不断扩大，并且推进《清迈协定》由一系列双边协议扩大为多边协议，东亚共同外汇储备基金的规模扩大了 2 倍，达到 2400 亿美元。与此同时，中国也和亚洲多个国家扩大了货币互换协议的规模。从 2008 年国际金融危机后，截至 2021 年 9 月，中国已经与全球 39 个国家和地区签署了货币互换协定，按国家（地区）数量来计算，人民币是世界第一大互换货币，规模已经达到 3.47 亿元人民币。

6.2.3　中美国际金融公共产品供给竞争

目前，中国和美国在三个层级的国际金融公共产品上皆有不同程度的竞争关系。[①]

随着各国区域和全球性合作越发紧密，国际金融公共产品的需求也不断增加。目前，各类国际金融产品虽然供给形式和覆盖范围越发多样化，产品和资源的提供方以及规则的制定者还是以美国为主。从最基础的资源型产品（如世界银行 WB，国际货币基金组织 IMF，以日本为首的盟友发起的亚洲开发银行等），到金融治理的规则制度（如环球银行金融电信协会 SWIFT，国际会计准则委员会 IASB 等），以及金融体系（如货币体系和信贷债务体系等）。全球各个国家金融系统的建设和标准皆参考以美国及其盟友所领导的体系为准。

近年来，随着中国国际地位和金融实力的不断抬升，中国更加积极参与到全球金融治理体系中，也在规则和产品的制定

---

① 姚远. 国际金融公共产品类型化与中美错位供给 [J]. 当代亚太，2021（6）.

上有更多的话语权和影响力。虽然美国目前在资源、金融制度和标准体系三个维度仍是领导者，中国作为新兴大国，在这三个维度中提供的公共产品在逐渐增加。从《清迈协议》的双边主权货币互换协议和东亚共同储备外汇，到金砖国家新开发银行，亚洲基础设施投资银行 AIIB，东盟—中国，中非发展基金，丝路基金等。中国在不断增加相关金融公共产品的供给，为区域和全球的发展做出了更多的贡献。然而需要认识到的是，目前中国与美国仍存在较大差距，中国目前在初级资源型国际金融公共产品上已经具有较为明显的优势，然而在金融规则和制度的制定方面，以及更高层级的货币体系方面尚在早期发展阶段，无法与美国构成直接竞争。

1. 中美在资源层级的公共产品供给竞争：效率导向型 VS 安全导向型

从资源层级的国际金融公共产品供给来看，2008 年国际金融危机以来，中国在国际金融效率和国际金融安全这两个功能领域中均有所建树，但重心主要在国际金融安全领域，中美金融公共产品供给竞争也主要分布在该领域，具体表现为两国之间的发展型金融公共产品供给竞争。

就效率导向型国际金融公共产品的供给而言，美国长期保持垄断优势，中国仍处于起步阶段，两国的竞争维持在较低水平。具体而言，由美国单独提供的美元、金融市场以及跨境支付清算系统，是当前国际金融体系赖以运行的三大核心公共资源，大多国际金融交往中的支付、清算和结算等核心环节均无法脱离这些资源完成，中国提供此类资源的能力仍十分有限。

就安全导向型国际金融公共产品的供给而言，中美在国际发展融资领域存在较为显著的竞争关系。国际发展融资的实质，是以促进发展中国家的发展为目标的资源和资金转移，作为发展型国家和新兴金融大国，中国在该领域具有强大的资源优势和竞争力。然而，无论是在援助类型还是在援助理念上，中美两国均存在显著的差异，这导致美国在国际发展融资领域始终保持对华的竞争意识。从援助类型的角度来看，美国及其他传统援助大国的资源投入，主要集中在经合组织发展援助委员会定义的"官方发展援助"领域，而作为新兴援助大国，在既有援助大国相对忽视的开发性金融领域，中国投入了更多的资源，从而拉开了与美欧国家在该领域的资源投入差距。

中国作为最大的发展中国家和金融领域发展最快的大国，在促进发展中国家的发展援助和融资这一安全导向型国际金融公共产品供给领域，有很强的资源优势和竞争力。庞大的外汇储备规模和主要国家的债权国地位为中国深度参与国际发展援助和发展融资提供了坚实的基础。目前，中国在对外援助和发展融资这两个领域已经做到了全球数一数二的水平。根据全球发展中心（Global Developement Centre）的一项新研究显示，中国政策性银行为撒哈拉以南非洲地区公私基础设施项目提供的贷款是美国、德国、日本和法国开发金融机构总和的两倍多。研究人员同时还发现，2007 年至 2020 年，中国进出口银行和国家开发银行提供了 230 亿美元的融资，而所有其他主要开发性金融机构合计提供了 91 亿美元。然而，2007 年至 2020 年，美国政府的主要发展金融机构美国海外私人投资公司（现为美国国际开发金融公司）为基础设施提供了 19 亿美元的贷款，不到中国提供的贷款的十分之一。即使在 2015 年与联合国可持续发展目标同时启动的"数十亿至万亿"愿景之后，世界银行等多边开发银行也没有显著加大力度。从 2016 年到 2020 年，这些机构平均每年为撒哈拉以南非洲的公私基础设施交易提供 14 亿美元。[①] 随着"一带一路"、亚投行、丝路基金、中非基金等项目不断落实推进，中国已成为除美国外最大的发展融资提供国家，并且在亚洲、非洲地区成为最主要的发展融资提供者。2021 年 9 月 21 日，中国国家主席习近平在第 76 届联合国大会上提出"全球发展倡议"（Global Development Initiatives，GDI），呼吁各国重视发展问题，形成合力，共迎挑战，助力实现联合国 2030 年可持续发展目标。全球发展倡议及新时代的国际发展合作成为中国为全世界提供的最新的全球金融公共产品，为共建"一带一路"国际合作、落实联合国 2030 年可持续发展议程、携手应对全球人道主义挑战、支持发展中国家增强自主发展能力、加强国际交流与三方合作以及最终实现人类命运共同体理念提供了坚实的物质基础。

2. 中美在国际金融制度供给层面的竞争

从国际制度层级来看，美国在效率导向型国际金融公共产品供给方面占据优势，中国参与此类公共产品供给的程度不断加深，但尚未对美国构成直接竞争，中美金融公共产品竞争主要集中在国际金融安全领域，竞争烈度相对适中。

国际制度层次的效率导向型金融公共产品实质上是以提升国际金融效率为目标的金融规则及其制定机构，主要规则包括国际金融标准以及一系列旨在促进资本自由化和货币国际化的国际金融协议。就国际金融标准的供给而言，一国的金融市场发展水平和市场规模很大程度上决定了其制定国际金融标准的能力，以美国为代表的发达经济体仍然掌握着核心国际金融标

① Jeremy Gaines. New Study：China Lends 2.5x as U. S. , UK, Japan, Germany Combined for Infrastructure in Sub-Saharan Africa［M］. Center for Global Development, https://www. cgdev. org/article/new-study-china-lends-25x-us-uk-japan-germany-combined-infrastructure-sub-saharan-africa.

准的制定权，中国在该领域以参与为主。

在安全导向型国际金融制度层面的公共产品供给方面，主要存在两个可能的竞争领域，分别是国际金融监管规则供给，以及稳定型与发展型国际金融制度供给。国际金融监管规则是预防国际金融风险的主要事前保障，其供给具有较高的技术性门槛。美欧等金融市场高度发达的国家在国际金融监管规则制定上具有技术优势，庞大的金融市场规模为这些国家带来了强大的市场权力，使其能够影响其他国家的金融政策偏好，从而主导国际金融监管规则的制定。相比之下，中国相对抑制性的金融体系限制了中国与美国争夺国际金融监管规则制定权的能力。

中美在安全导向型国际金融制度公共产品的供给竞争主要表现为，双方参与或主导的不同短期流动性援助机制和开发性国际金融机构之间的竞争。实际上，中国参与或主导的新型国际融资制度与既有制度的竞争程度有限。一方面，中美参与或主导的短期流动性援助机制的区域重合度并不高，中国的合作对象主要涉及东亚和金砖国家，多为发展中国家和新兴经济体，而美国的合作对象多为发达国家。另一方面，在投入规模上，中国与美国仍然不可同日而语。例如，2016 年至 2020年，亚投行批准的投资额分别为 16.9 亿美元、25 亿美元、33.1 亿美元、45.4 亿美元和 99.8 亿美元，累计达到 220.2 亿美元。相比之下，世界银行 2021 财年的贷款承诺额高达 843亿美元。根据亚洲开发银行的估计，亚洲基础设施投资的年度融资缺口高达 4590 亿美元，这意味着，亚投行与世界银行、亚洲开发银行等美国及其盟友主导的同类国际金融机构具有较高的互补性，而不是竞争性。

3. 中美在国际金融体系结构层面的竞争

虽然中国在全球金融危机后表达了改革国际金融体系结构

的意愿，并采取了相应的政策举措，但从国际货币和信贷体系的现状来看，美国的主导优势依然强固，从体系中的位置来看，中国依然处于体系外围。

尽管近年来人民币的国际化取得了一定进展，但与美元相比，人民币在全球支付中所占的份额仍然较小，中美在国际货币体系中的竞争程度非常低。而在国际信贷体系中，中国也处于外围的位置，国际竞争力有限。因此，相比资源和国际制度层级的竞争，目前中美在国际金融体系结构层次的竞争烈度最低。

总体而言，中美国际金融公共产品供给总体呈现错位供给的特征，在局部领域和层级存在有限竞争。目前，中国提供国际金融公共产品的方式较为粗放，以资源的投放为主，在国际金融规则制定和国际金融体系塑造方面的竞争力仍有待提升。

6.3　中国提升国际金融公共产品供给的路径选择

从中国国内金融基础和国际金融公共产品供给特征来看，中国提升国际金融公共产品供给，应基于自身资源优势，选择由资源向制度规则、结构体系逐级攀升的层级提升路径。

6.3.1　基于层级攀升的提升路径

就国际金融公共产品的功能层级而言，资源是最基础的国际金融公共产品层级，是复杂性和供给难度最低的产品类型，位于金字塔的最底层。制度层级的国际金融公共产品是当前全球金融治理体系中最普遍的公共产品类型，相对于资源层级，制度产品的复杂性和供给难度更高，也具有更高的稳定性。国际金融体系结构是最高层级的国际金融公共产品，也是供给难度最高的国际金融公共产品类型，其供给具有很高的实力门槛，位于金字塔顶端（见图6-2）。

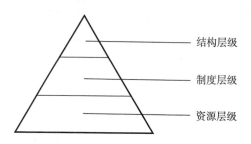

图6-2 国际金融公共产品的金字塔层级

（资料来源：笔者自制）

目前来看，中国提供国际金融公共产品的能力和着力点主要集中于资源和制度层面，中美供给竞争也主要出现在这两个层次。其中，资源层级的竞争较为显著，国际制度层次的竞争相对适中。而在结构层级上，尽管中国具有改变现行国际金融结构体系的强烈意愿，但在短期内不具备相应实力，以美国为核心的国际货币和信贷体系的等级结构依旧稳固。因此，中国应沿着国际金融公共产品的金字塔层级，由浅入深，在巩固资源层级国际金融公共产品供给优势的基础上，积极参与制度层级国际金融公共产品供给，提高国际金融规则制定的话语权和影响力，逐步提高结构层级公共产品的供给能力，提升塑造国际金融结构体系的竞争力，探索自下而上的国际金融公共产品供给路径。

参考姚远（2021）的国际金融公共产品研究框架，根据本章研究目标和思路，基于资源→制度规则→结构体系逐级攀升的层级提升路径，兼顾效率与安全的功能导向，在资源、制度（规则）、结构三大层级的基础上，将国际金融公共产品分为效率—资源型、安全—资源型、效率—制度（规则）型、安全—制度（规则）型、效率—结构型、安全—结构型六种类型，分别探讨其提升策略（见表6-2）。

表 6-2　基于层级和功能的国际金融公共产品类型划分

类型	效率导向	安全导向
资源层级	效率—资源型	安全—资源型
国际制度层级	效率—制度（规则）型	安全—制度（规则）型
体系结构层级	效率—结构型	安全—结构型

资料来源：姚远．国际金融公共产品类型化与中美错位供给［J］．当代亚太，2021（6）：151。

6.3.2　资源层级国际金融公共产品供给的提升策略

资源型产品位于国际金融公共产品供给金字塔的最底层，它虽然是数量最多、难度最低的国际金融公共产品，但却是整个国际金融公共产品供给系统的基础。对于中国而言，资源层级也是竞争程度最低、最具优势的领域。现阶段，中国应充分利用已有国际金融资源，着重提升效率—资源型产品供给数量和质量，同时探索拓展安全—资源型产品的供给网络。

1. 效率—资源型提升策略

效率—资源型国际金融公共产品是国际货币体系和国际金融市场的重要组成部分，旨在构建和维护开放、高效的国际金融体系，应在相当程度上与市场自身的运行机制保持协调，因此，效率—资源型国际金融公共产品的供给需要遵循一般的市场发展规律。从市场发展规律来看，金融市场与一般市场无异，其驱动力都源于市场参与者（理性经济人）对自身利益最大化目标的追求，在国际金融市场上，市场的参与者不仅包括企业、个人，还包括国家、政府。

在全球金融治理缺位的情况下，国际金融市场也会发生"市场失灵"，国家间的金融市场分割、多元货币并存，以及国家间金融行业标准的差异等因素会导致国际金融效率的降低和国际金融公共产品的供给不足。效率—资源型国际金融公共产品的具体功能，就是降低这些因素给国际金融活动带来的交易成本，具有代表性的效率—资源型国际金融公共产品包括国际货币、跨境支付清算系统、国际金融中心等。对于中国来说，相对应的就是人民币、跨境人民币支付清算系统（CHIPS）和上海、香港等国际金融中心。中国发展效率—资源型国际金融公共产品，离不开人民币国际化进程和跨境人民币支付清算系统（CIPS）的建设。这是中国能够向国际金融体系提供的有可能替代美国供给的核心公共资源，有助于推动国际货币和金融体系的公平和效率，是中国向世界提供国际金融公共产品的底层架构和物质基础。

（1）分层次渐进式推动人民币国际化进程

人民币国际化方面，应该遵循货币国际化的一般规律，分阶段渐进式推进。

从货币职能角度看，完全意义上的货币国际化，是指货币同时具备贸易计价结算职能、金融计价结算职能和官方储备职能。其中，贸易计价结算职能是最基本的职能，金融计价结算和官方储备职能是贸易计价结算职能的延伸，并以贸易计价结算职能为基础。当前人民币在跨境贸易结算中的全球占比与我国在全球贸易中所占的份额严重不匹配。2021 年，跨境贸易人民币结算规模全球占比为 2.85%，而中国仅货物贸易占世界比重就达到 13.5%。而人民币在全球储备资产中的份额（2.79%）与跨境贸易结算份额基本相当。因此，现阶段应着力增强人民币贸易计价结算职能，提升跨境贸易人民币结算规模和在全球结算中的占比，循序渐进地推进其他职能的提升。一是，加快建设贸易强国，维护和巩固我国全球货物贸易第一大国的地位，为人民币贸易计价结算职能的发挥提供坚实的基础；二是，加快人民币国际化的基础设施建设，特别是加快跨境人民币支付清算系统（CIPS）建设，完善 CIPS 功能和业务，扩大其使用范围，通过纳入更多参与者提高交易参与度；三是，积极创造有利于境外保有和使用人民币的政策环境。采取措施保持人民币币值的长期稳定，提高人民币的国际信誉。同时，中国要承担起全球和区域金融大国的责任，充分利用国际政治和外交舞台营造人民币国际化的良好环境。

专栏 6-1　2021 年人民币国际化进展

2021 年，人民币跨境收付金额合计为 36.61 万亿元，同比增长 29.0%。其中，实收 18.51 万亿元，同比增长 31.3%；实付 18.10 万亿元，同比增长 26.7%，收付比为 1：0.98，净流入 4044.70 亿元，上年同期为净流出 1857.86 亿元，本币结算占跨境收支总额比例稳步提升。2021 年，经常项目项下跨境人民币收付结算金额合计为 7.94 万亿元，同比增长 17.3%。其中，货物贸易项目下的人民币收付结算金额为 5.8 万亿元，服务贸易及其他经常项目下人民币收付结算金额为 2.1 万亿元。截至 2021 年末，跨境贸易人民币结算规模全球占比为 2.85%，基本与上年同期持平，人民币的跨境贸易计价和结算职能进一步巩固。2021 年末，人民币国际金融计价交易综合占比为 9.52%，同比下降约 1.69 个百分点，主要表现为人民币直接投资占比显著下降。截至 2021 年末，人民币直接投资全球占比为 27.38%，同比减少超过 5 个百分点。人民币国际存贷款规模回升。人民币国际债券存量维持相对低位，截至 2021 年末，人民币国际债券与票据余额 1234.77 亿美元，全球占比为 0.44%。人民币的国际储备货币职能不断增强。截至 2021 年，全球 75 个国家和地区的货币当局将人民币纳入外汇储备。截至 2021 年末，全球人民币外汇储备金额跃升至 3361.05 亿美元，连续十三个季度实现正增长，与澳大利亚元、瑞士法郎和加拿大元的差距进一步拉大；人民币在全球储备资产中的份额为 2.79%，较 2016 年刚加入 SDR 篮子时提升了 1.71 个百分点，人民币作为全球第五大储备货币的地位不断巩固。据中国人民大学国际货币研究所测算，2021 年人民币国际化指数（RII）为 5.05，相对 2020 年第三季度 5.70 的历史高位有所回调，但从长期来看依然维持波动上行态势。[1]

从货币国际化的进程来看，人民币国际化就是人民币通过不同阶段的可兑换，最终成为国际储备货币的全过程。[2] 目前人民币已完成了经常项目下的自由兑换和在部分资本项目下的可兑换，在人民币国际化的步骤上，应将人民币的完全可自由

---

[1] 中国人民大学国际货币研究所. 人民币国际化报告 2022［M］. 北京：中国人民大学出版社，2022：1-18.

[2] 焦瑾璞. "一带一路" 背景下人民币国际化内在机理研究［M］. 北京：中国经济出版社，2017：202.

兑换与国际化进程相结合。具体来说，可以分三个阶段实施：初级阶段，使人民币成为经常项目下的自由兑换和在部分资本项目下的可兑换货币，并在周边国家和地区流通和使用；中级阶段，使人民币成为完全可自由兑换的区域性国际货币，成为亚洲地区乃至"一带一路"沿线可广泛接受的交易、投资、结算和储备货币；高级阶段是成为国际金融和国际储备货币，在世界范围内将发挥国际金融交易和储备货币的作用。目前，人民币已经处于国际化进程的中级阶段，在具体操作上应逐步放开人民币资本项目自由兑换，同时加强人民币在亚洲及"一带一路"沿线国家和地区的流通和使用，增强人民币的国际影响。

人民币的数字化建设应该与国际化进程齐头并进，着力打造数字人民币国际生态圈。新冠疫情暴发以来，全球数字服务需求激增，全球货币数字化转型按下加速键，主要央行纷纷加快央行数字货币（CBDC）研发与试验进程。在数字货币发展方面，我国与美欧发达国家处于同一起跑线上。中国人民银行通过对法定数字货币相关理论和技术的不断探索、迭代、完善，形成了现有的数字人民币模式和业务框架。当前，跨境支付正在成为 CBDC 应用的重要探索方向，数字人民币应不断拓展线上线下应用场景，实现多领域基本全覆盖的基础上，尽快展开跨境支付探索，可尝试通过接入跨境电商平台，满足国内外用户多主体、多层次、多形态的差异化需求，打造数字人民币国际生态圈。

目前，人民币已经是全球第四大支付货币，充分反映了国际金融危机依赖中国金融市场发展和开放取得的积极进展，也反映了国际社会对中国经济和金融市场发展的认可和信心，将有助于提升人民币资产对全球资金的吸引力，提升中国自身资源优势。中国应充分利用 2009 年人民币国际化进程启动以来积累的资源和优势，再接再厉，进一步推动人民币国际化进程，提高人民币国际影响力。

虽然人民币国际化尚处于早期阶段且市场占有率较小，如果未来人民币成为一种更具吸引力的资产，那么 CIPS、eCNY（数字人民币）、基于区块链的服务网络（BSN），以及许多其他传统和新兴金融机制可以让中国拥有在全球金融秩序方面更主导权。下一阶段的本币结算可从多渠道并举协同推进，积极推动边境贸易区、海南自由贸易港等地深化贸易本币结算、支持跨境电商等新业态发展，探索境外人民币管理新制度、新方法。结合"一带一路"倡议，积极支持中国企业对外直接投资采用本币计价结算，同时注意在直接投资过程中处理好与东道国金融管理机构以及民众的关系，协调好当地形象和投资发展。以中—柬、中—印尼本币结算协议为样本，继续开展同周边国家的双边本币结算合作。结合全球能源转型，积极深化同俄罗斯等国开展石油、天然气等大宗能源本币结算合作，以大宗产品为支点强化人民币市场地位。

（2）加快跨境人民币支付清算系统（CIPS）建设

随着跨境人民币业务规模不断扩大，人民币跨境支付结算需求迅速增长，对金融基础设施的要求越来越高。为满足人民币跨境使用的需求，进一步整合现有人民币跨境支付结算渠道和资源，提高人民币跨境支付结算效率，2012 年初，人民银行决定组建人民币跨境支付系统（CIPS），满足全球各主要时区人民币业务发展的需要。CIPS 分两期建设：一期主要采用实时全额结算方式，为跨境贸易、跨境投融资和其他跨境人民币业务提供清算、结算服务，已于 2015 年 10 月上线运行；二期将采用更为节约流动性的混合结算方式，提高人民币跨境和离岸资金的清算、结算效率，已于 2018 年 10 月上线运行。2021

年，人民银行支付清算系统共处理业务 219 亿笔、金额 6622 万亿元。根据支付与市场基础设施委员会（CPMI）最新数据，我国支付系统业务处理金额在其 27 个成员国中排名第二位。①

截至目前，CIPS 共有 77 家直接参与者，1276 家间接参与者，其中亚洲 975 家（含境内 552 家），欧洲 185 家，非洲 47 家，北美洲 29 家，大洋洲 23 家，南美洲 17 家。② 与覆盖 95% 国际美元交易的纽约清算所银行同业支付系统（CHIPS）相比，不可同日而语，更无法与 SWIFT 相提并论。尽管 CIPS 目前使用的范围和交易参与度远远不及美国领导的系统，但它为全球交易参与者提供了多元化的选择，也是可以替代美元支付体系的一个选项。而且，随着外资机构越来越多的参与，非美国家越来越愿意接受中国的替代金融渠道。

作为跨境支付主渠道，CIPS 系统服务于金融开放和人民币国际使用，当前应着力从三个方面加快 CIPS 建设：一是加快现代化支付清算网络建设。一方面加快构建以大额支付系统为核心清算支付系统、小额支付系统和网上支付跨行清算系统为补充的境内支付清算网络体系，实现从"5×24 小时+4 小时"向"全天候 7×24 小时"的业务服务全覆盖；另一方面推动支付清算网络向境外延伸，进一步提高对全球各时区金融市场的覆盖率，追求全面覆盖，满足更广泛的跨境贸易、投融资业务等结算需求。逐步构建大额支付与零售支付协同发展、国内支付与国际支付统筹兼顾的境内外支付清算网络。二是不断完善 CIPS 的功能和业务，拓展多元化的金融市场业务，提高跨境支付及清算服务水平和效率，满足参与者的差异化需求。以境

---

① 支付结算司．持续完善推进支付体系高质量发展" ［M］．http://www.pbc. gov.cn/redianzhuanti/118742/4657542/4671889/index.html，查询时间：2022-11-22.

② 跨境银行间支付清算有限责任公司官网：http://www.cips.com.cn/，查询时间：2022-11-22.

内外参与者及其客户的当地人民币业务需求为导向，优化营商环境，丰富和优化各类支付服务。加快推进支付产业数字化转型升级，引导市场主体合规创新，支持条码支付、近场支付等新兴支付方式发展，支付产品不断创新，有效满足消费者网上购物等各类日常生活需要，支持数字经济发展。大力推广进阶版的 CIPS 标准收发器——CISD (Cross-border Innovative Service Device)，实现 CIPS 标准收发器的开箱即用、一键升级、便捷运维。三是探索形成中国特色的支付业务监管体系。逐步建立"政府监管、行业自律、公司治理、社会监督"治理体系，探索建立包括支付机构准入许可、许可续展、执法检查、市场退出等在内的全生命周期监管机制，强化支付机构监管。深入推进电信网络诈骗和跨境赌博"资金链"治理，支付清算协会发挥自律管理作用。

从跨境人民币支付清算系统来看，尽管 CIPS 是促进人民币交易的管道，但只有当人民币具有兑换灵活性，并且已经成为市场参与者用于交易、投资和借贷的有吸引力的货币，CIPS 才可能会成为人民币进一步国际化的管道，而 CIPS 还将需要数年时间来微调和完善其功能。

2. 安全—资源型提升策略

安全—资源型的国际金融公共产品主要包括逆经济周期的流动性支持、相机性金融政策协调、国际发展援助和开发性金融等。我国自改革开放以来，通过深度融入国际分工和既有金融产品供给规则，已经积累了许多宝贵的安全型国际金融资源，其中既包括区域合作框架、发展中国家间对金融体系变革共识等规范性资源，也包括双边和多边互换协议等制度性资源。充分利用这些既有国际金融资源，既能够降低公共产品的供给成本，又能够减少国际体系变革中金融崛起国与霸权国之间潜在的冲突空间。在中美战略竞争的新形势下，中国可从以下几个方面重点利用既有国际资源，加强安全—资源型国际金融产品供给。

巩固拓展现有区域金融合作框架，优化亚太地区国际金融产品供给。中国参与亚太地区国际金融合作始于1997年亚洲金融危机，2000年5月签署的《清迈协议》标志着区域金融合作框架的进一步深化和确立。早期的互换协议以双边、互换美元为主，对于各国减少对美国主导下的国际货币基金组织等金融制度的依赖起到了建设性作用，但仍在客观上加强了美元霸权的影响。面对既有区域金融合作框架的不足，中国积极介入东亚金融制度建设进程，大力倡导《清迈倡议》多边化、全面化，以升级东亚货币合作水平。先后于2010年3月和2011年促成东亚外汇储备库和东盟与中日韩宏观经济研究办公室（AMRO）的建立，后者在2016年进一步升格为国际组织，是东亚金融制度合作水平提高的又一个重要标志。未来中国应积极且坚定支持现有区域金融合作框架发挥更大作用，继续在多边合作和制度建设的尺度上推进以清迈协议和研究办公室为基础的"10+3"合作扩展，并进一步探索通过金砖国家组织、"一带一路"资金融通合作等其他区域性合作安排，减轻区域对美元和美国主导的国际金融制度的依赖，以多边合作优化亚太地区国际金融产品供给。

6.3.3　制度层级国际金融公共产品供给的提升策略

1. 效率—制度（规则）型提升策略

效率—制度（规则）型国际金融公共产品，主要包括国际金融标准制定机构、金融服务贸易规则、国际投资协议、跨国货币金融合作等。目前，多边国际金融标准和金融服务贸易规则制定机构（国际货币基金组织、世界银行、世界贸易组织等）的话语权均掌握在以美国为首的发达国家手中，中国充其量只能参与其中，但话语权有限。现阶段，中国一方面可通过联合其他发展中国家和新兴经济体，提高在这些国际机构中的话语权；另一方面可通过积极引导和参与多双边国际金融、服务贸易、货币互换、国际投资等合作，推动促进型国际金融公共产品的供给。

促进型国际金融规则从功能上来看与效率导向型的国际金融制度与标准相对应，是指有利于促进资本自由流动和金融自由化的国际金融规则，是国际金融秩序的重要组成部分。[①] 当前中国参与促进型国际金融规则的改革与重建，有助于国际金融秩序迈向更高水平的制度化。由于金融规则在国际层面的传播基于国内对金融制度和相应规则的偏好，因此中国参与促进型国际金融规则的制定与改革，首先要做的就是大力发展国内金融市场，推动利率市场化和国内金融市场一体化，打破金融市场的条块分割和地方保护，逐步放松和解除各种阻碍资本自由流动的规则和制度，创建统一高效规范的国内金融大市场。进而在人民币汇率制度上完善以市场供求为基础、参考一揽子货币进行调节、有管理的浮动汇率制，逐渐扩大汇率波动弹性，逐步放开资本账户管制，在此基础上才能够与国际市场接轨，逐步实现汇率的自由浮动，使人民币汇率在双循环的新发展格局中更加高效地发挥调解内外市场，利用两种资源的

---

① 国际金融秩序可被视为在特定的国际金融权力结构下各国普遍遵守相应的金融规则的状态。孙忆. 国际金融规则摇摆与中国政策选择 [J]. 国际政治科学，2018（2）：97-129.

作用。

在国际层次上，着重通过金融外交手段建立起能够促进金融政策与规则传播的有益联系、关系网络以及平台机构，由浅入深地构建国际金融规则的促进体系：一是通过积极签订双多边货币互换协议、国际投资协议、增强货币政策协调等低制度化的金融合作，为各国提供信息及利益交换平台以增信释疑，避免金融对抗并维持金融流动性。应进一步深化双边投资协定的内容，提高其质量和效率，扩大国际金融合作的伙伴国范围和合作内容，包括与更多的国家签订货币互换协议，同时警惕和防范地缘政治变动带来的货币互换协议断签风险。二是通过加入和邀请相关国家加入重要的国际金融机构和机制等中等程度的制度化金融合作，促进各国间的政策协调，提高资金融通效率。应进一步提升亚投行、新开行等国际多边金融机构的资金和项目运营效率，邀请更多国家加入。三是通过创立新的国际机制或组织等制度化程度较高的金融实践，例如加快设立"上合组织新开发银行"，从而设立并监督新的规则机制，引导国际金融秩序的重塑，维护并促进全球金融自由化，确保促进型金融规则的实施。

2. 安全—制度（规则）型提升策略

安全—制度（规则）型的国际金融公共产品主要包括两类：一类是国际金融监管规则；另一类是稳定型与发展型国际金融制度。

从国际金融监管规则来看，受制于开放程度以及国内金融抑制，中国的金融监管与美国相比仍然处于弱势，中国尚不具备与美国争夺国际金融监管规则制定权的能力。现阶段中国的金融改革应以不发生系统性金融风险为底线，在提高监管能力的基础上仍应以提高国内金融市场的开放程度，推动利率市场化改革和放开资本账户管制为目标，加快上海国际金融中心建设，做好与国际金融市场接轨的基础工作。

就稳定型与发展型国际金融制度而言，主要体现在短期流动性援助机制和国际发展融资机制方面。在短期流动性援助机制方面，现阶段应充分发挥双边货币互换协议的作用，相互提供流动性，规避汇率风险。2021 年，中国人民银行与加拿大、澳大利亚、日本、英国等 11 个国家和地区的中央银行或货币当局续签双边本币互换协议。截至 2021 年末，中国人民银行与累计 40 个国家和地区的中央银行或货币当局签署过双边本币互换协议，总金额超过 4.02 万亿元，有效金额 3.54 万亿元。2022 年 7 月，央行与香港金管局签署首个常备互换协议，为香港市场提供更为稳定、长期的流动性支持，积极推动香港国际金融中心建设和离岸人民币市场发展。作为一种国际经济制度，早期的双边货币互换协议主要由美国同援助国间签署，更多的是作为一种流动性供给的救济手段，同时也强化了美元的霸权地位。自 2008 年国际金融危机以来，中国与各国广泛签署双边货币互换协议，积极推动各国将人民币纳入外汇储备，以增进各国对人民币的信心，强化货币伙伴关系，随着人民币国际化的推进，互换协议也越来越具备供给流动性的经济意义和现实意义。未来中国应更加重视双边货币互换协议在提高人民币货币地位的作用，继续拓展协议的深度和广度，一方面可以继续探索同周边地区和国家间常备互换协议的扩展，另一方面也可在地区范围和交换规模上进一步扩展，充分发挥协议对增进各国对人民币信心，提高人民币货币地位的作用。

在国际发展融资机制方面，由于全球基础设施投资的年度融资缺口远远高于世界银行、国际货币基金组织、亚洲开发银行等美国主导的国际金融机构所能够提供的融资额度，因此亚洲基础设施投资银行和金砖国家开发银行对这些国际金融机构实际上形成补充，而非竞争。但是，从中美参与或主导的短期流动性援助机制覆盖对象来看，过去两国在该领域重叠度并不高，但随着"一带一路"倡议的不断推进和中国国际影响力的不断提高，美国及其盟友也开始关注全球基础设施建设领域，近年来中美之间在该领域的竞争性也在逐渐加强。对此，中国应充分发挥自身优势，包括工程建设优势和人才优势，同时将绿色发展理念融入基建项目建设过程。

6.3.4　结构层级国际金融公共产品的提升策略

1. 效率—结构型提升策略

从结构层级来看，中美在国际金融体系结构问题上存在明显分歧，但以美国为核心的国际货币和信贷体系的等级结构依旧稳固，甚至在强化，中国在短期内无力改变国际金融体系结构的现状。虽然中国当前仍然无法与美国在国际金融体系的结构层次展开竞争，无法改变美元在国际金融体系中的核心地位，暂时也无力改变国际信贷体系的中心—外围结构，但可以通过加强国内金融市场建设和推进人民币国际化来提升自身在国际金融体系结构中的地位，特别是通过发展数字人民币和数字经济，实现国际货币体系的去中心化，从而从根本上改变现行的国际金融体系结构。关于这方面的论述参见5.3.2节相关内容。

2. 安全—结构型提升策略

安全—结构型国际金融公共产品主要是指能够消除国际金融市场运行过程中产生的风险，维护国际金融市场的稳定运行，促进国际金融的良性和平衡发展的国际金融体系结构，包括国际货币和信贷体系中各单元的组织原则、功能性关系和能力分配。可见，安全—结构型国际金融公共产品的功能目标主要有两个：一是管控国际金融市场的内生风险；二是解决全球化进程中的国际金融资源配置不平衡问题。对于中国来说，要实现这两个目标，仅仅依靠自身的力量是不够的，必须立足内外联动发展，实现推进金融市场制度性开放与金融外交更好地结合。通过联合其他发展中国家和新兴经济体共同发力，依靠金融外交的力量拓宽安全—结构型国际金融公共产品的供给渠道。

金融外交是基于国家金融安全而开展的国际金融活动。金融外交是国家间软实力博弈的下一个制高点，作为金融崛起国和金融霸权国，中国和美国构成当今国际金融外交舞台上的两大核心角色。以 2008 年国际金融危机的爆发为"分水岭"，中美两国的国际金融地位发生了相反方向的变化，即中国的国际金融地位日益强化，而美国的金融霸权地位则有所削弱。这种地位的变迁促使中国采取了"进取型"的金融外交，而美国采取了"守成型"的金融外交。

金融外交作为外交整体中的重要一环，保障着开放战略的不断深化和有效执行。在"东升西降"的百年变局下，中国理应发挥进取型金融外交的优势，打通资本市场与科技创新的"双循环"，通过加强科技自主发展来实现转型升级，用资本市场的融资便利去支持科技创新的大国重器以及"卡脖子"技术攻坚。[①] 在此基础上，团结一切可以团结的力量，尤其是发展中国家和新兴经济体，推动全球金融治理和国际金融结构体系

① 张屹. 全球治理大变局下审视"金融外交"内涵的现实性与必要性 [J]. 东北亚经济研究，2021（4）.

变革。

支持发展中国家和新兴经济体发挥更大作用，推进国际金融结构体系改革。中国作为一个发展中国家，在国际金融领域担当角色的同时，应该加强与其他发展中国家的合作与共同行动。发展中国家应该努力在国际金融体系的改革中表示出共同的立场，中国更应该利用自身经济大国的优势来推进区域性金融一体化的发展，进而增加在国际金融领域的话语权，这样提供国际金融产品的角色才会得到普遍认可。结合全球和区域金融治理机制的发展，借助多个双边、多边渠道，强化同各国的交流合作，推动金融市场双向开放同国际金融公共产品需求更好对接。例如，借助二十国集团、金砖国家组织、上海合作组织等平台，推动发展中国家和新兴经济体之间的货币金融合作，共同致力于推动世界银行和国际货币基金组织的份额和投票权改革，进一步优化特别提款权（SDR）结构，使国际金融制度更充分体现世界经济发展动态，提高发展中国家地位和新兴经济体的话语权与影响力，共同推动发达国家对发展中国家特别是落后国家的减债缓债处理，进一步提高中国在国际金融公共产品供给领域的地位。通过促进国际金融政策与规则的渐进性改革推动国际金融秩序和格局的变革。

开创国际发展援助新模式，增强稳定型金融公共产品供给优势。亚投行、新开行等新兴经济体主导的多边金融机构的建立与发展，对补充稳定型金融公共产品供给发挥了重要作用，也为探索国际发展援助的新模式做出了贡献。中国应继续坚定支持亚投行、新开行等机构继续发挥对国际发展和基础设施的援助优势，加大对国际发展融资的支持力度和吸引力，对接中国提出的全球发展倡议和以联合国为核心的国际发展援助制度，支持和保障发展中国家获得发展资源的权利。强化政府间债务管理，坚持不附带条件的援建模式的同时，更加注重发展援助投资的合理性和合规性，避免资金援助与各国发展实际需求缺位，提高资金利用效率，做好债务风险管理。同时推进人民币国际化与多边发展援助相结合，提高人民币在国际金融、贸易和投资中的使用率，有效提升人民币在国际货币体系中的地位。

综上所述，作为国际金融领域的后起之秀，中国无法像美国一样，凭借自身在国际金融体系中的结构性权力优势，自上而下地提供国际金融制度和资源。在当前国际金融体系的等级结构下，中国的国际金融公共产品供给优势主要在资源层次，而在国际金融制度和国际金融体系结构层次中缺乏话语权和影响力。因此，对于中国而言，探索出一条自下而上的国际金融公共产品供给路径，是实现国家金融崛起的关键。在当前中美关系波动加剧的背景下，中国既要防范美国将既有国际金融制度和等级化的国际金融体系"政治化""武器化"的行为，更需要基于自身的资源优势，通过金融外交拓宽国际金融公共产品供给渠道，提升国际金融公共产品供给层次，从而实现由金融大国向金融强国的转变。